中国近代史学文献丛刊

王　东　李孝迁／主编

《华北日报·史学周刊》选辑

黄　芬／编校

上海古籍出版社

上海市教育委员会科研创新计划重大项目
"重构中国：中国现代史学的知识谱系（1901—1949）"
（2017-01-07-00-05-E00029）

2018年度国家社科基金重大项目
"现代中国马克思主义史学文献调查、整理和研究（1900—1949）"
（18ZDA169）

本书获得华东师范大学社会主义历史与文献研究院资助

丛刊缘起

学术的发展离不开新史料、新视野和新方法,而新史料则尤为关键。就史学而言,世人尝谓无史料便无史学。王国维曾说:"古来新学问之起,大都由于新发现。"无独有偶,陈寅恪亦以为"一时代之学术,必有其新材料与新问题",取用此材料,以研求问题,则为此时代学术之新潮流;顺此潮流者,谓之预流,否则谓之未入流。王、陈二氏所言,实为至论。抚今追昔,中国史学之发达,每每与新史料的发现有着内在联系。举凡学术领域之开拓、学术热点之生成,乃至学术风气之转移、研究方法之创新,往往均缘起于新史料之发现。职是之故,丛刊之编辑,即旨在为中国近代史学史学科向纵深推进,提供丰富的史料支持。

当下的数字化技术为发掘新史料提供了捷径。晚近以来大量文献数据库的推陈出新,中西文报刊图书资料的影印和数字化,各地图书馆、档案馆开放程度的提高,近代学人文集、书信、日记不断影印整理出版,凡此种种,都注定这个时代将是一个史料大发现的时代。我们有幸处在一个图书资讯极度发达的年代,当不负时代赋予我们的绝好机遇,做出更好的研究业绩。

以往研究中国近代史学,大多关注史家生平及其著作,所用材料以正式出版的书籍和期刊文献为主,研究主题和视野均有很大的局限。如果放宽学术视野,把史学作为整个社会、政治、思潮的有机组成部分,互相联络,那么研究中国近代史学所凭借的资料将甚为丰富,且对其也有更为立体动态的观察,而不仅就史论史。令人遗憾的是,近代史学文献资料尚未有系统全面的搜集和整理,从而成为学科发展的瓶颈之一。适值数字化时代,我们有志于从事这项为人作嫁衣裳的事业,推出《中国近代史学文献丛刊》,计划陆续出版各种文献资料,以飨学界同仁。

丛刊收录文献的原则：其一"详人所略，略人所详"，丛刊以发掘新史料为主，尤其是中西文报刊以及档案资料；其二"应有尽有，应无尽无"，丛刊并非常见文献的大杂烩，在文献搜集的广度和深度上，力求涸泽而渔，为研究者提供一份全新的资料，使之具有长久的学术价值。我们立志让丛刊成为相关研究者的案头必备。

这项资料整理工作，涉及面极广，非凭一手一足之力，亦非一朝一夕之功，便可期而成，必待众缘，发挥集体作业的优势，方能集腋成裘，形成规模。华东师范大学历史学系，在史学理论与史学史研究领域有着长久深厚的学术传统，素为海内外所共识。我们有责任，也有雄心和耐心为本学科的发展贡献绵薄之力。在当下的学术评价机制中，这些努力或许不被认可，然为学术自身计，不较一时得失，同仁仍勉力为之。

欢迎学界同道的批评！

前　言

中国社会史论战大致分为三个时期：国民革命结束后至《读书杂志》创刊前为概论期，有关中国社会性质的论说散见于各报刊；1931年至1934年为论战期，侧重讨论中国社会形态发展史问题；1934年后至七七事变前为探讨期，学风"从热烈到冷静，变空疏为笃实"，[①]主要为整理钩沉史料，[②]《华北日报·史学周刊》（以下简称"《周刊》"）恰创刊于此期。《周刊》一方面重启辩端，接续此前中国社会形态发展史的论战，另一方面深化中国社会经济史专题研究。随着唯物史观理论逐渐扩大在中国史学界的版图，遂与历史考据派分庭抗礼，各守门户，演为史坛一大纷争。《周刊》倡新史学建设运动，希冀综合二派优长，强调史学的社会功用，以史经世，以应学术与时代的困境。

一

《史学周刊》为北平《华北日报》[③]创设的副刊之一，每周四出版，刊于第七版，始于1934年9月6日，迄于1937年7月8日。七七事变后，《周刊》大部分作者相继离开北平，奔走离散于四方，此后不再复刊。

[①] 嵇文甫：《序》，马乘风《中国经济史》，中国经济研究会，1935年，第4页。
[②] 参见张绍良：《近三十年中国史学的发展——为纪念中国史学会成立而作》，《力行》第7卷第4期，1943年4月，第51—52页。
[③] 《华北日报》，直属国民党中央宣传部，为国民党在华北的机关报，1930年代在中国北方曾有较大影响。1929年1月1日创刊于北平，日出三大张十二版，注重宣传国民党党义、党纲、政策。由李石曾、段锡朋、沈尹默等主持。社长为刘真如，总编辑为安怀音、沈尹默。1930年3月起因北方政局动荡一度停刊，至10月10日复刊。1937年北平失陷后，该报被日伪劫收，改出《武德报》，《华北日报》部分人员和设备迁往西安，与《西京日报》合并。1945年10月1日在北平复刊，由张明炜主持。曾创办日文版，供日俘阅读。1948年12月25日增出晚刊。1949年2月1日停刊。

《周刊》共出一百四十三期，约一百四十四篇文章。① 《周刊》先后由北大史学系学生杨效曾、傅安华编辑，自第 79 期始，主编由史学周刊社改为本刊同人创办的新史学建设学会。

《周刊》没有分专栏，但依其内容，可分为专文（含论战、信函）、译文、书刊评论三类。《本刊启事》《本刊稿约》《新年后对本刊的预计》《新史学建设学会消息》《正误》等非学术性的短文亦散见于各期；自第 111 期起，《周刊》预"拟每期均增'编后'一栏，对于每期的文章内容及作者向读者约略介绍一下"，② 但至终刊止，只出版了 14 期《编后》。《周刊》文章大多以五千字为限，并有微薄稿酬，"每千字暂定一元至三元"。③

《周刊》的创办借重于《华北日报》的改版。《华北日报》素有办专栏、副刊的传统，创刊伊始，即已开创教育、经济、党务、文学等专栏，后又增设《妇女周刊》《文艺周刊》《华北画报》等。1934 年 9 月 2、3 日，《华北日报》连续两日发布《本报为改版革新重要启事》，谓"本报为革新内容，增加读者兴趣起见"，自 9 月 3 日起各版面重新编列，"各种周刊登二张七版"，其中周四登载《史学周刊》及《市政专刊》（另增刊半张）"。④ 于是本周周四，《周刊》创刊。

《周刊》作者共四十四位，可考的作者中，⑤ 共有二十三人为北大师

---

① 《史学周刊》中除了学术文章外，还有《我们的话》《编后》《本刊启事》《本刊稿约》《新年后对本刊的预计》《新史学建设学会消息》《正误》等非学术性的短文，此处只统计学术文章（目前所见遗失的第 110 期不算在内；长文分在数期，只算作一文，如《欧美人汉学研究文献目录》等）。
② 《编后》，《史学周刊》第 111 期，《华北日报》1936 年 11 月 12 日，第 7 版。
③ 《本刊稿约》，《史学周刊》第 45 期，《华北日报》1935 年 7 月 25 日，第 7 版。
④ 《本报为改版革新重要启事》，《华北日报》1934 年 9 月 2、3 日，第 1 版。
⑤ 现将部分已知作者的字号、籍贯等个人简介罗列于下：（程）百让，字熙廷，河南滑县人，北大史学系 1931 级学生。褚道庵，1930 年代在北平大学法学院研究中国经济史，食货派学人。高福怡，字复一，后改名志辛，河北固安人，北大史学系 1933 级学生。高桂华，河北密云人，北大史学系 1934 级学生。何兹全，原名何思九，字子全，山东菏泽人，北大史学系 1931 级学生。胡厚宣，幼名福林，河北望都人，北大史学系 1930 级学生。李子信，山东博山人，北大史学系 1933 级学生。刘兴周，字尧庭，河南南阳人，自学成才，著有《中国矿业史》一书，精研中国社会史。刘亚生，又名刘亚贞、刘伟光，河北河间人，北大史学系 1932 级学生。汪伯岩，字濂泉，山东临清人，北大史学系 1930 级学生。王崇武，字之屏，河北雄县人，北大史学系 1932 级学生。王宜昌，别名王季子，笔名凌空、倪今生，四川长宁人，成都大学经济学系预科生，因中国社会史论战受陶希圣赏识，为中国托派和"中国经济派"的中坚力量。王瑛，1930 年代在国立北平图书馆研究室苦读，研究中国近代经济问题。武仙卿，字鹤飞，山东曹县人，北大史学系 1931 级学生，食货派学人。徐世embedding，字靖方，四川德阳人，北大史学系 1933 级学生。张公量，乳名汝勋，号宏叔，浙江缙云人，北大史学系 1932 级学生。张锡纶，原名张更生，又曾用名苏田，河北新河人，北大史学系 1934 级学生。赵九成，字诚轩，河南林县人，北大史学系 1933 级学生。郑逢源，字资深，江西金溪人，北大史学系 1934 级学生。曾謇，字资生，湖南安化人，北大文学系 1932 级学生，食货派学人。

生,其中史学系教员四人,史学系学生十八人,中文系学生一人。如顾颉刚、钱穆、姚从吾、张荫麟此时执教于北大史学系,胡厚宣、汪伯岩、何兹全、杨效曾、武仙卿、刘亚生、张公量、傅安华、王崇武、徐世勋、张锡纶等均为北大史学系1930—1934级学生。此外,王宜昌、刘兴唐、王瑛等校外学者亦在该刊发文。《周刊》为北大史学系学生编辑的同人刊物,作者多为北平高校师生(主要是学生),其中以北京大学史学系学生为主,史学系学生发文七十三篇,占比超过半数。

《周刊》第一任编者为杨效曾,曾负责编辑《周刊》第1—41期(1934年9月6日—1935年6月27日)。杨效曾字中一(常以字行),山东招远人,北大史学系1931级学生。北大求学时期,师事陶希圣、顾颉刚,与傅安华、曾謇、何兹全等人交游甚密,除主编《周刊》外,常为《食货》《禹贡》写稿。1935年7月从北大毕业后,受顾颉刚器重至北平研究院史学研究会历史组任名誉编辑,两人过从较密。1941年始在重庆协助顾颉刚编辑《文史杂志》,1942年与卢季忱、孟云桥、胡焕庸等诬告吴锡泽为跨党分子,此事后经查明,杨氏即辞职至陕西蔡家坡,请北大同学傅安华帮忙谋职。旋患肺病,1943年病逝,丧事全由傅安华料理。杨效曾发文量居《周刊》之首,主要研究经济制度、农民暴动、社会形态等。

《周刊》第二任编者(编辑第42—143期,1935年7月4日—1937年7月8日)是傅安华,1912年生于河北冀县,原名靖五,1933年入北大史学系,后易名安华,以靖五为字。大学期间,受教于钱穆、傅斯年、顾颉刚、陶希圣、姚从吾等,与全汉昇、杨向奎、何兹全、杨效曾、李广田、王宜昌、曾謇等结下友谊,与何佶、李欣、孙兴诗等左翼同学亦有交谊。在校期间,积极参与并组织学生活动,曾担任北大史学系学生会主席,参加学生爱国运动,参与创办《北大周刊》,担任《治史杂志》副编辑等。1934年至1937年是他学术研究的起步阶段,在《中国经济》《东方杂志》《治史杂志》《大公报·史地周刊》等发表大量中国社会经济史研究论文和译文,成为《食货》的长期撰稿人。抗战爆发后,移居陕西蔡家坡,创办《烽火》报刊,积极宣传抗日,学术上转向研究西北资源和工业管理。抗战胜利后,弃学从商,从事纺织业。"文革"中曾遭受迫害。1979年1月15日,因中风病逝于天津。①

二

中国社会史论战至1934年后虽热潮已过,但有关中国社会史的讨论仍在继续。1934年至七七事变前,中共正统派(以吕振羽、何干之、吴泽等为代表)、中国托派(以王宜昌为代表)、食货派(以陶希圣、曾謇、何兹全等为代表)、民生史观论者刘兴唐、无党派人士王瑛与陈啸江等重启辩端,围绕亚细亚生产方式、商业资本主义、奴隶社会与封建社会分期等论题展开讨论。《周刊》承其余波,热衷刊发中国社会形态发展史讨论文章,如傅安华、王宜昌、范振兴、刘亚生、刘兴唐等人有关中国古史分期论辩专文十余篇,涉及封建社会起源、奴隶社会断限、奴隶社会与封建社会生产方法同异等问题。论战始于1936年底,持续半年,因七七事变而止。

《周刊》有关中国社会形态发展史的论战,与《食货》《中国经济》等刊物有关中国古史分期问题的论战几乎同步,傅安华、王宜昌诸人的辩论战线亦延伸到前述两种期刊。刘亚生的独特亚细亚生产方式说、殷商奴隶说及西周封建论,傅安华、褚道庵的秦汉奴隶说及魏晋封建论,杨效曾的西周封建论,王宜昌的东晋封建说等,尽管方法论上有谬误或瑕疵,且有些论述因私见偏见而言辞激烈,不免意气相争。但是,一方面,论战各方多处于"学习的现阶段",②皆以唯物史观为指导;另一方面,各方均有其价值,"各种学派的主张,都是为寻找中国的出路,为国家的独立富强作出依据自家世界观、认识论而进行的努力,完全是无可厚非的,都值得敬重"。③

1920至1930年代中国社会经济史研究盛行一时,最初"在争几个

---

① 参见《傅安华年表》,傅安华著,安冰整理《傅安华史学论文集》,黄山书社,2010年,第421—436页。
② 《编后》,《史学周刊》第118期,《华北日报》1936年12月31日,第7版。
③ 冯尔康:《20世纪30年代史学研究的硕果——〈傅安华史学论文集〉读后感》,傅安华著,安冰整理《傅安华史学论文集》,第3页。

名词的涵义",①后逐渐转向整理史料。正如陶希圣所言：中国社会经济史研究"第一步止是中国史的社会学的解释；第二步是中国社会史内容的充实。如今走到第二步的时候,我们觉得社会经济史料的搜集是主要的工作"。② 中国社会史论战高潮后史学界的新风气是"如何钩沉旧史籍取得新材料,以充实研究的内容",自《食货》半月刊开其端以来,流风所及,以至"无论杂志报纸,大学历史系以及专门研究机关,多在这方面用工夫了"。③ 由此兴起精细化研究中国社会经济史,形成众多阵营,如食货派、中共正统派、中研院社会科学研究所、清华大学史学研究会、中山大学现代史学派、中研院史语所等。④

《周刊》将宗旨定位为"整理史料",⑤正是响应陶氏的倡议。《周刊》两任编者皆为陶希圣学生,常在《食货》发文,且与陶往来甚密,其办刊取向无疑受到陶的影响。以作者构成而言,《周刊》有关中国社会经济史专题论文的作者,如武仙卿、何兹全、曾謇皆为陶希圣的"亲兵",⑥傅安华、杨效曾都"比较明显持食货派史学观点",⑦刘亚生为左派学者,胡厚宣为史语所学人,高福怡、王瑛与刘兴唐等人各自为战。其中偏向食货派的作者发文量占比较大。从内容上论,《周刊》主要是对中国古代一时期、一问题(或现象)作专题研究,涉及货币制度、赋役财政制度、土地制度、宗族及社会等级、宗族婚姻制度、民众暴动、生产技术史等,与《食货》主题相近,两份刊物有高度的交集面。《周刊》虽未以中国社会经济史研究专刊自命,但所刊之文百分之八十以上皆为该主题,提出疑难,发掘史料,研究问题。顾颉刚致杨效曾信谓:《周刊》上整理史料的工作,足以纠正中国社会史论战中学人"彼此互哄,打了好久的空拳,结果没有一个胜败"的弊病,"而为将来建设史观的准备"。⑧

---

① 《译者的话》,森谷克己著,陈昌蔚译《中国社会经济史》,商务印书馆,1936 年,第 2 页。
② 《〈食货〉半月刊宣言》,《社会研究》第 60 期,《北平晨报》1934 年 11 月 14 日,第 13 版。
③ 张绍良:《近三十年中国史学的发展——为纪念中国史学会成立而作》,《力行》第 7 卷第 4 期,1943 年 4 月,第 51—52 页。
④ 参见陈峰:《民国时期史语所学人与中国社会经济史研究》,《史学史研究》2020 年第 3 期,第 32—33 页。
⑤ 《我们的话》,《史学周刊》第 1 期,《华北日报》1934 年 9 月 6 日,第 7 版。
⑥ 何兹全:《悼念我师陶希圣先生》,《何兹全文集》(第六卷),中华书局,2006 年,第 3133 页。
⑦ 胡逢祥等著:《中国近现代史学思潮与流派(1840—1949)》(中册),商务印书馆,2019 年,第 886 页。
⑧ 顾颉刚:《研究史学的兵丁集合起来》,《史学周刊》第 17 期,《华北日报》1935 年 1 月 10 日,第 7 版。

《周刊》"整理史料"的工作十分重视译介日本学者有关中国社会经济史的研究成果,欲"借助他山"知己知彼,①进而与外人争胜。《周刊》译载日本学者中国史研究和欧美汉学史文章十九篇,分为三类:(1)书评。如忆恬《介绍〈支那社会经济史〉(附批评)》一文专评森谷克己《支那社会经济史》一书。(2)翻译专题论文。《周刊》共推介十三位日本汉学家十七篇文章,多为中国社会经济史的专精之作,如道端良秀、重松俊章、日野开三郎、野上俊静、早川二郎、加藤繁等的相关成果。(3)欧美汉学史。《周刊》自第55期始连载日人青木富太郎《欧美人汉学研究文献目录》长文,至第125期止,共三十九期。该文涵括欧美汉学家在思想文化史、艺术史、中西交通史、社会经济史、宗教史、政治史、生活史、藏学、敦煌学等众多领域的成果,搜罗极富,"对于学术界是一种很重要的贡献"。②

三

民国史坛蔚为大观的史学思潮:一为考据学,二为唯物史观。考据派作为1920至1930年代史学的正统派,几统制史界:"在最近十余年的时间,整个史学界几全为考据学所统制。试看今日史学界的权威学者几无一不是考据大家。"③而马克思主义史学经李大钊等中国早期马克思主义者的积极宣传和"问题与主义之争"、中国社会史论战等几次学术大论战,声势渐盛,风头正劲,到1940年代"在研究中国历史——尤其是社会史上,唯物史观的方法已占了统治的地位,在这个光辉的方法论面前,封建的及资产阶级的历史方法已显得暗淡无光,失却了活力"。④ 两派"对于古籍的内容、真伪,东西文化的比较,社会的性质及人生观等问题都有激烈的争辩",⑤诚为中国史学界之大纷争。

---

① 郑师许:《最近史学之新趋势》,李孝迁编校《中国现代史学评论》,上海古籍出版社,2018年,第237页。
② 《欧美人汉学研究文献目录》,《史学周刊》第55期,《华北日报》1935年10月3日,第7版。
③ 靖五(傅安华):《发动中国新史学建设运动》,《史学周刊》第63期,《华北日报》1935年11月28日,第7版。
④ 金灿然:《中国历史学的简单回顾与展望》,《解放日报》1941年11月21日,第3版。
⑤ 潘广镕:《序》,伍启元《中国新文化运动概观》,现代书局,1934年,第2页。

考据派与唯物史观派各有利弊。考据派重视对史料工作的审查,是为"史学研究的第一步的基本工作",①但蔑视史观的重要性,埋首故纸堆,专事琐屑考证;唯物史观派自称以科学史观为指导,但相对漠视史料的重要性及对史料真伪的考辨,易流于空疏。1935年傅安华在《周刊》发表《发动中国新史学建设运动》一文,既批评考据派"支离破碎""否认历史哲学",又指摘唯物史观派"专尚空论"、不重史实、引用及考证史料不当等弊害,主张今后应在解决两派矛盾的基础上建设新史学。傅安华提出新史学应包含三项:一是系统的科学的历史哲学,二是完美的正确的史料,三是客观的考证技术,并"由第一项作总纲,来指导第二、三项工作的进行"。②

傅文见诸报端后,郑逢源、耕斋、高福怡、徐世劻等人接连在《周刊》撰文,对"新史学建设"作完善补充。耕斋《"新史学建设运动"之我见》一文主张新史学的方向为:"第一,推翻定命论的历史观,建设辩证法的新史学";第二,摧破考据史学者、道德观的历史哲学家"静态的作史,建设动态之研究的新史学";第三,消除唯物史观派的"机械论,建设具有'社会运动法则'的新史学"。③ 傅安华《新史学的任务与非常时期》一文提倡"将历史学的研究与实践联合起来",史学不特为"整理史料的科学,并且也是解释史事的科学"。④ 在国势阽危之际,新史学建设并非玩物丧志,而旨在经世致用,指导现实,指示未来。高福怡《新史学建设是青年史学者的责任》一文指出考据家与理论家(唯物史观派学者)各有所短,且"不肯牺牲成见来作新史学的研究",因以号召后进的青年史学者担负建设责任,取长补短,加以综合,"在历史哲学方面可以得到理论家们的指点,史料方面可从考据家处学来整理史料的方法,清理出已知的史料,考证出不明显的部分"。⑤ 1936年1月初《周刊》发表傅安华

---

① 齐思和:《近百年来中国史学的发展》,《燕京社会科学》第2卷,1949年10月,第29页。
② 靖五(傅安华):《发动中国新史学建设运动》,《史学周刊》第63期,《华北日报》1935年11月28日,第7版。
③ 耕斋:《"新史学建设运动"之我见》,《史学周刊》第65期,《华北日报》1935年12月12日,第7版。
④ 靖五(傅安华):《新史学的任务与非常时期》,《史学周刊》第66期,《华北日报》1935年12月19日,第7版。
⑤ 复一(高福怡):《新史学建设是青年史学者的责任》,《史学周刊》第67期,《华北日报》1935年12月26日,第7版。

《新年后对本刊的预计》一文,指明1936年度《周刊》"预计":一建设新史学,二推广新史学的研究。《周刊》集稿以"历代社会之本质的分析以及发展动向的研究""史学理论——方法论——的研究""历史问题及理论的论战""系统的史料搜辑与考证"为准则,"其中尤以第一项为主要部门"。① 新史学建设运动倡议从1935年底持续到1936年。

1936年2月傅安华"联同几位热心新史学建设运动的青年史学研究者,准备组织一个纯学术性质的'新史学建设学会',且提出了该会的主要纲领"。② 新史学建设学会正紧锣密鼓地准备着,3月4日正式成立,聘请陈受颐、陶希圣、钱穆、顾颉刚、孟森五人为导师,制定学会简章。该会致力于新史学研究,入会自由,并无会费要求;每两星期举行一次史学座谈会,③便于学术交流;以《周刊》为会刊。其研究重心为:

> 本会之研究工作,以新史学所标原则为纲领:(甲)不反对考据,但不纯作考据;不反对方法论,但不纯发空论。我们要以考据为技术,以方法论为绳墨,根据史料作本会的史学研究。(乙)我们认为研究历史是帮助现实,所以我们并不因研究古代而忽略现代,并且很愿意在沟通历史与现实方面努力,其方式是:(1)为作历史问题之纵的研究,以探求中国社会发展之路线及动向;(2)以一部时间来分析现实社会问题,由此再进而追溯到某社会问题之史的发展;(3)研究理论以指导实践为目的。④

一方面汲取考据派与唯物史观派治史优点,以唯物史观为指导和首要前提,再辅以史料整理和考据技术;另一方面关注现实,以为现实服务

---

① 《新年后对本刊的预计》,《史学周刊》第68期,《华北日报》1936年1月9日,第7版。
② 《编后》,《史学周刊》第75期,《华北日报》1936年2月27日,第7版。
③ 新史学建设学会简章虽提出史学座谈会每两星期举行一次,然直至七七事变止,有记录的史学座谈会只有六次。新史学建设学会前期工作极为积极,学会创办伊始,即开展史学座谈会。第一次座谈会于1936年3月15日在北海濠濮涧举行,讨论主题为"中国今后新史学的研究"和"中国社会性质的问题"。第二次座谈会于4月4日在陶希圣家中举行,讨论主题为"商业资本主义、亚细亚生产方法、专制主义之解释中国历史问题"和"中国社会科学发达史的问题"。第四次座谈会在姚从吾家中举行,谈话中心为:以唯物史观来解释历史(姚从吾不赞成,新史学建设学会成员赞成)、近代历史观的发展及种类。拟定了两项工作:一是作新史学研究必读书书目,二是系统的介绍现代中国史学专家对于史学理论及研究方法的意见(两项工作均未完成)。新史学建设学会在1936年3月至5月共举行了四次史学座谈会,在1936年秋季学期共举行了两次史学座谈会,题目为"奴隶社会史论与中国奴隶社会问题"。
④ 《北大学生组织新史学建设学会》,《华北日报》1936年4月12日,第9版。

为鹄的,以历史研究指导实践。

在傅安华首倡新史学建设运动之前,马鸿昌主张倾向唯物史观的史家们"以后要努力于史实的充实",倾向唯心史观的史家们"要努力于正确方法的活用","这样才能做到理论与实际历史之一致,这样才能把中国的历史推进于一个正确充实的科学的大道"。① 其后朱谦之领导的中山大学现代史学派、清华大学史学研究会、陶希圣主导的食货派等学术团体及北平历史科学研究会创办的《历史科学》、中研院社会科学研究所主编的《中国近代经济史研究集刊》等杂志都积极倡导考据派与唯物史观派取长补短,补偏救弊,以求会通,建设"新史学"。新史学建设运动不仅主张兼取两派专长,还强调鉴往知今,以史为用,具有强烈的实践性。彼时国势日蹙,"民族生命,几濒危亡,全国上下,力图挣扎",②《周刊》强调:"我们所以要研究历史,不是趣味的、游戏的,而是企图着理解过去的人类社会生活及其变革过程;由于这种理解,进而把握现在,因以决定未来的动向的。"③反对专事史料的搜集、考证与辨伪,为学术而学术,强调学术研究应关注现实,以之指导实践和未来。

以傅安华起首,高福怡等人继之的新史学建设运动,在《周刊》上讨论得如火如荼,但在史学界毫无波澜。参与者皆为北大史学系学生,且倾唯物史观派,在学界影响力有限。新史学建设主张取考据派与唯物史观派二派所长,即史观、方法与史料三者合一,但考据派与唯物史观派裂痕未能弥合,仍各不相谋。如1937年童书业对吕振羽《史前期中国社会研究》一书以神话传说和地下文物相证的史料考证和应用方法展开"攻击",尔后刘亚生对童书业史观谬误又进行"回击",两派对立异常鲜明。新史学建设运动偏重唯物史观的指导作用,引起学者不满,《治史杂志》曾善意提醒《周刊》"注重史料考证与理论方法的溶合,而不愿有所偏重"。④ 说明《周刊》虽志在兼容两种治学倾向,但实际上仍以理论为重。

---

① 马鸿昌:《评现在之中国史学界》,《新社会杂志》第1卷第2期,1931年4月16日,第17页。
② 《译者的话》,森谷克己著,陈昌蔚译《中国社会经济史》,第1页。
③ 《我们的话》,《史学周刊》第1期,《华北日报》1934年9月6日,第7版。
④ 《卷头语》,《治史杂志》第1卷第1期,1937年3月。

四

如何评价《周刊》？首先，就文章来说，《周刊》发文水平大体较高。如褚道庵对中国社会经济史、傅安华对中国社会生活史、曾謇对宗法社会及宗法组织的研究之作，论述连贯有系统。其中亦有不少开新之作，如傅安华《唐代的商税》等文。《方腊的暴动》《唐代盐法考略》《十三世纪蒙古人的物质生活》《唐宋对阿剌伯人的贸易及其发展》等文研究对象皆为学界较少关注者，尤有一定价值。上海大夏大学史地社会学研究室出版的《史地社会论文摘要月刊》专辑录史界"比较好的论文"，①共收录《周刊》二十三文，足见《周刊》发文质量之一斑。当然，《周刊》稿件也存在这种现象："大多数可以称为'纲要式的论文'。这些论文往往选择一个大题目以三五千字草草完卷。"②大题小做，略陈己见，相对缺乏精深探讨。且论述中亦有不少失实之处，如杨效曾《北魏均田与庄园制》一文曲解史实，三长制与均田制创设时间先后倒置；傅安华《唐代盐法考略》一文引文有误，以致误解史料。此外，书评等介绍类文章偏多，价值不高。

其次，彰显史学生态的多样性。1930年代北大史学系实由傅斯年暗自执掌，与中研院史语所建立密切关系，"史料学派的治史主张和方法，得以在北大史学系生根"。③ 傅斯年对史学系课程进行改革，强调以实证方法治史，偏向考据。其时北大史学系学生积极办刊，诸如《史学论丛》《史学》《治史杂志》，另有邓广铭等史学系学生编辑的天津《益世报·读书周刊》。与这些刊物具有浓厚考据色彩不同，《周刊》坚持以唯物史观指导学术研究。同为北大史学系学生主办的刊物，治史取向各异，说明北大史学系仍存兼容并包传统，考据派并非一家独大。傅斯年也并非极端排斥唯物史观派学者，他曾对朱家骅说："希圣前办《食货》，收罗北平各大学毕业生不少，北大尤多，如鞠清远、傅安华，皆良士也。此时散伙，颇有可惜之处（此两人外，尚有多人不错者），此实社会

---

① 《史学界消息》，《史学》第18期，《益世报》（天津）1935年12月24日，第12版。
② 编者：《周年致辞》，《史学》第26期，《益世报》（天津）1936年4月14日，第12版。
③ 郭卫东、牛大勇主编：《北京大学历史学系简史》（初稿），北京大学历史学系，2004年，第93页。

上一种损失。"①史学界党同伐异的情形,也是因人而异的。

再次,存续时间长。当时创办学术报刊的环境并不佳,纯粹定期的史学刊物很少,经常"不能按时出版","历史又均甚短,印期复不规则"。②1936年佳吉在《〈史学年报〉回顾录》一文中言:"挽近学术刊物如林,多如雨后春笋,即关于史学范围者,亦不乏其俦;要皆不数期后,即告停刊,而或能维持不坠,亦令人每况愈下之感。"③此言并非夸大其词。如1931年6月由北平国立师范大学史学会主办的《师大史学丛刊》仅出版一期即停办,1936年10月由武汉大学历史学会编辑的《历史年报》亦如是。尽管出版一期即停刊实属少数,然期刊历史短暂(大多在三年之内)、期数少、刊期不定是当时刊物的共性,如《史学杂志》《成大史学杂志》《史学》《历史科学》《史学论丛》等皆属此类。有因经济关系而压缩版面者,④亦有因印刷局纸张缺乏⑤或经费无继而迁延发刊或停刊者。办刊不易,若要持之以恒,更属不易。《周刊》维持近三年,发行一百四十三期,在同类刊物中也算是特例了。

最后,为学生提供发表平台。1930年代北大史学系尚未开设历史习作课,"校课中无练习历史写作之机会",⑥只在四年级学生学年开始时,"各就兴趣所近,与本系某教员商定题目,并由其指导,撰述论文一篇",⑦始得毕业。1937年3月,北大史学会主编的《治史杂志》发刊词谓:

> 我们在大学里学习历史,就北大史学系现行的课程说,前两年注重基本知识的充实,两年以后方兼重专题的研究。我们应参考的史籍,应研究的史料多极了,真有皓首难穷的样子。因为忙于翻

---

① 《傅斯年致朱家骅(1939年1月16日)》,王汎森、潘光哲、吴政上主编《傅斯年遗札》(第二卷),社会科学文献出版社,2014年,第719页。
② 季杰:《一年来国内史学界之回顾》,《东南日报》1935年12月31日,第9版。
③ 佳吉:《〈史学年报〉回顾录》,《史学消息》第1卷第1期,1936年10月25日,第4页。
④ 参见《编后》,《史学消息》第1卷第1期,1936年10月25日,第50页。
⑤ 如《历史科学》创刊号的《本刊价目表》中明言"期数:全年十二册,半年六册",即表明《历史科学》为月刊。然创刊号发刊于1933年1月,第1卷第2期于1933年3月才出版,延迟一月有余,即是因为"印刷局的纸张缺乏"。《编余》,《历史科学》第1卷第2期,1933年3月30日,第74页。
⑥ 编者:《书林:北大创刊〈治史杂志〉》,《文澜学报》第3卷第2期,1937年6月30日,第11页。
⑦ 《国立北京大学史学系课程指导书》(民国二十年度,1931年9月—1932年6月),王应宪编校《现代大学史学系概览(1912—1949)》(上册),上海古籍出版社,2018年,第57页。

阅,自不免怠于写作,有时即感到像章实斋所说的"只能食桑叶,而不能吐丝"的不满足。我们的课程中是没有练习写作"历史文"一课的。为补充这个缺陷,乃决议刊印这本刊物。①

自1935年北大史学系施行"本系简规":"本系自本年度一年级起,将四学年程分为二阶级。一、二年课程致力于基本训练,俾学者于治学之方法途径及中外史实之重要关节,有明了正确之认识、健全笃实之修养。三、四年级则注重专门训练,学者选习各专史及专题研究,以充实其知识,培补其学力。"②此简规虽始于1935年,然查史学系1930年至1937年的课程科目相差无几,即《治史杂志》创刊时与《周刊》创刊时史学系学生同样面临"'只能食桑叶,而不能吐丝'的不满足"。《周刊》无疑为北大史学系学生创设了学术发表空间。傅安华、何兹全、胡厚宣、李子信、王崇武、武仙卿、杨效曾等人在《周刊》发文,都是在读期间或刚毕业不久,《周刊》为他们学术研究起步创造了良好条件。

《周刊》作为北大史学系学生创办的同人报刊,展现了北大史学系学人的群体意识:不纯为学术而学术,亦有经世致用之愿。"鸦片战争以来一百多年,中国的知识分子大多是生来就爱国的、关心政治的",③以傅安华、何兹全、汪伯岩等北大史学系学生为代表的《周刊》作者群,关心政治和国家前途,读书不忘救国,体现出中国知识分子的责任感和使命感。何兹全说:"我同时代的知识分子,有抱负的大约走上两条路。一些人参加政治活动,读了马克思主义的书,走上革命的路;一些人不问政治,埋头读书做学问。懂马克思主义辩证法唯物史观的,没有时间读书;读书作学问的,又大多没有接触过马克思主义辩证法唯物史观。"④而处于"中间缝"里的傅安华、何兹全等人,既未埋首苦读,又未直接走上革命道路,而是以学术为载体,积极探求以学术救国之路,治史以达致用。

---

① 《卷头语》,《治史杂志》第1卷第1期,1937年3月。
② 《史学系课程一览(民国二十四年度)》,国立北京大学编《国立北京大学一览(民国二十四年度)》,国立北京大学,第191页。
③ 何兹全:《爱国一书生》,《何兹全文集》(第六卷),第2737—2738页。
④ 何兹全:《爱国一书生》,《何兹全文集》(第六卷),第2662页。

五

《〈华北日报·史学周刊〉选辑》分"新史学建设运动""社会经济史""封建社会""奴隶社会""农民暴动""书刊评论"六类。"新史学建设运动"选取与《周刊》主旨及新史学建设运动有关的论述。"社会经济史"选录《周刊》有关中国社会经济史的专题之作。"封建社会"与"奴隶社会"两类为《周刊》有关中国社会形态发展史的论战之文,因先探讨封建社会起因,继之引发对奴隶社会的论辩,故篇目排序先"封建社会"后"奴隶社会"。"农民暴动"为中国社会经济史研究热点之一,"书刊评论"是《周刊》一大特色,均特列专栏。

本书的编校,以保留报刊原貌为原则,但亦参照现代学术规范。标点符号以《标点符号用法》为准。字词以《通用规范汉字表》为则,改繁体字为简化字,异体字为正体字,通假字、古今字皆不改。对于相沿成习的部分字词亦不作修改,如"底"作"的"意时不改,但如"满州"需改作"满洲"等。人名、书名、地名的改正以正史为绳。近代报刊常因书籍难得而致引文不合规范,本书对不碍文意者皆不作修改,但对因音近形似、手民误植、作者误笔或误记等明显歧误之处作订正,大体上径改,部分可作特别说明的,以六角符号内表示增补之文,圆括号内标示当改之文。本书对原文的所有注释皆作脚注处理。

本书的编校,首要感谢导师李孝迁教授。本书目录为孝迁师选定,编校过程中亦得孝迁师诸多帮助。本书责编乔颖丛和陈丽娟编辑不惮其烦地为笔者解疑释惑,尤须特别申谢。刘开军师、陆陈宇君及教研室诸师友亦助益良多,在此谨布谢忱。近代报刊的编校无有定则,本书的编校亦有失当及不妥之处,敬祈读者见谅与指正。

黄芬 谨识
2021 年 1 月 4 日于华东师大图书馆

目 录

丛刊缘起 / 1
前言 / 1

新史学建设运动

我们的话 / 3
研究史学的兵丁集合起来(顾颉刚) / 4
历史的教训与自我批判(崇天) / 7
发动中国新史学建设运动(靖五) / 11
关于中国新史学的建设(资深) / 16
"新史学建设运动"之我见(耕斋) / 20
新史学的任务与非常时期(靖五) / 23
新史学建设是青年史学者的责任(复一) / 27
新年后对本刊的预计(傅安华) / 31
响应中国新史学建设运动(靖方) / 36
新史学建设学会消息(傅安华) / 41
新史学建设学会消息(傅安华) / 43

社 会 经 济 史

中国古代土地之所有性及租税之起源(刘兴唐) / 47
中国历代度量衡沿变概略(杨效曾) / 59
秦汉货币经济与奴隶制度(褚道庵) / 65
秦汉物价的蠡测(褚道庵) / 69

魏晋间的农田水利(丹秋) / 72
北魏均田与庄园制(杨效曾) / 82
唐代的商税(傅安华) / 96
唐代盐法考略(傅安华) / 102
唐代都市中的邸店与牙人——读唐史随笔之一(傅安华) / 111
唐宋官僚地主的庄宅——读书杂记之一(中一) / 116
唐宋对阿剌伯人的贸易及其发展(朱慎行) / 119
南宋末年的民生与财政(张荫麟) / 124
十三世纪蒙古人的物质生活(百让) / 130
清代的佃农(张致恭) / 148

封 建 社 会

关于西周的封建制(中一) / 155
论西周封建国家的形成(刘亚生) / 158
论封建社会的起源——给王宜昌先生的一封信(傅安华) / 169
论封建社会的起源——答傅安华先生(王宜昌) / 181
论封建社会的起源——再致王宜昌先生(傅安华) / 185
论封建社会之起源——再答傅安华先生(王宜昌) / 189
论封建社会之起源——三致王宜昌先生(傅安华) / 192
论封建社会的起源——三复傅安华先生(王宜昌) / 198
读《论封建社会的起源》(范振兴) / 202
关于封建社会之起源的问题——评傅安华先生和
　王宜昌先生(刘亚生) / 208
略论封建社会之起源问题——致傅安华先生书(刘兴唐) / 217

奴 隶 社 会

中国奴隶发生之原因(冈田巧著,善甫译) / 223
奴隶社会史论(傅安华) / 230

论奴隶社会与封建社会的生产方法——给傅安华先生的
　　一封信(杨中一)/244
论奴隶社会与封建社会的生产方法——答杨中一
　　先生(傅安华)/249
奴隶社会"当真""没有出路"吗?(范振兴)/253
禹帝系新解(王宜昌)/263

农 民 暴 动

农民暴动的发生(杨效曾)/273
方腊的暴动(杨效曾)/276
元季民族革命(耕斋)/287
清季长期内乱的原因(汪伯岩)/295

书 刊 评 论

介绍《中国现代经济史》(中一)/307
介绍《古史辨》第五册/309
《史学通论》(中一)/311
介绍《民族问题》(中一)/313
介绍《中国古代社会》(上册)(忆恬)/315
介绍《支那社会经济史》(附批评)(忆恬)/317
介绍《史学概论》(忆恬)/322
评吕君振羽著《史前期中国社会研究》(童丕绳)/324
评童君《评吕君振羽著〈史前期中国社会研究〉》(刘亚生)/330
论孔门的六艺并评冯友兰先生的《中国哲学史》(曾謇)/337
介绍专中国社会史的刊物——《食货》半月刊/348
介绍《史学》/350
介绍《食货合订本》(謇)/352
介绍《治史杂志》创刊号(夏冰)/353

新史学建设运动

我们的话

一个刊物的出世,都有发刊辞,现在我们也照例来说几句出版这个周刊的话。

我们知道,历史是人类社会活动的过程。我们所以要研究历史,不是趣味的、游戏的,而是企图着理解过去的人类社会生活及其变革过程;由于这种理解,进而把握现在,因以决定未来的动向的。

这是一件最艰难的工作,尤其在中国。

中国虽号为文明古国,可是,对于中国史的整理,到现在还是一张白纸。我们所见到的只是一些史料,而且多是未经整理过的史料。因此,我们要探讨中国社会史的变革,现在还是不大可能的事。我们所能作的,大半还是理解中国社会史的变革的初步工作——整理史料。因为必须先整理史料,我们便免不了所谓学院式的研究,在故纸堆中爬梳新的材料了。

关于史料的整理,我们并没有某种的限定,如关于经济的或社会的,凡与中国史有关的各种史料,都要加以研究,即便一字之微,如果有关于史实的话,我们也加以考订的。我们的这种钻研,并不是最后的目标,只是达到理解中国社会史变革的初步手段。我们决不愿玩物丧志,老死在故纸堆中!

除了史料的整理以外,在可能范围内,我们还想介绍一些史学的理论。自然,我们注重的是社会进化史,尤其是中国社会发展史的论著了。

我们的态度和研究的范围,略如上述。可是,兹事体大,决非少数人所能为力的。我们希望有志研究中国史的人们,和我们携起手来,多多地赐以著作和批判!

(第1期,1934年9月6日,第7版)

研究史学的兵丁集合起来

顾颉刚

读你们编的《史学周刊》，切切实实地提出问题，搜集材料，这是最正当不过的。问题是提不完的，材料也是搜集不完的，希望你们永远这样干下去，不要中断，不要改变态度。

前数年，社会史的论战甚盛，他们标榜的是唯物史观，而大家都没有凑手的材料，也不耐用了苦功去寻。于是就把一己的幻想构成一个系统，而幻想则各人不同。于是彼此互哄，打了好久的空拳，结果没有一个胜败，这徒然使得旁观者齿冷。现在你们这种工作，足以纠正他们的错误，而为将来建设史观的准备，这是我最赞同的。

我觉得，学问也同征战，固然需要将帅，但尤需要的是兵丁。有了健全的兵丁，自然会酝酿出良好的将帅。否则虽有一二个良好的将帅，而兵丁都是不中用的，也必然弄得孤掌难鸣。白起、王翦的威望，岂是他一个人的能力所造成，无非是强悍的秦兵的总成绩而已。所以我们现在做学问，应当注重训练兵丁，要训练兵丁先要把自己看成一个兵丁，过兵丁的生活。人是有政治欲的，当然想做领袖，研究学问的人如果没有作领袖的野心，那个人是没出息的，他决不会有独特的成绩。但他如果单有作领袖的野心而不肯切切实实作苦工，那是更没出息，因为他从此只会奔走联络，抢地盘，包而不办，排挤人才，陷害青年，做人群的蟊贼了。所以我们应当决绝舍弃做现实领袖的野心而刻苦的工作，使得后世的人承认你是一个真实的领袖；即使他们不承认你是一个领袖，而你有真实的工作在，他们也必然承认你是一个健全的兵丁。

在中国，北平无疑的是一个文化中心。但北平保存的文物，十之七八都是史料,所以它只能成为研究历史的中心,不适宜于滋长其它学问。我们研究历史的人来到北平,真是快乐极了,可以在地质调查所里看见四十万年前的人头骨和各种石器、陶器等史前文化,可以在中央研究院里看见商以前的黑陶文化和几万片的殷墟甲骨,可以在故宫博物院和古物陈列所里看见许多商周鼎彝和宋元书画,可以在西北科学考察团里看见万余片的汉代竹木简和唐人绘画,可以在历史博物馆里看见许多魏唐的土俑和墓志,可以在北平图书馆中看见八千卷的唐人写经、二千种的宋元书本,可以在北京大学、故宫博物院、中央研究院中看见几百万件的明清档案,可以在北平图书馆、燕京大学、清华大学等更看见四千余种的明清地方志,可以在社会调查所里看见几百年来的经济材料。真是一部"中国通史"展开在我们的眼前,我们怎忍不看,怎忍不向里钻研。所以在北平各大学读历史的同学们,如果他只会读课本凑分数,或只会喊口号发空议论,那真是世界上最没出息的。因为他入了宝山尚且空手而归,哪里可以希望他拿了锄头去开发地下的宝藏呢!

讲到这儿,也许你们要说:"有许多学术机关都是抱关门主义的,我们一介学生,要去看他们贮藏的材料,真有无门可入的苦痛。"但是诸位不要怕,只要诸位真有此苦痛,就会有要求开放的呼声;一个人的呼声不响,十人百人千人的声音就响了。只要你们深切感到学问的饥荒,理直气壮的呼喊,不怕门里人不开门延客。这就是所谓社会的裁制。我们应得使用这种力量,使得北平保存的史料都能为我们研究历史的人所采用,更要使得北平保存的史料,因为有了我们的缘故,才能展开它的底蕴以供献于社会。

不过,有一件事是确实可以悲观的。去年春间,热河不保,故宫博物院和中央研究院的许多古物都运到京沪,以免危险。现在只有中央研究院的档案已运回北平,然而经过南方的湿空气,有许多已经粉碎了。故宫博物院的档案,北平学术界也作过几度呼吁,请求运回,终于没有得到政府的允准。其中军机处的档案对于近代历史太重要了,万一蛀烂,真是无价的损失。易培基的盗窃珠宝,固然百死不足以蔽其辜,但在研究历史的人看来,档案的重要实更在珠宝之上。无论如何,我们不能坐视这些贵重的史料在我们的手里沦胥以尽。你们应该在报纸上面常常提到此事,常常要求运回整理,使政府中人知道有这样的必要。在没有运回之际,你们应当就存平的档案努力工作。一来集材料,二来作训练,好让那批档案搬回来之后,就有人着手工作。工作时一切有办法,在比较短的期间可以有整理的成绩贡献于国人;不要像以前时候,终年锁闭,辜负了它的效用。

北平的史料这么多,但北平的空气够沉寂了。你们应当集合同志来打破这沉闷,使得将来人永永纪念这民国二十余年的北平各大学的史学系学生的工作!

二三,十二,二三

这是颉刚师的一封信,题目是我加的。我们愿作研究史学的兵丁,希望愿作兵丁的同志们集合起来,分工合作,将中国史料整理出个头绪来。自然我们更希望良好的将帅,来训练指导我们做这工作的。颉刚师的话,不惟给我们深切的指示,我们认为:凡研究史学的人都应当加以注意,尤其是学历史的同学们,读后应该深深自省:"我是否入了宝山尚且空手而归?"

在《食货》第二期中,陶希圣先生已有读地方志的提议,想有许多人在做这种研究了。我们希望研究的范围更要扩大,各尽所能的将北平的宝藏分头整理,在比较短的时间内有成绩贡献于社会,更希望政府能从速将档案运回北平,以便于这种研究的进行。现在北平研究史学的空气虽然沉寂,但较前一二年总算有生气了。在前,不是玩物丧志的弄古董,就是要实际活动,找一个研究社会史的同志,简直比上天还难。自今年《禹贡》出版于前,《食货》出版于后,将沉寂的空气打破了。我们愿研究史学的兵丁集合起来,伴随着民国二十四年的降临,使北平史学界的空气焕然一新!

中一谨识
二三,十二,三十

(第17期,1935年1月10日,第7版)

历史的教训与自我批判

崇 天

我们无论作什么工作,都不是无所为而是有所追求的。即我们的任何作业,不仅是趣味的,而且还有企图着将理想实现出来的目的的。尤其是处在险恶的现实情况之下,更不容许我们去专干那趣味的作业!现在是炎炎的夏日当头,不是优游消闲的时候!

我们研讨历史的原因,便在于获得历史的教训。

我们知道,历史是人类社会活动的过程,要认识人类社会未来的去向,必须理解人类社会发展的来路。研讨历史,就是为着理解人类社会发展的来路的。

我在以前曾经这样说过:

> 为了认清我们的前路,对于现实必须有正确的把握;而要正确的把握现实,又必须探讨过去——历史的发展过程。我们相信:只有从历史的过程发展中,才能够正确的把握现在,把握未来的动向,因而认清我们的前路。

这话,我现在虽还认为是对的,但感到必须加以补充。即上面的话太笼统了,如果不加以说明和限制,虽在表面上看来是对的,而实际上则往往走上了错误的道路。以至成为学院式的书蠹,和一般为学问而学问的史学家们一样,离开了现实。不惟不能够认识现实,把握未来,而且往往为琐屑的历史事实所蛊惑,汩没了自己的理想,连时代的影子都看不见了!

这是我个人的一点经验,在自我批判之余,愿把它公开出来,以供献于为实现理想而研究历史的同路者之前。

在过去,为了时代的苦闷,我曾探究过唯物论辩证法以及社会进化史等新兴的社会科学,就以那一点浅薄的知识来研究中国社会史发展的过程。大体上,现在虽得到了中国社会发展的一个轮廓,但为了对于各种历史现象要求深切的理解,却不自知的走入考证的学院式的钻研中去了。自然,这种钻研不是毫无用处,在某种意义上,还是必须而且重要的。可是,在险象环生的转变期的现在,这种钻研的作用却等于零,不仅对于我们理解现实绝无用处,而且使我们脱离开现实了!

这种学院式的研究,老实说,是对于一切有为青年的麻醉剂。因之,我觉得,如果说现在中国社会史的研究是更进一步,由公式主义进入深沉的研究,是一种好的现象,无宁说,麻醉作用已经成功。

以我个人的经验说来,过去的中国社会史研究的方法,不但不能帮助正确的理解现在的情势和把握未来的动向,而且即便孜孜地研究到白了头发,充其量也不过是清代考据对现实无力的逃避者或无用的人之别名,于现实不会发生什么作用的。因为以前的研究(我们姑假定其研究的方法是正确的),都是由古及今,即自上古、中古而及近世的。这样研究,即便是"大体"的"大体"的话,得到由上古至近代的社会发展的轮廓,已非一二年的时间不为功,能实事求是的有所考究,那就要停留在某一阶段上而进行不动了。这,最明显的例子是郭沫若先生。郭先生是有天才的研究者,他的研究成绩,已为专门钻研古董的人们所惊服。可是,他研究中国社会史已经五六年了,我们除了看见他关于古史的著作以外,不用说近代,即中古时期的写作一点也没有。我们固然承认郭先生著作的价值,但对于现实的认识和理解有什么用处呢?谁也晓得,要从《甲骨文字研究》及《两周金文辞大系》等书中去找与现实的因果关系,是非常滑稽的事的。何况这样停留在某一阶段的研究的结果,会使研究者沉没于古董或故纸堆中,玩物丧志而不自知呢!这,有人将要说,社会是分工的,不能由一人来包办。研究中国社会史是大家的事,分工合作才能有成,这种研究正是分工,是必须的工作。我也同意这种说法,但这说法不适用于现在,现在是个动荡得使人坐不到研究室的时期啊!钻研的工作,不是有作为的青年在现在所应从事的!他们的责任是改造现实,应该正视着现实,不应逃避现实的!

由于上述的原因，我觉得，中国社会史的研究虽不可缓，但于研究的方向须有所改变。由古及今的研究方向，在险恶的现实情形之下，已迫不及待，为了认识现实，必须改变一下了。所谓改变研究的方向，是不采由古及今的研究途径，而采取由今溯古的研究途径。换言之，即由现实的实践中来探讨历史，以取得历史的教训。

我们所处的时代是个非常的时代，在这非常的时代中，需要的是动不是静，是实践不是空论。因为要从这非常时代里求生存，必须改造现实的。要改造现实，必先剖视现实，而现实的剖视，决维实践。"蒲丁的证明就是吃"，乃是一句不可颠破的名言，学究式的研究和空论，告诉不了我们什么东西的！

不过，实践虽为剖视现实、理解现实的第一要义，但也不能离开了历史的探求。因为徒事实践，便有被琐屑的经验支配了的危险；经验虽要紧，若无理论的修养与历史的教训来提示，就会为琐屑的事故所蒙蔽，而认识不出社会变动的因果关系来。琐屑经验的蒙蔽，也很容易使我们走上"玩世"或"堕落"的道路的。其流弊有甚于玩物丧志！

因之，我认为：我们要理解现实，改造现实，固要注重实践，同时也不能离开历史的探讨。实践是认识现实、改造现实所必要的行动，社会史的探讨则为帮助理解现实决定行动的指针！换句话说，实践是从现实中提出问题并解决问题的，社会史的探讨，则是给我们以理解并决定路线的昭示的。没有实践，不能从这非常的时代中求生存；没有社会史的探讨，便会有违反社会发展的行动而不能够成功！

以此，我们现在不能为研究中国社会史而研究中国社会史，必须为实践而研究中国社会史。即研究中国社会史是为的实践，不是为的学问，在实践的意义上，研究中国社会史才有必要。

这就是我提出由今溯古的研究方向的原因。

所谓由今溯古的研究，是：

第一，先从现实的探讨中提出各种问题；

第二，将各种问题由今上溯，明其来原及历史的意义；

第三，综合各种问题的历史的意义及与世界各国的联系，作一全般的考察；

第四，最后把握问题的演进，以推断未来的去向，因而决定我们实践的路线。

这样，在险恶的现实情形之下，中国社会史的研究，才不至于成为"徒然"的作业，于中华民族的前途才能有一点裨益！

一九三五，六，十八，于故都

（第 41 期，1935 年 6 月 27 日，第 7 版）

发动中国新史学建设运动

靖　五

清中叶以来,考据的风气大盛于经学界。史学逐经学之后,亦逐渐为考据家所占领。民国以后又与西洋哲学中的实验主义相遇,双流汇合,更汪汪千顷,臻于极盛。在最近十余年的时间,整个史学界几全为考据学所统制。试看今日史学界的权威学者,几无一不是考据大家。纵然他们不承认他们是脱离了史学而专作部分的考据,但把这十余年来他们的成绩拿来检察一遍,谁也不能否认这种事实。最近数年以来,因世界以及国内经济情势的转变,社会科学——尤其是辩证法唯物论的思想弥漫于国内学术界。史学界因而也就有一支唯物史观派的生力军加入,对考据学酿成一种极大的反动,竭力提倡历史哲学以及社会形式发展的研究。此二派便形成最近史学界的矛盾。不过,直到今日,构成矛盾的两个对立物尚未发生直接的冲突,只是各派严守各派的壁垒。在考据派看来,唯物史观派都是些盲目的毛孩子,决不会有什么作为,让他们暂时胡闹去罢,以学者的身份不屑同他们争辩。但在唯物史观派看来,考据派都是些昏庸老朽,成见已深,不可理喻,同他们争辩也是无益,横竖在不久的未来他们一定要随经济基础的崩溃而塌台。在这两种心理下,便形成今日"各守门户""道不同,不相为谋"的局面。结果是考据派始终不肯承认历史哲学是史学上最重要的工作,而唯物史观派也始终不承认考据是史学上的一种重要技术,各走极端。

我们觉得以上两派的态度都是谬误。第一,互不相争的态度是谬误的;第二,互相卑弃的态度也是谬误的。以下我们分别批判。

人类历史的发展是依辩证(Dialectical)的法则,这是许多有哲学头脑的人都承认的,所以"冲突""斗争"是社会上不可避免的事实。不仅止是不可避免,并且还是社会向前发展的动力。正如黑格尔所说:"矛盾是一切运动与生活的根源。"根据这种观点来看今日史学界两派的态度,便知道他们是错误了。没有冲突,不会有比较,更不会达到"合"(Synthesis)的阶段。况且我们已经知道两种对立物各自发展的结果,必然要有冲突,为什么不预先发动这种冲突呢?这正是由认识的必然到自由发动的法则。所以我们主张今日史学界,与其各守壁垒,延长双方的误点,不如早些互相争辩,汇集双方之所长,建设起一个新的史学来。

其次,两派互相卑弃的态度也是极大的错误。这种错误也可以说是由前一种错误派生出来的。考据派不容纳历史哲学固然是不对,但唯物史观派完全卑弃考据也是不对的。我们现在看来,各派都有其劣点和优点,决不能因为一个劣点便卑弃它的全部。譬如,考据派在中国史学上确有其重要的贡献,尤其是在史料整理上,自有其不灭的价值在。我们不仅不应当因为他们的劣点而卑弃他们在史学上的价值,并且还要承认考据是史学研究上一种重要的技术。关于两派的优点与劣点的问题待下面去详述,在这儿我们只指出互相卑弃的态度之错误便够了。

以下我们将考据派与唯物史观派的价值从新估定一下,然后再谈到采长补短建设中国目前需要的新史学。

考据学在整理旧史料方面,的确有极重要的贡献,这是大家都知道的事实,在此不必再赘述。至于考据派的弊害,我们必要详慎的批判一下。考据派本身的弊害有二:

一、支离破碎。考据派重要目的即在整理史料,所以对史料的真伪以及史实的补订方面特别注意。这种工作唯一的秘诀便是以极缜密的头脑作狭而深的研究。专在广博的史料中寻求单独存在的问题,拿来一个个的分析。至于各个问题间的关系,历史变演的大势,则不是他们所注意的。这样研究下去,左是一个"某某考",右也是一个"某某考"。研究了数十年,集稿盈尺,结果还只能出版几本《某某丛考》而已。往往有研究某时代的历史至数十年,终于也写不出一部新的某代史来。

中国近年来不但没有一本好的通史出版,即是一本好的断代史也找不出来。甚至大学中史学系所开的断代史的课程,名义上虽标明是"某代史",但教授们实际所讲的,大部分都是偏重于一方面的专题研究;不然就是将正史的史事改头换面的编排一下,毫无新的见解。结果让听受者在听完之后,只得到一些片片段段的东西,对于一代整个历史的发展,连个概念都得不到。这是现在各大学史学系学生对教授,对全国史学界最感失望的一点。

考据是史学研究上一个技术,它不应脱离史学而独立。但近年来考据学单独发展的结果,竟日益脱出史学的轨道,钻到一个死牛角里去。于是应当考证的也考,不应当考证的也考;伪造的史料也辨,真实的史料也辨。考来考去,辨去辨来的结果,倒弄得支离琐碎,真伪不分。不仅白费力气,并且又把史学上的各问题闹得乌烟瘴气,使后进的史学青年头昏脑胀,左右不得门径。

二、否认历史哲学。哲学是一切科学的科学,一切的科学都要受哲学法则的支配。历史学当然也不能例外。历史哲学即是史观,亦即是史学的方法论。这种方法论是史学研究上必要的手段,是解决一切历史问题并且联贯这些问题的总机关。但中国的考据派历史家,一谈到"史观"便视为是一种"成见",极力去避免。说"史观"是"成见"是很对的,史观自某种观点来看,的确是"成见",是对人类全历史之发展的一种"成见"。但对这种成见,我们并没有极力避免的必要,况且事实上也不能够避免。因为在研究上只有技术的客观,决没有方法(见解)的客观。即以考据派而论,他们又何尝没有成见呢?譬如研究某一件史实的发生,在素常对于学术思想有研究的人看来,他一定不自觉的把史实发生的原因归到当时学术上来。但在研究政治制度的看来,便一定要把史实发生的原因归到政治制度上来。你若问他们的理由,他们都必然要答道:"我是根据客观的史料来的。"不错,他们都有史料的根据,因为史料是多方面的。但从第三者看来,他们是各有各的成见。不过,有时因为他们的成见不成系统,对于甲事是用一种成见来解释,对于乙事则又用另外一种成见来解释。这样因事而异,骤然看来好像是很客观,但经过我们详细一批判,也只是不成系统的成见分别应用罢了。我们再拿考证一个小问题的事来讲，也是有成见的。因为要考证一种史料，必需先竖立一种假设，而这个假设的竖立则必须要有一种成见才可以。纵然假设中的一部分是根据目前史料临时构成的。

史观也是一种"成见"，但这种成见与考据家的成见不同：第一，史观是根据人类全部历史发展所构成的一种有系统的抽象理论，即哲学的法则。它是用以解释整个历史发展的。此与根据少数史料且止能解释部分问题的考据家的成见不同。第二，史观是大多人所公认的一种对历史的成见。此与只有各个考据家所自有的成见不同。所以，我们可以说：史观是有系统的，且为史学界大多数所公有的成见。而考据家的成见则是支离破碎、因人而异的史观。

由此看来，成见既然不能避免，而且不可避免，那末，研究史学的人与其各人保持各人的成见，倒不如选择一种正确的史观来应用。至于考据家所主张"学史学的人，应当四十岁以后才可以有史观"的话，那是骗人的。因为你暂时不让学生读历史哲学的书籍，虽然勉强可以作到，但你决不能禁止他有"成见"，除非四十岁前不让他读一本书。不然，他读了书有了成见，仍然同有史观起同样的作用。所不同的，只是使他养成一种极不健全的成见，四十岁以后虽见到其他系统的史观也无法接受了。

以上是关于考据派本身弊害的批判。此外尚有一个由它派生出来的弊害，即是考据派占据了今日中国史学界全部，他们竟毫不客气的极力推广其考据的风气，希望个个史学界的后进青年都追随他们专弄考据。这是极不幸的事。因为考据学到现在已经是应该缩小范围了。假设再这样扩大下去，中国史学界恐怕越闹越琐碎，始终不会有伟大的通史家或断代史家出现。权威的考据学者，应当注意及此。即使自己不能转变，也应当予史学青年们以转变的机会。

其次，我们再谈到唯物史观派。此派的优点是能根据系统的科学的史观来重新研究中国历史。这些都是大家所知道的。至于他们的弱点，即在于专尚空论，往往不注意历史的史实。对于材料的引用、考证，都异常疏忽，结果不免陷入错误。譬如最近数年关于中国社会形式发展的讨论，一小部分人是理论不正确，不能深刻的理解唯物史观的理论,大部分人是对史料的引用太不注意。以致结论各异,争辩纷歧,反予考据家以卑视的借口。(关于此派的弱点的批评,只限于是国内唯物史观派各个人的错误,并不是对唯物史观本身的指摘。因为唯物史观的理论博大艰深,不是我的能力所能批判的。)

我们将现在中国史学界的情势批判完了之后,便可以意识到新史学是应如何的建设起来。我们觉得新史学是应当建设在考据派与唯物史观派之矛盾的解决上,也即是一个新均衡的局面上。把考据学的壁垒摧破,在它的废墟上重新建筑别一样式的簇新壁垒。把钻到牛角中的考据学,再拉回史学的范围来。使它隶属在史学之下,充作研究上技术之一。所以新的史学应包括:

(一)系统的科学的历史哲学;

(二)完美的正确的史料;

(三)客观的考证技术。

并且由第一项作总纲,来指导第二、三项工作的进行。打破目前"互相卑弃""不相为谋"的局面,集合史学界全体的力量来作系统的研究。这样,中国的史学才可望有新的发展。

这些话是人人都已经见到,人人想说的。自然无所谓"独到",更无所谓"高深"。我所以要特别提起来的,即是想给大家一个注意,希望史学同志集合起来完成新史学的建设运动。至于详细的策略,以及我所见未及的地方,还请诸博学之士来指示。

二十四,十一,十六,北平

(第63期,1935年11月28日,第7版)

关于中国新史学的建设

资　深

（一）

读了本刊上周靖五先生的《发动中国新史学建设运动》一文以后，关于这个问题，我也想要在此说话了。

无疑的，中国今日的史学界是在一个极混沌的状态之下，在这混沌的状态中，新的史学的建设，实在是刻不容缓的事情。

过去的史学界完全是笼罩在一桶乱麻似的无系统的状态底下，是找不出一个完整一点的体系的。有的是以伦理道德的见地来治历史，有的是以历史只是帝王的家谱的见地来作历史，有的是以历史只是几个大人物的活动的见地来看历史。这种种是过去史学界的现象，而这些历史家的见解和他们的产物——历史的作品——自然也是过去的社会所规定了的东西。

以前的历史家是在"轻信"的主义之下存在着的。以一切的历史记载都是真实无伪，以一切的荒谬无稽之谈都是真的历史资料。但自清以来，一派考据学与"多疑"主义的历史家，遂以否定前此传统思想的姿态而出现了。

这正是"正""反"的辩证法的发展过程。

（二）

"多疑"的一派考据学，在否定传统的一派历史见解的一点上，我们承认它是有相当的价值的。然而它的本身并无何等重大的贡献，反而因为"史观"的错误，它自身常陷于下列的一些重大的谬误：

第一是把许多的历史事物看做孤立的东西。这个观念的错误，使它们对于许多历史的事物只能去单独处理，而把握不住它们相互间的依存关系与发展过程。所以在他们所表现的成绩中，我们只见支离破碎的论辩与考证，舍此便一无所有。

第二是以考证当历史的本身。考证本来只是使构成历史的材料近于正确的一种技术，这只是许多技术中之一种。譬如建造房屋，磨砖削瓦，斫木揉泥，只是为的建造房屋而不即是房屋。然而现在的史学家大有以考据即是历史研究的正宗，所以安于考据的这一点而不前进，且大有欲以考据所得的结果即是历史的本身的倾向。

第三是为主观的偏见所蒙蔽与不能了解历史发展的重心的所在。这种事实，使现在一班所谓史学家看不清社会和人类历史发展的规律。于是社会经济——生产工具、生产力与生产关系——的发展，与夫与此基础相适应的一切政治法律与阶级的相互依系与发展的客观历史事实之存在，都因为他们主观的偏见而被否认。结果因为整个历史发展的规律之不能了解，他们只能在支离破碎的历史的技术工作之下埋头，而不能在跳出这个境界之外昂首。但他们这种唯心的主观的偏见，根本也还是他们的社会和阶级以及他们的现实生活所规定的东西，由此而产生上述的结果，是毫不足异的。

这几点是近来还很盛行的考据的历史学派的极大谬误。我们要建设起新的史学，对这类谬误的史学见解与不正确的对历史的把握方法，无疑的要以全力来摧毁它们。

（三）

新的史学的建设，在内容方面，靖五先生曾提到下列的三点：

（1）系统的科学的历史哲学；

（2）完美的正确的史料；

（3）客观的考证技术。

这几项我认为确是建设新史学的基本内容。尤其是前二者，在新的史学的建设上是不可或缺的东西。(第三项我以为是达到第二项标准的工作之一。)没有科学的历史哲学的陶冶，便不能对历史的整个发展过程作正确的把握；没有完美的正确的史料的搜讨和整理，便不能印证科学的历史哲学而使它从完美正确的史料中再生产出来。所以在科学的历史哲学之下从事于历史的探讨，在真实完备的史料之中使历史的哲学再生产而日即于精深正确的境界。这样，我们可以看出全的内在的历史的发展规律，同时也可以把握到整个人类社会形式发展的过程。

（四）

总之，新的史学的建设，实在是中国现代的史学界里一件极迫切的工作。近几年来跟着国内外经济的变化，与由此而产生的学术思想的震荡，科学的历史哲学——唯物的辩证法的历史哲学——也相随而弥漫于中国的思想界。在史学的园地里，也已有人用这新的利器来企图开辟新的领土了，然而大都因为植基不深，常犯着下列的毛病：

一、历史科学方法的谬误与机械的应用；

二、史料的随便引证与杂乱的处理。

这虽然是无论何种事业在初兴的过程中不免的现象，然在历史的建设的运动中，是须要纠正的。前者的纠正方法，便是历史科学的哲学的深度了解；后者的纠正方法，便是对于史料要先下一番刷清的工夫（考据家的工作，就正用在这里！）和精审的判别。这就须要注意靖五先生所提出的新史学建设内容的三项中之前二项了。

最后，在新史学的建设运动和工作中，我们的目标和方法要注意下列的几项：

（一）要认清楚作历史发展的中心动力的经济基础与其上层的结构——政治法律以及更上层的社会诸意识——的相互依存与发展的关系，探讨出其内在的矛盾之产生发展毁灭的诸过程，一扫那种以各种事物为孤立的存在的谬误。

（二）把握着历史发展的必然规律，看出在必然的规律所许可的限度之中的偶然事件之产生。

（三）站在动的观点上，把握整个社会历史之"由质到量""由量到质"以及"突变""飞跃"的转变与进展，一扫机械论者的谬误。

（四）认清"存在决定思维"与"客观的社会环境决定个人的意识和行动"的规律，使个人在历史整个的发展中少负功罪，而一扫历史只是帝王传授、伟人传记的谬误观点。

以上几项，我认为是在摧毁旧的史学、建设新的史学的运动和工作中，必须注意的几点。所以便简单的提出来，作为读了《发动新史学运动》一文的应声，并以质之高明，以为何如？

一九三五，十二，一日

（第64期，1935年12月5日，第7版）

"新史学建设运动"之我见

耕 斋

刚读过靖五先生《发动中国新史学建设运动》一文,虽然"发动"了我一下,但还没有"运动",继又听到来得克里夫·布朗教授(P. Radcliffe-Brown)的讲演,使我此文不吐,如鲠在喉。(布朗讲《历史与社会科学》演辞载天津《益世报》二十四,十二,五。)

靖五先生的结论,很是正确,但所论偏重破坏方面,对"建设"方面,殊少发挥。来得克里夫·布朗教授,批判旧史学界,大略与靖五先生相似。唯其提出社会科学观点之历史,虽有极可注意的暗示,但终究没有抓到今后史学所应负的任务。他两位先生,都注意到这个问题,惜没有大白今后史学的途径。这是我要补充的。

历史以人类全部社会生活的事物和现象之时间的关系做它主要之研究的对象,若已往传记的、考据的……片面的历史,非今日我们的需要。以时间为纲,研究人类全社会的事物和现象;用辩证法的方法,发现社会内部变化的过程,发展上经过的阶段,抽出每时代社会运动的法则,这是新史学的方向。

第一,推翻定命论的历史观,建设辩证法的新史学。

过去和现在的历史家,有的因为卷入某种社会形态漩涡中,无意识的、不自觉的发生定命论的历史观。最不幸的,是站在某阶级的立场上,故意造作定命论的史观,更为这种史观辩护,虽掩盖事实,亦在所不惜。如资产阶级的学者,异想天开的证明资本主义社会,"从前如此,将来也如此","证明现存社会之永久与谐和"(《政治经济学批判》,十六页)。不知资本主义本从封建关系中,经商品经济之发达而来。而资本主义之去,则由其内在的矛盾,必然的达到另一阶段。"我们只有这样去根究资本主义和他以前的社会秩序之共同的关联,及它的以后必然达到的阶段底转变,然后才可以了解这个社会形态。同样研究别的社会也必须如此,这也是辩证法方法之一个要求。""因为,在此研究之下,不把社会当作永久的看,而把它当作历史的过渡形态看,每一种形态,在一定的历史时机中会发现,而在别的时机中也会消灭。"(布哈林著《史的唯物论》)如此,则不至像那定命论者,发出"国家犬""资本主义猴""帝国主义鸡"的大笑话来。

第二,摧破静态的作史,建设动态之研究的新史学。

社会不是静的而是动的,不是停滞的而是转变的。战国时社会,不能放在确定私有财产制度的秦朝之后;资本主义社会,不能降生在产业革命之前。社会内部变化的过程,其发展上经过如何的阶段,到现时什么在生长着,这是我们首应注意的。这便是动态的研究。考据的史学者,偶而得到片纸只字,便若疯似狂的假定某种社会形态应当如何。道德观的历史哲学家,专就事实的片面,伦理的立场,加以批判。司马迁、欧阳修、司马光是我国过去极伟大的史学家,谁都承认;但他们对于全人类生活的事物和现象,社会变化的行程及发展经过的阶段,没有整个的系统的指示给我们。(不,这是时代的关系。但时至今日,我国还没有新史学的建设,岂不可惜?)这便是静态的作史。如果我们要研究现代史,只是静态的做统计,读传记,作工厂、市场的素描等,对明了现代社会是不够的,更不能答复目前的种种问题。倘使我们解剖现代的资本主义,知其经过阶段:由商业资本主义而工业资本主义,由工业资本主义而具有帝国主义之金融资本主义,在世界大战中,更有国家资本主义,所以到一九三五年的中华民国,遭遇空前的危急。透视现代社会的演变,明了其来踪去迹。"根据现代的研究,了解过去的社会。"(此意为布朗教授所提,吴文藻先生再三阐明此意之价值。)这样的研究,才是活的,有用的。

第三,消除机械论,建设具有"社会运动法则"的新史学。

机械论者有两派:旧派常把历史的现象和事物之相互间的关系,混统陈述,抹杀时代的特征。宋朝兴亡的因果,也可以是明代兴亡的因果。新派把西洋的社会史论,硬应用在中国史上,致生出郭沫若先生的"四阶段",王宜昌先生的"奴隶制"。二派的通病,是对中国史没有深刻的探讨,结果发生极肤浅、极机械的论断。今后史学者,应当研究并了解每一社会之形态及其特征。换言之,即不可把一切时期,一切时代,一切社会形态,混为一谈;某一时代之社会生活形态,具有某一特殊的程序,其程序都具有特别的格式,因而有这形态之特别的发展法则,特别的运动法则。马克思说:"每一历史时期,各有特异的法则……等到那生活之发展,成了残生,由一个阶段过渡到别一个阶段时,便立刻开始遵循别的法则而行。"(《资本论》通俗本,六六页)社会的"运动法则",如此重要。为开辟今后史学的新园地,当然有重新探讨国史,重新估价,归纳其"运动法则"而建设新史学的必要了。

以上三点,在今日的苏俄史学界,已顺利的运用着,列宁曾说:"必须注意历史现象之如何发生,在其发展上经过如何的阶段;须注意于现象发展的观点,考察现时什么在生长着。"(《国家论》)此说便是今日发动的新史学的结论。

这里所论,自然在"考据家看来,唯物史观派都是些盲目的毛孩子,决不会有什么作为的"。反之,我对他们"客观的考证""史源、史料的详确分析",倒如史前史学者之重视地质学和人类学一样。但我反对地质学者把地质学认为史前史,人类学者拿人类学当做史前史。有人驳议,我很感谢。黑拉克力说:"斗争是一切事件之父。"黑格尔说:"矛盾是前进的向导。"因为新史学急待建设,而建设是"应当建设在考据学派与唯物史观派之矛盾的解决上"。

二四,十二,一日,于北平

(第 65 期,1935 年 12 月 12 日,第 7 版)

新史学的任务与非常时期

靖 五

自我发表了那篇《发动中国新史学建设运动》以后,在史学同志及朋友方面连续接到不少的指示,大部分都是关于见解方面的匡正及补充。这些都交《周刊》编者整理发表,我个人除感激外,暂无意见申述。此外,还有一部分朋友,便根本怀疑我这种举动。以为在国势阽危、整个民族存亡所关的当儿,我们不应当再作这种玩物丧志的举动。这种批评在情感方面讲是很对的,但在理智方面来看,这是完全误会了新史学的任务问题。新史学的研究决不是专为兴趣而毫无目的的工作,它不是脱离实践而单独存在的东西。在整个社会濒于危亡动摇的关头,新史学研究之重要并不下于制造军火的工业。关于此,在前一篇文中尚未言及,现在再来补充申述一下,求大雅指教。

史学是什么?关于这个问题的解答正是我们同考据的史学家意见分歧之点。在考据家看来,史学是整理史料的科学,也就是史料学。从这种观点出发,则史学的研究只需要技术而不需要历史哲学即方法论。考据家之"讲考据即是研究历史"的成见便是建筑在这上面。如此推演下去,便将史学作成一种"纯粹"的、"自由"的科学,不但同一切科学脱离关系,并且也与一切社会的实践行动脱离关系。史学遂完全作了有闲阶级之消闲的玩艺,兴趣的玩艺,同玩古董具有同样的性质。这样研究的训练正是对青年麻醉的实施。记得本刊第四十一期上,"崇天"先生在他那篇《历史的教训与自我批判》一文中曾说过:

> 这种学院式的研究,老实说,是对于一切有为青年的麻醉剂。因之,我觉得,如果说现在中国社会史的研究是更进一步,由公式

主义进入深沉的研究,是一种好的现象,无宁说,麻醉的作用已经成功。

这种话可以说是正打中旧史学的要害。无论如何,旧史学总逃不掉"玩物丧志"的罪名。

这样的史学,我们可以断定,它决不会有什么了不起的任务。它的任务,主要的只有两个:一个是让资产阶级的学者拿来作消闲的玩艺,再一个即是替统治阶级作维持本阶级利益的工具——对其他阶级的麻醉剂。这种话,旧史学家自然不甘心承认,但承认不承认与事实并无关系。他们受了统治阶级的豢养,不自觉的便要替他们的主人以及自身的阶级利益来辩护。朴易科夫斯基说得好:"布尔乔亚的历史家,无论有意识的,或无意识的,总是拥护布尔乔亚的利益。"(《史学概论》,日本西雅雄译本,一一页)不错,旧史学家也讲到史学的任务,但把他们所讲的史学任务拿来分析一下,除了空空洞洞的官话外,便是些拥护阶级利益的话。不信,可以随便找一本布尔乔亚史学者所著的《史学概论》《历史研究法》等书看一看便可知道。

所谓纯粹的自由的科学历史学,正是资产阶级史学家所加到史学上的一件外衣,借此来掩饰他们拥护资产阶级利益的真实形态。

新史学研究者对"史学是什么"这问题怎样解答呢?简要的说,即是:史学不仅是整理史料的科学,并且也是解释史事的科学。朴易科夫斯基在他的《史学概论》中说:

> 历史家不仅要知道同记述历史的事实,不仅要考订史料的时间与场所,更要进一步的给它一种说明。即是说明事实,考察历史现象以及事件间的关联。所以,在终极,即是要具体的阐明历史的合法则性。单是事实的知识不是科学。在一切条件下,历史的观察的事实不是科学的事实。因此,我们必要理解事实的意义,必要阐明历史现象以及事件间的关联,与这种关联的发生及作用。(《史学概论》,第三页)

因为要说明史事以及历史现象间的关联,所以我们需要历史哲学,并且用历史哲学来指导史学研究工作的进行。这是我在《发动中国新史学运动》中一再声述的。从这种系统的研究上,我们可以把握到中国社会的本质及其历史过程,可以帮助我们认识现实的社会,认识现实社会非常时期的症结。更可以指示给我们拯救现实社会应有的态度及方策,也即是指示整个社会发展的动向。在这种研究上,史学才能与其他科学沟通,才能把理论与实践联合到一起。如此的任务,决非支离破碎、摈弃系统哲学的考据家史学所能胜任的。

我们今日所处的是一个非常时代。这个非常时代的到来,并不是偶然的,它有它的内在的历史的必然性。所以我们处理这个非常时代的态度,决不能抛弃理智去完全运用情感或琐碎的经验。应付系统的必然的事件,必须把握住系统的必然的方策。这种方策即是建立在事件环境的解剖与历史过程的认识上面。譬如正在动摇中的中国现社会到底是应当往那里去?我们要想解答这个问题,第一先要认识中国社会的本质,以及它的历史过程。换言之,即是从事中国社会发展史的研究。从研究历史、解剖现实所得来的认识,来指导实践的行动。但读者不要误会,我并不是主张先研究历史然后才可以有实践行动,或研究与实践互相分离开;不,我们知道今日的局势已经不容我们研究终了再去实践,更不容我们专坐在研究室里完全脱离实践去研究。不过,我们觉得,徒事实践,便有被琐碎的经验支配了的危险。经验虽然要紧,若无理论的修养与历史的教训来提示,就会为琐碎的事故所蒙蔽,而认识不出社会的因果关系以及动向来。所以,我们主张改造现实,推动一个社会前进,历史的研究与实践的行动都是必要的。处在紧急而且非常的时代,两者应当并行,并且也可以在同一个人身上并行。一方面研究理论,一方面参加社会工作,这种举动并不乏先例。我们知道布哈林的《史的唯物论》便是一些青年在上述情形下讨论完成的。在该书原序上说:

> 这本书是在著者所指导的实验讲演会中,与 P. Denike 共同讨论而成的。参加这个讨论的同学们,于 Sverlov 大学毕业以后,都在这个大学里担任研究员之职。他们是一班新人物,他们白天里研究哲学,晚上持枪守卫;本在研究最抽象的问题,一点钟以后又去砍柴;时而到图书馆里面去看书,时而又费很长久的时间到工

厂里面去作工。

这种态度正是非常期青年所应当具有的。我们要注意：研究脱离现实的东西固然是玩物丧志，但盲目的实践尤甚于玩物丧志。我们应当将历史学的研究与实践联合起来。

一九三五，十二，九，北平

（第 66 期，1935 年 12 月 19 日，第 7 版）

新史学建设是青年史学者的责任

复 一

我国有史籍记载的历史已有三四千年了,它的悠久是世界史家所公认的。史料之存者亦不在少数,而历史之研究则鲜有。以前我国之史家,约可分为三种:

一、史料的记述者——就是奉敕修史者,国史、实录之编纂人以及无意为史而其著作中述及史事者。

二、史料之补正者——如补某史某传、补某史某志的作者。

三、史料之考证者——如考证二史之异同,或考证一史前后纪事之异同,及其他在考据史料上作功夫者。

此外,更鲜有所谓历史之研究者,换言之,就是鲜有所谓应用史料来探求某时代之政治、社会、经济等之实际情态者,更无能整理完整之中国史者。

近年来西学东渐,另一派史学家们(理论家)鉴于只在记史料、证史料、补史料,终日在史料里打圈的不妥,并感觉到有整个的研究中国史之必要;同时,受西洋史学家之影响,见到西洋史上有所谓某时为某种社会,于是在对中国历史只有简单印象的头脑中,便也断定中国某时为某种社会。这派学者自然不同于在史料里打圈者,但未免太潦草,太空洞了。

新史学者不应当这样,本刊六十三期中靖五君谓新史学应包括着:

1. 系统的科学的历史哲学;
2. 完美的正确的史料;
3. 客观的考据技术。

这三点，我是很赞同的。所以我以为新史学者应当具备以下的几个条件：

A. 要有系统的科学的历史哲学，就是说要有正确之史观。因为没有正确之史观，研究之出发就不正确。换句话说，没有正确之方法，那能得到正确之结论？所以需要对历史哲学有相当的根底。

B. 要能严密的搜集史料。史料中以史籍最为重要，但史籍因其产生之时代文化的关系，因史家观点的关系，亦只能记载当时人所能记者，及记载所欲记者。如在《尚书》著作时代仅能记载些典诰，在《春秋》著作时代仅能作偏重灾异之简单的编年纪事。所以史籍中所纪载者，非史实全体，又非史实一部之全体，仅为以某种见解观察某一部史实之记录而已。史籍之外，如地上存留之古迹，地下埋藏之古物，亦不过古人无意之遗留，只能略补助于史籍。我国史料初观之，觉其汗牛充栋，但详加考察，则实零零碎碎，颇不完备。在这种不完备之史料中，欲求得到能把握住当时社会主要情态之记述，实为不易，所以需要将史料加以精细之检讨。

C. 要有考证的技术。史料既然不完备，虽细搜之亦有时不能满足，这便不能不借重于考证的技术。从已知的部分考证出未知的部分，将记载得不明显的部分考证得详明。这样，无异使史料加多，所以这种工夫是非有不可的。

至少要具备了以上的三个条件，才能作一个新史学者。这是很容易的吗？

我们很希望现在成名的史学家们来参加新史学的建设。因为他们无论如何对于史料研究是有相当根底的，既具备了一些条件，再完成其余的条件，自然较毫无成就的人容易得多。但是他们是不是能这样呢？

一般旧的史学家们之治史学，本来是以治经之余力来治史的。他们治史之兴趣或在于文章，以文章来鉴赏史籍，以为某史的文字是如何精美，叙事如何清晰；或以为某种史事新奇可观，于是细加玩味，发现其中有谬误之点，因之引起考据的兴致，以为考清某件史实是"好玩"的。因为仅是玩的性质，所以有时不顾其所考者之重要与否，只择其有意味者玩之。他们根本没有打算来整理历史、建设历史，好像木匠在闲时雕一块木头，石匠琢一块石头一样，根本没有想建筑一个什么东西。所以他们的工作做得尽管多，只是堆积些有用和无用的材料而已。不过他们自己并不觉得是这样，他们觉得他们的工作便是历史学的正宗。他们深有这种成见。如果请他们建设有正确史观的新史学，他们不但说是取末舍本，且与其原来之趣意不合。他们终日在史料中打圈，而结果尚整理不出一个完整的历史来，其原因很明显的是为了没有一个有系统的历史哲学来领导；但是他们成见太深，绝不接受这种历史哲学。所以希望他们来建设新史学非常困难，虽然他们有考据的技术。

好谈理论的先生们，他们反对旧历史家的作法，他们觉得历史是应当有历史哲学的，这一点好像和新史学有些相同。但是他们想以一两个人的力量，在短的时间内整理出全部中国史，把握住中国历史各时代的社会形态。这种勇气诚为可佩，但太急躁了些，不等看清所研究的对象往往便加以论断。或者根本对史料没有什么研究，只有一些史事的概念；或者翻阅过某种史料，见过某书中所记的某一点，不管这是不是当时社会的主要形态，因为见到了，便认为是能代表这一时代的东西。殊不知这一时代有很多的形态，其所见者不过其一，且不一定是主要的，这样去下论断岂能保无错误？好像盲人说象，象固然有的地方像墙，有的地方像矛，然而绝不能说象是墙或矛一样的东西，除非是盲目的话。理论的史学家们是不是盲目的呢？不是的。那么他们细心下来可以建设新史学了！其实不然，他们自信他们的史学已很正确，无需再找史料，再在史料上下工夫了，并且极力的反对考证史料的工作。所以他们的史学是先建筑起一个空架子来，然后用一些不正确的东西填进去的。

在这种情势之下，两派史家便不得不分道而驰了，结果遂成了现在史学上各守壁垒的状况。

我们站在新史学的观点来看，他们有的摒弃正确史料和求正确史料的方法；有的不要领导研究的历史哲学。我们虽不敢说他们是迷入歧途，至少是转到另一条路上去。在这种情形下要他们承认他们的方法不对，来应用新方法，这是容易的吗？也就是说，他们虽有些根底，如果用以从事新史学的研究是很好的，但是就因为他们有些根底才不容易转到新史学的研究上来！（这不过是就事实而论，自然他们肯向新史学方面努力，不但从事新史学研究人们应当十二分的欢迎，且是全史学界之福呢！）

前述两种史家既然不肯牺牲成见来作新史学的研究，而新史学又在急迫的需要着，这种新史学研究的责任要谁来负呢？这当然要推在一般后进的从事史学的青年身上了，他们虽然成就尚浅（或者没有），成见自然也不深，如果努力于新史学的研究，恐怕是平坦前途畅行无阻的。同时还有一种方便，如陶希圣先生对他们所说："你们听过考据家无系统有材料的东西，也听过唯物史观家（理论家）有系统无材料的东西。你们应当努力一下作综合。"这样，在历史哲学方面可以得到理论家们的指点，史料方面可从考据家处学来整理史料的方法，清理出已知的史料，考证出不明显的部分。后进的青年史学者最适于作这件工作，也只有他们能有做这工作的条件，所以非他们来做不可！

青年史学者们！赶快负起这个担子来！

十二，二十

（第 67 期，1935 年 12 月 26 日，第 7 版）

新年后对本刊的预计

傅安华

"一年之计在于春",当这新年开始的时候,我们很愿意同本刊读者与史学同志谈一谈未来一年的计划。

自去年七月间,我代替本刊前任编者集稿以来,已经半年。在此期间,个人很惭愧,对本刊并未树立一种计划。虽然在收稿的时候也有一个中心,但始终不曾明白的发表出来。直到六十三期靖五君那篇《发动中国新史学建设运动》发表以后,对我个人的见解给予了很大的启示及修正。并且此运动在史学界中也得了不少的同情,很多的读者及史学同志都热烈的参加此问题的讨论。因此种种,乃逐渐形成我个人对本刊的计划。

靖五君所发动的新史学建设运动,有两个要点:第一,综合考据家、文学家的史学与社会科学家的史学;第二,沟通中国历史的研究与社会革命的实践。这两点我们完全赞同,并且认为是中国史学当前之急务。

只要明白一些中国现代经济情势的人,谁也不能否认中国社会革命之必然的来临:农村中的经济恐慌日益扩大,中农的破产与阶级的分化都日益尖锐,整批的失业农民纷纷集中到都市来。这很明显的是产业资本主义急激发展时代的现象。但在都市方面呢,却又表现着极大的矛盾。世界经济恐慌之暴烈的袭击,资本主义国家最后挣扎中的侵略,都使中国的资本主义不得不早早的夭折。所谓"国家工业",不但不能发展,并且连既存的一部分也都一个个趋于崩溃。从农村中流来的失业农民既不能安置,旧有的工业劳动者又无法维持。农村、都市,处处充满了动摇与恐慌。这种经济结构表现到政治上，便是内地匪氛的猖獗与外族侵略的强化。这是民族存亡的最后关头，任何人都不能再沉默下去。但怎样才能挽救这个危机呢？投降于外国资本主义、希望他们来援助，自然是不行，盲目的暴动也是于事实无补。唯一的方策，便是要很快的抓住中国社会的本质以及她发展的必然动向，根据她的本质及动向，来发动整个彻底的社会革命，将过去一切乞怜主义及改良主义的政策全盘推翻。关于中国社会本质及动向的探讨，则是当前知识阶级的唯一任务。在这民族存亡的关头，我们应当毫不踌躇的将应负的任务分别担负起来。在此，我们要特别向知识阶级警告一句，即是请留意现在普遍传染的近视病，不要把自己的目光局限于当前的某一个小环境，以为中国整个的危机都在你所见到的那一点上。譬如你看见帝国主义的武力侵略，便以为挽救中国危机的方策即在如何制止武力侵略，以此出发，你便凭空的想来许多可笑的方法。又譬如你见到农村经济的破产，便以为挽救中国危机的方策，即在如何发展农业。于是，你便想到许多发展农业的方策，或更进一步亲身参加乡村改进运动。更譬如你见到中国工业之落后，便以为挽救中国危机之方策，即在于如何发展工业。于是你便发种种议论来主张发展国家工业，或自己亲自去开工厂作厂主。这些事情让我们看来自然是极可笑，但在患近视病的人看来，也很洋洋自得以为这是国人唯一的任务呢！这些人都是患着重性近视病，都是迷恋旧社会形骸的改良主义者。我们要彻底的挽救中国之危机，必须先把这些人清除，治好他们的近视病并且预防其传染。因为他们的举动，除了充分的表现没落小资产阶级之急慌"抓瞎"，自误误国以外，毫无裨益于国家。我们应当冷静的抓住中国社会的症结，正确的把握住中国社会发展的动向。这是我们知识阶级当前的急务。

史学研究者对这种任务所负担的较其他部门尤为重大。中国社会本质的分析，发展动向的确定，大都是史学研究者的工作。但我们如何才能完成我们的任务呢？这个问题的解答正是靖五君所告诉我们的：建设新史学，推广新史学的研究。

本刊本年度的计划，也便是：建设新史学，推广新史学的研究。

一、建设新史学——新史学建设运动，在现在还是初发动的时期。理论的修正、讨论，都是很重要的事项。所以我们在这一方面有两个明显的方针：一是对内调整史学研究者的哲学理论，即努力于方法论之正确的把握。我们研究历史，第一先要寻出各个社会之发展的动力来。如果我们能把握住这个动力，理解了它的活动方式、它的方向及它的影响，则历史上的一切事实都可顺利的解决。如果我们不能抓住这种动力，则只见到破碎的史料与偶然事实的堆积。恩格斯曾说：

> 运行于社会中的力量，在未被我们认识及考虑以前，正是和自然的力一样，表现着盲目的强制的破坏作用。可是我们一认识了它，理解了它的活动方式、它的方向及它的影响，那时就靠着我们来更甚的使它服从我们的意志，利用它来达到我们的目的。(《反杜林论》，吴黎平译本，第五一六页)

恩格斯这段话虽是论生产力的，但我们同样的可以将它运用于历史动力的说明上。关于历史动力的讨论，正是历史哲学上的问题。我们为了要正确的把握住历史动力的理论，不唯不能脱离历史哲学，并且更要极慎重的接受某一种历史哲学，接受以后需要有正确的理解与运用。所以历史哲学理论的讨论与修正，正是本刊本年度预计包括的一方面。

第二个方针，便是对外与考据的史学家以及公式主义者争辩。以我们的理论与研究方法，摧破前述二种史学家的壁垒。至低的限度，不要使他们的势力再扩张。因为考据的史学家是完全同现实社会隔离了的，他们研究史学同玩古董是一样。这些人的工作只可以作升平社会的点缀，替统治阶级来麻醉青年消灭反抗，(这话并不过分，请研究一下清代考据学盛行的社会背景，便可以知道的。)并不足以拿来应付中国现代的非常时期。他们的势力之扩大，便是中国有为青年的减少。我们为国家前途计，为社会革命的前途计，不得不先摧破他们的壁垒。至于公式主义者，更是很明显的不能容其存在。因为他们对史料的鉴别采用都极不慎重，研究的技术也极欠客观，往往得出很错误的结论。其流毒尤甚于考据的史学家。因此，本刊也需要对考据史学家及公式主义者的论战。

二、推广新史学的研究——新史学建设运动并不是仅呼口号可以作到的,必须要有大部分的史学研究者切实的依照新史学的原则去研究。在研究的过程中,时时不要忘记我们是在研究"历史",而不是专在研究"史料"。更不要忘记史学研究者在当前中国所负的责任,是在探求中国社会的本质及发展方向。所以新史学的研究包括两方面:一个是历代社会之本质的分析,经济结构的研究,发展动向的决定以及各个历史现象之合理的解释。这种工作要有方法论的指导与正确史料的依据。这是史学研究的中心工作,尤须注意于较近的几个朝代。另一方面便是史料的搜辑与考证。史料之搜辑与考证,原是研究过程中之两步工作。不过因为它们都有独立的与可供人参考的性质,所以也特别提出来,作为新史学研究的一个独立部门。但我却极力反对没有方法论的史料搜辑,与没有方法论的史料考证。因为没有方法论的搜辑或考证史料,同不会作桌子的人来搜辑或勘正桌子的材料一样,所得一定不合于所用。新史学的研究,虽然也有史料搜辑,也有史料考证,但这种搜辑与考证是要有正确的方法论作依据的。本刊同人很愿在这个原则下从事研究,并且也很希望诸史学同志这样的去研究。本刊愿意作为这类研究作品的发表地方。

综上所述,在未来一年中,本刊预计登载的文章,是:

(一)历代社会之本质的分析以及发展动向的研究;

(二)史学理论——方法论——的研究;

(三)历史问题及理论的论战;

(四)系统的史料搜辑与考证。

其中尤以第一项为主要部门。

最后,我们很郑重的再向大家声明一下:提倡新史学的研究并不是鼓励大家都钻进研究室去,不问世事。我们很知道一九三六年是世界最危险的一年,也是中国生死存亡的关头。在这种时候,任何人都不能再稳稳的坐在研究室中向故纸堆里去寻生活。我们要用全力注意世界情势的变化,并且要实际的去参加挽救民族危亡的工作。各种科学的研究在此时都应当与实践联合起来。知识阶级一方面要作科学理论的研究,另一方面要应用理论来领导实践。没有理论的实践是盲目的。俄国一九〇五——一九〇七的革命失败后,史列泼柯夫的感想是:"正确的政策,需要对环境有正确的估计。但是对于环境的正确的估计,却需要明了马克思的理论,马克思关于社会的学说,阶级斗争,历史发展的理论等。"(《一九〇五——一九〇七〔年〕俄国革命史》,潘文鸿译本,第一六六页)应用正确理论,对环境作正确估计,领导群众的实践行动,正是我们知识阶级的职责。我们提倡新史学,正是希望全体史学研究者都要一面研究理论,一面实践。

一九三六年,元旦,北平

(第68期,1936年1月9日,第7版)

响应中国新史学建设运动

靖　方

一

自从《史学周刊》第六十三期中国新史学建设运动发动以后,先后有资深先生底《关于中国新史学的建设》,耕斋先生底《"新史学建设运动"之我见》和靖五先生自己底《新史学的任务与非常时期》几篇文章。我看了这些文章,觉得中间很有些是我想说而不会说或不曾说的,真可谓"实获我心"了。在此非常时期与非常社会,来讨论这个老早就该讨论的问题,尤其有重大的意义。所以,不揣冒昧,我也来瞎做一篇,凑凑热闹,请求指教!

未入正文以前,先得郑重声明:我并不反对史学上整理史料的工作,我只是反对以整理史料的工作为史学范围底全部。换言之,我是承认整理史料是史学,而不承认史学就是整理史料。

二

诚如靖五先生所说,今日国内整个史学界几全为整理史料的学风所统制。整理史料的学问就是考据学。考据学由前清中叶以来的朴学与民国以后西洋哲学中的实验主义双流汇合,汪汪千顷,臻于极盛。但是前清中叶的考据学何以能够光焰万丈、称盛一时呢?关于这个问题的答案虽非一端,但我以为最重要的有二:

其一,文字之狱频兴。梁启超说:

> 吾尝言当时"经世学派"之昌,由于诸大师之志存匡复;诸大师始终不为清廷所用,固已大受猜忌;其后文字狱频兴,学者渐惴惴不自保,凡学术之触时讳者,不敢相讲习。然英拔之士,其聪明才力,终不能无所用也;诠释故训,究索名物,真所谓"于世无患,与人无争",学者可以自藏焉。(《清代学术概论》)

其二,天下承平,生活裕如。乾嘉之际,承几世之余烈,国内政治早已走上轨道。而且当时学者在社会上占优越的地位,生活颇有余裕,所以能够终老于编摩之业。今人萧一山说:

> 其时之显官如王昶、毕沅、朱筠、阮元诸人,又复羽翼于其间,而当时政府及社会心理亦颇知尊重学者,故经学考证之风充满于国中,开未有之奇局矣。

又说:

> 夫学者在社会上占优越之地位,而其生活又有余裕,则学术乃能昌明。清代考证学之盛极一时,盖以此也。(《清代通史》)

我们看了梁、萧两氏之说,可以知道前清中叶的考据学实是时代背景的产物。因为有当时的物质条件,所以考据学能够臻于极盛。不幸现在的时代变了,社会也变了,在这国难当头、生活维艰的当儿,还能容许我们学史学的人全体以整理史料为事吗?除非坐拥巨资、素持世界主义的人,恐怕谁也要怀疑"史学是整理史料的学问"一句话了。

三

其次,除唯物史观派不算,各家对于史学所下的定义也都注重史事的因果关系,并不以整理史料为史家范围底全部。兹略举数家定义于次:

1. 梁启超说:

> 史者何?记述人类社会赓续活动之体相,校其总成绩,求得其因果关系,以为现代一般人活动之资鉴者也。(《中国历史研究法》)

2. Bernheim 说：

历史学是研究和叙述人类在空间时间之进化的事实，从心物两方面把这些事实当作共同的行动，再依当时公认的价值推出它们底因果关系的学问。（《历史研究法与历史哲学教科书》）

历史学是研究和叙述人类社会行为事迹的进化和它们之间因果关系的学问。（《史学概论》）

3. Feder 说：

历史学是研究人事界有社会意义的事实，及这些事实的进化的学问。再详细点说：历史学是研究人事界有社会意义的具体行为、状况、演变，和它们底因果关系的学问。（《历史研究法教科书》）

4. Barth 说：

历史为研究人类社会现象与社会变迁的科学。（《科学的历史哲学》）

我们试看上面所引的几种定义，没有一种不注重史事的因果关系。再看 Meister 底《史法大纲》，他把史学分为两个部分：一个研究事实（人类事变）发生的各种关系，一个研究怎样使记载与事实符合。可见整理史料的工作只是史学底一部，而不是史学底全部。

四

现在学术界往往爱说大学史学系如何的发达，史学刊物如何的蔚为大观，但是除了教授和同学年有增加外，我们有什么可以自负？所表现的成绩：左也是一篇考证，右也是一篇考证，有社会意义的固然要考，没有社会意义如 Spencer 所谓"邻猫生子"一类的事还是要考。支离破碎，毫无系统和组织。研究数十年，集稿盈尺，结果不过出几本某某丛考罢了。所以，近年以来，史学界所表现的成绩就只是史料底整理，而没有史书底著作。好的通史固然没有，就是比较可观的断代史也是凤毛麟角，得未曾有。因此，二十年前夏曾佑底《中学历史教科书》也升为"大学丛书"了,十余年前吕思勉底《白话本国史》也风行一时、不胫而走了。物以罕而见珍,何况这两部书到底还有相当的价值呢!近来史学界的成绩既是如此,难道我们还好意思说史学发达吗?

  本来呢,史学需要分工合作。一部分学者固然应当做整理史料的工作,一部分也应当做著作史书的工作,相辅而行,不可偏废。整理史料只是史学的基础和预备,并不足以当史学范围底全部。胡适之先生说得好:"大家只在学绣,而没有人绣鸳鸯。"假若仅有史料底整理,而没有史书底著作,便是只在学绣,而没有人绣鸳鸯。不幸我们史学界的情形,正复类是。再不及早回头,恐怕数十年内史学界不会有多少独立的创作,这是我所敢断言的。

  记得钱宾四先生在民国二十三年四月二十一日《大公报·图书副刊》上说过:

> 今日所缺,并非以往积存历史之材料,而为今日所需历史之知识。良以时代既去,古代所留之史料,非经一番解释,即不得成为吾人之知识也。

这几句话很值得我们玩味。

五

  我们学史学的人如其不以"学绣"为已足,还要更进一步"学绣鸳鸯",那就非借重历史哲学或史观不可了。史观是大多数人所公认的一种有系统的对历史的见解。现在欧洲底历史观多至二十余种,兹举其最重要者于后:

1. 二元论或神权政治的历史观;
2. 人本主义哲学的历史观;
3. 唯物的历史观,又分两大派:
   (1) 生物学的唯物史观,
   (2) 经济学的唯物史观;
4. 实证主义的历史观;
5. 康德以后德国正统派哲学的历史观;

6. 表象派的历史观；

7. 民族主义的历史观。

七种之中，以经济学的唯物史观最为风行，因为它解释历史比较更能深入。而近年以来 E. Keyser 所提倡的民族主义的历史观，也颇能博得大多数德国人民的同情。

六

末了，我把本文底大意归纳在后面：

第一，整理史料只是史学底一部，而不是史学底全部；尤其在现在的我国，更不应教学史学的人全体以整理史料为事。

第二，史书底著作与史料底整理应当分工合作，相辅而行。

第三，如要著作史书，便非借重历史哲学或史观不可。史观是大多数人所公认的一种有系统的对历史的见解，和支离破碎的私人成见不同。

（第 69 期，1936 年 1 月 16 日，第 7 版）

新史学建设学会消息

傅安华

新史学建设学会成立后，重要工作即是举办史学座谈会。第一次座谈会于三月十五日在北海濠濮涧举行，第二次于四月四日在北大政治系教授陶希圣先生宅举行。两次结果均甚良好。第三次亦在筹备中。兹将前二次史学座谈会情形约略追述于此。

第一次史学座谈会，参加者有钱宾四（穆）教授、曾资生（謇）君、徐靖方（世勋）君、李子信君、高复一（福怡）君、傅安华（靖五）君。首先谈到的问题即是中国今后新史学的研究。大部分的意见，均主张今后史学研究应注重在应用历史哲学以解释史实方面。史学研究所有两种目的：第一即是明了史实，第二是解释史实。普通学历史者则只求满足第一种目的。但专门研究历史者则应当在满足第一种目的后，更要向第二种目的努力。所谓考据及疑古仅是为达到第一种目的的一部分工作，在整个的史学研究中并不占重要地位。但现在的史学研究者因考据及疑古的薰陶太深，每每不注意整个历史之发展的解释及明了，而专从事于许多小问题的探考。用尽毕生精力，只明白了几个不重要的小问题，结果连"明了史实"都不曾完全作到。如此，研究史学便同玩古董是一样，只是个人兴趣的嗜好，对于现实社会毫无裨益。今后的新史学研究应当力矫此弊，务使史学研究者多花精力在解释史实一方面，于解释史实中求得中国社会发展之路线、因果，以及未来的动向，并且以此来帮助解决社会的许多问题。但这种研究必要有哲学理论作基础。所以今后的史学研究应当建筑在历史哲学与史料上面，以历史哲学统御许多工作技术如考据等。

此外，又谈到中国社会性质的问题。关于此问题，争论很久。最后拟改为文字的论战，首由钱宾四教授发表意见，钱教授的文章闻已属稿，不久即将在本《周刊》上发表。

第二次座谈会参加者有陶希圣教授、王毓铨君、徐世勴君、李子信君、曾资生君、高福怡君、傅安华君。谈话的主要重心即是商业资本主义、亚细亚生产方法、专制主义之解释中国历史问题。大部意见均以为商业资本主义不能成为独立的社会阶段。（关于此，傅安华君曾有专文讨论，将在《食货》半月刊发表。）其余亚细亚生产方法及专制主义亦均不能用以解释中国历史。中国唐宋以后的社会以其生产方法论仍为封建生产方法。唯因受商业资本高度发达的影响，在政治上由分权转变而为集权。政治制度原为社会上层的构造，分权固为封建社会的典型形态，然中央集权亦并不曾移动封建社会的经济基础。欧洲的历史也是如此：十六七世纪在各地生产方法上仍为封建生产占优势，但在政治形态上则都是中央集权。陶希圣先生主张名此段为绝对王权时代。

此外，又由王毓铨君提出中国社会科学发达史的问题，特请陶希圣先生加以讲述。关于此，王君曾有纪录，不久当可发表出来。

（第 82 期，1936 年 4 月 23 日，第 7 版）

新史学建设学会消息

傅安华

一、第四次史学座谈会于四月十九日在姚从吾教授宅中举行。参加者，除姚教授外，余均为本会会员。谈话中心，首为以唯物史观解释历史问题。姚教授的意见，以为解释历史不应只用一种史观，以唯物史观解释历史，仅能解释产业革命后的历史，且亦只能解释十分之六七。关于此，各会员大部持反对意见，辩论甚久。其次谈到近代历史观的发展及种类，姚教授对此阐述甚详。

二、新史学建设学会，最近拟定两件重要的工作：第一，为了要整齐本会同人研究的步调，划出新史学研究的方式及范围起见，拟由全体会员试作一个新史学研究必读书书目。此工作现已着手。计划是这样：书籍分两大部门，一为史学理论（即方法论）之部，就中又分哲学、经济学社会学、社会经济史论三类；另一为史学常识及技术之部，此中即包括中国历代史学家关于治史意见、方法等书籍以及普通史学研究者应读之基本书籍。至于选择书籍的标准，则是：（一）有价值的部分较多的；（二）通论全部历史的，或是论一般史学研究的。至于专论某一部分历史或研究工作的精深著作，则列作附录，并示以分期，以便有普通史学知识之后的研究者循次以进。书籍在可能范围内，不求量多，只求质的适宜。此目录试拟完竣后，再请求史学权威学者参加意见，加以厘订，即正式在本刊公布。

第二种工作，即是鉴于近年中国史学研究者多不注重史学理论及研究的方法，各个权威的史学家，固然都有自己经验来的一套方面，但总不肯明授予人，或提出来互相参证，以便后学者有所依据。理论与方法原是许多经验提炼积累而成的,并且时时需要"经验"来修正。所以,专家们所自有的心得与经验,分散着看,固然是零碎而微小,但积累起来再加以提炼,一定会得到一个伟大的成果。因此,新史会即想将现代中国史学专家对于史学理论及研究方法的意见征集一下,系统的介绍于后进的史学青年。进行征集的方法,尚未决定,或将由本会拟定系统的问题,请求各学者以个人的意见加以答复。然后将答复的结果,依次在本刊发表,作为几个专号。现在正在征求各专家对此事的意见。

关于上两项工作,很希望热心史学的同志及读者参加意见。

(第 85 期,1936 年 5 月 14 日,第 7 版)

社会经济史

中国古代土地之所有性及租税之起源

刘兴唐

（一）

中国怎样的由原始共产社会，进展到国家——奴隶的或封建的？这个问题，我想在中国古代土地所有的性质上，以及租税的起源上求解决，或不致劳而无功。

中国的农业从何时起由妇女让渡于男子，在社会上占了支配的地位，我现在不能作出正确的回答。但大体上周人的农业发展要比殷人为晚。《尚书·微子》云：

> 我用沈酗于酒，用乱〔败〕厥德于下。

殷人的嗜酒，是很有名的，其证据亦毋须一一列举。在周人则不然了，《生民》篇尚没有以酒祭神的事件存在，直到灭殷以后，才有以酒祭神的记载（详见拙作《"榷酤"源流》，《大公报·史地周刊》二四年十一月一日）。酒是农产物作的，酒的普遍使用，自然表现出农业之发展了。

中国农业发达较早的既为殷人，那末殷代农业在何时开始占了支配地位呢？我想最好是从他迁徙这件事上求解决。《史记·殷本纪》云：

> 自契至汤八迁，汤始居亳，从先王居，作帝诰。

司马迁对于殷代的记载，得甲骨文之发掘，已证明是可靠的。八迁的数目，我们虽不能说他完全正确，至少足以证明殷人迁徙之频，没有固定的地域。即在汤伐夏之后，也没有定住下去，和过去一样屡次移动。

《史记》可考的有汤居亳,仲丁都隞,祖乙都邢,盘庚时都河北,复五迁无定处。王国维《殷周制度论》云：

> 商有天下,不常厥邑,前后五迁,不出邦畿千里之内。

商之无定处,是谁都不能否认的。盘庚以前的迁徙,因为没有记载,所以我们无从知道是否取得全体民众的同意。而盘庚的迁都,无疑的曾引起许多纠纷,一部分人不愿意搬来搬去。《尚书·盘庚下》云：

> 古我先王,将多于前功,适于山,用降我凶德,嘉绩于朕邦。今我民用荡析离居,罔有定极。尔谓朕:"曷震动万民以迁?"肆上帝将复我高祖之德,乱越我家。

盘庚因为屡次的迁都,引起了内部的不安,一部分人怨恨他骚扰民众。《史记·殷本纪》云：

> 殷民咨胥皆怨,不欲徙。

而盘庚却不惜用一种强制手腕硬要他们搬家。

盘庚迁都之遭受民众一部分的反对,指示给我们殷民族的农业,已有在生产上占支配地位的趋势。盖游牧狩猎或采集经济,都没有定住性,或者更可以说宜于迁徙。惟有农业,和其他不同,需要有固定的住址。在原始时代的农业,土地虽然是自然产物,没有为人类所私有,到处可以找得,可是原始的土地和现在绝不相同,不是到处都可以耕种的。原始时代,地球表面较肥沃的地方都长着茂密的野草和蓊郁的森林,土质也许比现在坏一点。人们如果想开辟一个新农场,绝不是很容易的事件。第一,须先把森林砍掉；第二,须把生地垦成熟地,烧去野草。所以农业民族是不宜于迁徙的。商之所以能够屡次迁徙,不言而喻的是游牧狩猎生活尚占优势,他们寻找新猎场或新牧场是一种必要。所以关于殷代盘庚之迁都之争论,我以为是狩猎牲畜民和农业民之争。盘庚自己代表牧畜狩猎民起来主张迁徙,强迫农业民服从他们。如果当时真是全民族起来反抗他,当时又没有雇佣的常备军,他怎能强迫其他的人来服从他呢？我们这话绝不是臆测,只要翻开甲骨文一看,便知当时牧畜狩猎之盛了。《盘庚上》云：

若农服田力穑,乃亦有秋。汝克黜乃心,施实德于民。……惰农自安,不昏作劳,〔不服〕田亩,越其罔有黍稷。

当日实已有一部分人脱离了狩猎游牧而专门从事于农业。盘庚之后农业渐次发达,使常常迁徙的人类,渐渐向定住这一条道路上发展。另一方面,我们可以从商代妇女在政治上占有支配地位这一点来推测,殷代是农业占支配地位的一个转变时期,亦即是由母系制转向父系制的一个转变时期。

（二）

土地是天地间一种自然的产物,应该和海洋、空气、阳光等一样没有交换价值,人们可以随便使用;可是在现在实际上并不如此,土地也可以同其他商品一样具有价格可以出卖。使用土地的人,对于土地所有者应该交纳地租。土地既为农业生产上的劳动对象,那末我们要想明白原始的农业生产,必须解决原始的土地制度。土地在原始时代是不是已为人类所私有呢？劳动者对于土地之使用是否有交纳地租的义务呢？关于这一个问题,过去曾有两派的不同主张：一部分人认为土地在古代是私有的,土地公有说之井田论是孟子的造谣,代表人物就是胡适；一部分人主张原始土地是公有的,井田制一定有他的原因,决不是无风三尺浪的造谣,他们更利用外证来做他们的旁证,代表人物是胡汉民。但始终没有把问题解决,仍是历史上一个疑团。我们现在到底遵从那一种说法呢？

我们现在,先把井田制度丢开,从人类生活上来考察原始的土地之是否私有。人类在原始时代决没有现在人聪明,和现在的生活也不相同。由于地下之发掘,已充分的证明了。人类在最初,并不知道种植和牧畜,完全过着流浪的采集生活。碰见昆虫吃昆虫,碰见果实吃果实,捉到鸟兽吃鸟兽,一直到把周围所能得到的食物吃尽后,另外再迁到一个新地方去。他们和现在的鸟兽一样,土地对他们毫无用途,我们试想会有土地的私有吗？当日的土地,想来是和现在的空气和阳光一样,人们可以自由使用、取得,不受任何限制。

自然以上所述,是一种理论的推测,虽有落后民族可作旁证,但那都是农业社会以前的情形,不能做农业时代的证明。古代土地私有制之是否存在,第一我们先从社会的残余中找证据。《夏小正》云:

> 初服于公田。(引自《玉海》)

注云:

> 先服公田而后服私田也。

井田制度,虽是不可靠的,但公田在古代之存在不容置疑。《夏小正》虽不是很早的书,大概是作自战国时代,是战国时代人的头脑中,尚存有公田的影子。王筠《正义》云:

> 正月启蛰,雁北乡,雉震呴,鱼陟负冰,农纬厥耒……农率均田……初服于公田。

古代曾有过力役租,亦是不可否认的。

公田,是公家之田,人民应该抽出一部分时间来替政府做工,和土地之私有有什末关系呢?土地之公有我们是从另一方面看出,即王筠所说的均田。大半古代实行力役租,隔一个相当期间土地要来一次重分配,人民不能据为己有。土地是不能买卖,没有价格的。《论语》云:

> 夫如是,则天下之民皆襁负其子而至矣,焉用稼?

孔子的时代,人民还可以自由取得土地。如果某一国租税较轻,便会有许多农民离开自己的祖国,到那里去开垦。如果土地已有了价格,为私人所占有,我们看这种事情会发生么?他们会抛弃自己的财产——不动产,去给人家做佃农么?《管子》说:

> 五政曰:禁徙,止流民,圉分异。

《管子》上也曾禁止过农奴的流亡。《孟子》云:

> 有为神农之言者许行,自楚之滕,踵门而告文公曰:"远方之人,闻君行圣人之政,愿受一廛而为氓。"文公与之处。……陈良之徒陈相,与其弟辛,负耒耜而自宋之滕,曰:"闻君行圣人之政,是为圣人也,愿为圣人氓。"

不言而喻的,滕文公也分给他们一块土地,他们就在滕国住下去了。

孔子只泛泛的指示出农民之到处可以无偿的取得土地,而《管子》就有禁止农民流亡的法令,《孟子》有"域民不以封疆之界"的话,更明显举出土地可以无偿取得的实例。那末古代土地之没有私有制,我们似已无法否认了。

孟子井田制固然全不可靠,而孟子之"周人百亩而彻"亦不是凭空造谣。孟子的反对派荀子,亦曾经提出。《荀子·大略》篇云：

> 不富无以养民情,不教无以理民性。故家五亩宅,百亩田,务其业而勿夺其时,此所以富之也。

一家所分得的土地,亦是五亩宅百亩田。《王霸》篇又云：

> 人主,以官人为能者也；匹夫,以自能为能者也。〔人〕主得使人为之,匹夫则无所移之。百亩一守,事务穷,无所移之也。

从荀子的话,看我们想《周礼》之"一夫百亩",或亦不致全属造谣。

过去一般人都把商鞅当做破坏古代土地公有制——井田制的一个罪人,实际上商鞅是否完全废除土地之公有呢？我对曰不然。《史记·商鞅传》云：

> （鞅）为田开阡陌封疆,而赋税平。

商鞅之"开阡陌",和井田制并不相干,只是班固自己所闹出的错误。商鞅之"开阡陌",只不过是整理那已破坏的土地公有制使租税平均罢了。《秦本纪》亦有这样的话。蔡泽则云："决裂阡陌,以静生民之业而一其俗。"《汉书·地理志》对这回事说得极明白,他说：

> （秦）孝公用商鞅,制辕田,开阡陌。

商鞅一方面整理土地租税之不均现象,一方面又制定辕田。辕田是什末田呢？注云：

> 张晏曰："周制三年一易,同美恶。"孟康曰："三年爰土易居,古制也。末世浸废,商鞅复立爰田。上田不易,中一易,下再易。"

《汉书·食货志》云：

> 岁耕种者为不易上田,休一岁者为一易中田,休二岁者为再易下田。三岁更耕之,自爰其处。

爰爰二字原通,辕田即是爰田。换句话说,就是掉换的土地制度。掉换的原因,据后人的观察是由于土地有美恶,有的土地肥沃,年年都可使用,不致干涸,有的须休息一年或二年。自然须待休息的土地,没有不休息的土地好,政府恐怕耕种休息恶地的人民吃亏,所以每三年要掉换一次。即此我们已可看出商鞅尚在竭力维持土地之公有制了。如果当日的土地全属私有制,政府能把他们个人私有的土地掉换吗?据我的见解,商鞅之所以施行这种掉换制度,是恐怕这些耕种公有土地的农民久占为业,把分有的土地化作私有。所以我说商鞅并不是破坏中国土地公有制的罪人。

辕田之法认真说起来也不是商鞅所创,是中国很早的土地分配法,到商鞅时又把他复活罢了。焦循《孟子正义·滕文公上》云:

> 贾侍中云:"辕,易也。为易田之法。"《左传》作"爰田"。《食货志》云:"三岁更耕,自爰其处。"《公羊传》注云:"三年一换土易居。"然则爰者,换也。平肥硗者,谓一易之地家百亩,再易之地家二百亩,三易之地家三百亩,无偏枯不均也。按"晋于是作爰田",见僖公十五年《左传》,孔疏引服虔、孔晁皆云:"爰,易也。"赏众以田,易其疆畔,易亦换也。古爰音与换近,故畔换即畔爰也。《说文·走部》云:"趄,田易居也。"段玉裁《说文解字注》云:"《周礼·大司徒》:'不易之地。'"……"故三年一换主易居,财产均力平。"

爰、辕、趄三字通,都作易字解。晋既已作爰田,商鞅之辕田不是创制甚明。即晋之作爰田,我们虽没有什么可靠的证据,但我们可以推定,也是把原始土地调换制度复活起来。我们不能把爰田解做耕种的方法的休田制,今年种这一块土地,明年种那一块土地的爰易,乃是因为土地有美恶,有的年年使用他也不会枯竭,有的须休息一年,有的则须休息二年。休息的土地自然没有不休息的土地好,如果在土地私有制下他们自己并没有什么怨恨,而在土地公有制下,则隔几年必须掉换,不能叫一个人把他占有,大家的权利是平等的。

中国在春秋战国时代尚保有土地公有制度,我们能够说在西周以前中国的土地已全属私有了吗？

我们此处所说的公有,并不是绝对的公有,乃是相对的公有。在农业的初期,人类已经带有部分的定住性,他们把他们居住附近的土地完全占有,不许其他的人在他们所领有的区域以内狩猎或牧畜、耕种。不过他们并没有个人的私有,是氏族所领有的土地,凡是氏族成员都有使用的权利,任何人也不能据为己有,不能买卖。故从氏族来说,土地是私有的；若从个人来说,则土地是公有的。

殷代的土地制度,大半尚是氏族成员的公有,私人不能独占,罗振玉《殷商书契考释》载有：

> 日王固曰：之求其之来婼,三至,九日辛卯,允之来婼自北。蚁敏󠄀告曰：土方牧我田十人。
>
> 日王固曰：之求其之来婼,三至,七日己巳,允之来婼自西。󠄀友角告曰：昌方出牧我示󠄀田七人五。
>
> 日癸巳卜殷贞旬亡囚,王固曰：之求〔其〕之来婼,三至,五日丁酉,允之来婼自西。洗󠄀告曰：土方征于我东鄙□二邑,昌方亦牧我西鄙田。

甲骨文中找不出土地私有的证据。这几条都足以证明土地是属于氏族的公有,土地应由氏族来保护。他们的敌人,也时常侵袭他们的边疆。

殷人之土地公有,我们另外还可以从殷人之不断的迁徙来说明。如果土地已属私有,私有者肯抛弃他私有的土地吗？如果土地不能自由获得,他们到新区域内怎样过活呢？我们再看《盘庚上》只说"若农服田力穑,乃亦有秋","不昏作劳,〔不服〕田亩,越其罔有黍稷",可见没有剥削制度的存在。只要你努力于生产事业,就有吃的,不愁没有土地。如果偷懒不肯尽力,当日没有租佃制度,没有人替你劳动,那么你就得忍饿。另一方面,反映出土地可以自由使用,不愁无地可耕,和《书·无逸(多士)》"亦惟尔多士,攸服奔走,臣我多逊。尔乃尚有尔土,尔乃尚宁干止。〔尔克〕敬,天惟畀矜尔；尔不克敬,尔不啻不有尔土,予亦致天之罚于尔躬"是截然不同的。在《无逸(多士)》上,凡是不服从的人,政府可以把他从土地上赶出,而盘庚则没有这种权力,只是自己受一点困苦。殷代土地尚属于氏族公有,每个氏族成员都有使用土地之权利,这件事我们已不能否认了。

从商鞅的辕田制来看,我们可以推定在原始时代,关于土地之分配制,每隔二三年时,一定也要掉换一次,或者最初是一年掉换一次以防久占为业,以同美恶,也未始可知。

（三）

"夏后氏五十而贡,殷人七十而助,周人百〔亩〕而彻",这是《孟子》上的记载。依此,则我国租税的起源甚早,夏后氏时代已经产生了。更有些人,把孟子井田制的假说推到黄帝身上去,好像在黄帝时代租税制已经发生了。现在我们究竟从何处说起,中国的租税到底在什么时候产生,怎样产生的呢？这在我们研究土地私有制的发展上,是一个不容忽视的问题。

我们虽不承认孟子井田之说为古代实有的土地制度,而孟子对于彻法和助法却不是在凭空造谣,他是有根据的。

龙子曰："治地莫善于助,莫不善于贡。"

龙子到底是谁呢？我们不得而知。《告子上》又云："故龙子曰：'不知足而为屦,我知其不为蒉也。'"龙子和孟子是有相当关系的。大概龙子也是一个儒家,是孟子的老前辈。这种说法,在孟子前实已存在了。无论这种说法发生得多么早,然而把贡法列在第一个时期似乎是不合理的。现在关于租税的起源,我们打算分两部分来说。

古代租税,征之于氏族内部的,《国策·楚策》云：

资之金玉宝器,奉以上庸六县为汤沐邑（以邑为女汤沐之具）,欲因张仪纳之楚王。

效万众之都,以为汤沐之邑。

王使致封地汤沐之邑。（赵侯）

封建贵族私有的土地,名之为汤沐邑。《公羊传·隐公八年》传云：

三月,郑伯使宛来归邴。宛者何？郑之微者也。邴者何？郑

> 汤沐之邑也。天子有事于泰山,诸侯皆从。泰山之下,诸侯皆有汤沐之邑。

每一个诸侯,在泰山附近,都有一个汤沐邑。这种名义,一直沿袭到汉代贵族的封地还有叫汤沐邑的。汤沐邑之内,领主可以征收租税,所以汤沐邑,当是租税之一种。汤沐邑命名之义,并不是因为诸侯随皇帝到泰山配祭,路途奔波给他一块洗尘的地方,乃是专为祭祀而设。《公羊传·隐公八年》注云:

> 当沐浴斋洁以致其敬,故谓之汤沐邑也,所以尊待诸侯而共其费也。礼,四井为邑。

古人祭祀的时候,必须斋戒沐浴,是一种宗教仪式。所以我们可以推定这种租税,完全是起源于宗教。虽然这都是很晚的事,而这种名词一定发生得很早,到春秋战国实已成为死的名词,骨子内则完全由超经济的剥削代替,是封主衣食的来源,不复是祭祀时的一笔公费了。

古代土地制度中又有所谓圭田。孟子说:

> 卿以下必有圭田,圭田五十亩。

《玉海》云:

> 郑司农云:……玄谓士谓(读)为仕,仕者亦受田,所谓圭田也。(《记·王制》)夫圭田无征。(注)圭田不税,以厚贤也。(正义)畿内无公田,故有圭田。圭,洁白也。卿大夫〔德〕行洁白,乃与之田。此殷礼也。殷政宽重贤,故不税。周则通仕税之,故曰士田。任近郊之田,税什一。

圭田说是不是孟子在那里造谣呢?是不是以士行洁白而赐之土地呢?赵岐注说得比较近理。他说:

> 古者卿以下至于士,皆受圭田五十亩,所以共祭祀。圭,洁也,士田,故谓之圭田,所谓"惟士无田则亦不祭",言绌士无絜田也。

圭田之所以为洁田者,并不是因为士行洁白,乃是要他斋戒沐浴整洁其身以奉祭祀者,亦是一笔公费,所以政府不征收他的租税。焦循《正义》云:

《毛诗·小雅·天保》篇:"吉蠲为饎。"传云:"蠲,洁也。"《秋官·蜡氏》:"凡国之大祭祀,令州里除不蠲。"注云:"蠲读若'吉圭惟饎'之圭。圭,洁也。"《仪礼·士虞礼》记云:"圭为哀荐之,飨。"经(注)亦云:"圭,洁也。《诗》曰:'吉圭为饎。'"《吕氏春秋·尊师》篇云:"必蠲洁。"高诱注云:"蠲读曰圭。"是圭,洁也。

把圭解作洁,是不错的。可是我们看无论怎样解释,都和祭祀有关。所以使我们不得不在祭祀这一方面怀疑。《说文》:"瑞玉也,上圆下方,圭以封诸侯,故从重土。"按圭实为古代一种祭器,《尚书》有周公捧圭与币为武王祷事。圭田之为洁田,和汤沐邑之为祭田并没有多少不同。

圭田之外,古代尚有所谓采地。《韩诗外传》:

　　古者天子为诸侯受封,谓之采地。百里诸侯以三十里,七十里诸侯以二十里,五十里诸侯以十里。其后子孙,虽有罪而绌,使子孙贤者守其地,世世以祠其始受封之君。

采地,是供祀祖先的祭田。那么这些土地为什么名之为采呢?《尔雅》云:

　　尸,寀也。

注云:

　　谓寀地。寀寮,官也。
　　官地谓寀,同官谓寮。

疏云:

　　寀谓采地。主事者必有寀地。寀,采也,采取赋税以供己有。寮地及言同寮者,皆谓居官者也。注云"官地为寀"者,《礼运》云"大夫有采以处其子孙"是也。

这些解释,都把寀地当做贵族的私奉养。在后一时代来说,固然不错,在原始则不一定如此。"尸,寀也"这句话是可以寻味的。古者尸为祭神所用,故寀地实亦为祭祀时公费之一种。

以上都是儒家的记载,而墨家亦同样有这种话。《墨子·贵义》篇云:

>今夫农入其税于大人,大人为酒醴粢盛,以供上帝鬼神,岂曰"贱人之所为"而不享哉?

墨子这一席话,反映着一般赋税,都是为大人供承祭祀而征收。

这些租税都和祭祀有关,是为着祭祀而征收的一笔公费,从此可以见到中国古代贵族平民阶级之分化,原由于公共职务之世袭。氏族的僧侣及主祭者,于他们职位世袭之后,便把过去祭祀上的一笔公费当作自己的私奉养,由女仆而升为女主人了。

租税制的另一方式,便是"周人百亩而彻"。彻法于西周前早已开始了。《诗·公刘》云:

>笃公刘,匪居匪康。乃场乃疆,乃积乃仓;乃裹餱粮,于橐于囊。思辑用光,弓矢斯张;干戈戚扬,爰方启行。
>
>笃公刘,于胥斯原。既庶既繁,既顺乃宣,而无永叹。陟则在巘,复降在原。何以舟之?维玉及瑶,鞞琫容刀。
>
>笃公刘,逝彼百泉。瞻彼溥原,乃陟南冈。乃觏于京,京师之野。于时处处,于时庐旅,于时言言,于时语语。
>
>笃公刘,于京斯依。跄跄跻跻,俾筵俾几。既登乃依,乃造其曹。执豕于牢,酌之用匏。食之饮之,君之宗之。
>
>笃公刘,既溥既长。既景乃冈,相其阴阳,观其流泉。其军三单,度其隰原,彻田为粮。度其夕阳,豳居允荒。
>
>笃公刘,于豳斯馆。涉渭为乱,取厉取锻。止基乃理,爰众爰有。夹其皇涧,溯其过涧。止旅乃密,芮鞫之即。

从此我们可以见到公刘的"彻田为粮",乃是对于被征服民族所施的税法。当他征服了一个民族之后,便把这些被征服者固缚在土地之上,向他们征纳租税。

中国租税最初的形态,我们现在只能找到这两种,至于大批的封土和奴隶,在金文上所表现的,是西周的事,不在本文讨论范围之内。以租税起源之不同,我们可以把前一项作为行之于氏族的租税,而后一项则为征服者对于被征服者所行的强制剥削,是氏族外的强制权力。这两种租税,在古代有并行的可能,不是相继续的形态。

（四）

  租税征收的方式，据《孟子》有贡、助、彻三种。贡法我认为是最晚的一个形式，在那里看不出他的生产关系来。助法即是藉田，是由于氏族族长执行公共职务，以供承祭祀之名，借氏族成员力量替他耕种的力役租。彻法为彻取之法，是把被征服民族固缚于土地之上，从他们每年种植的农作物中抽取一部分来当做地租，是征服民族对被征服民族所加的一种实物租。这两种交纳形式，和两种土地所有形态，是完全相适应的。不过一个是内在矛盾的发展，一个是外部的偶然形态。

  恩格斯说："在政治力量是对于社会处独立地位，而且从社会佣仆变成社会主人以后，他可以朝两种方向工作去。"（《反杜林论》）这种国家的实例，恩格斯便指出印度来。他更指摘英国人不明了这种职务。中国土地所有性在原始是如此，租税交纳形式又是如此，至于中国那时国家在历史发展阶级上究应属封建或奴隶，请读者自己玩味。

（第 130—133 期，1937 年 4 月 1 日—1937 年 4 月 22 日，第 7 版）

中国历代度量衡沿变概略

杨效曾

因为中国历代度量衡的大小不同,如果我们不列出一个折合的标准来,不惟于计算历代生产量及日常用度上,有许多不方便,不易得到比较的概念,而且常常发生些错误,认识不清生产进步的情形。例如,汉代的"亩钟之田",钟为六斛四斗,一亩田有六斛四斗的生产量,在现今恐怕也是最高的产额;又如"食,人月一石半",亦太超出今人食量的范围。若是不晓得汉量当今量的多少,这些史实便将无法理解的。以此,我想就个人所见到的史料,将历代度量衡的大小,略为考察一下,列出个概略的表来,以为大概的计算之标准。这,也许对于研究中国社会史不无用处罢?

秦汉以前,度量衡没有统一的标准,为学力所限,不能有所考定,暂存而不论。本文只就秦汉以后,略加述说。可是,秦汉以来,关于这种记载,每多差异,而历代各地所用的度量,亦不能划一。因之,正确的核算,实为不可能之事。好在本文目的,只在便于概略的计算,只要大致上无很大的背谬,也就满足的。若海内博雅君子,能因此而有更详确的考定,区区此文,覆瓿亦所深幸了。

(一)度

度是用以度量长短,汉制:

> 黄钟之长,一为一分,十分为寸,十寸为尺,十尺为丈,十丈为引。(《汉书·律历志》)

汉尺之传于今者，有东汉建初尺，长营造尺七寸四分（马衡《中国金石学概论》，页三五）。汉后尺度历有增益，其自魏至隋尺度增益之数，依王国维的考定，是：

> 魏尺长营造尺七寸五分强。
>
> 晋尺长营造尺七寸六分强。
>
> 宋尺长营造尺七寸六分五厘。
>
> 梁尺长营造尺七寸七分强。
>
> 后魏尺长营造尺八寸七分。
>
> 东魏尺长营造尺一尺零八分强。
>
> 后周及隋官尺长营造尺九寸二分弱。（《观堂集林》卷十九）

因为尺度的增益，有了所谓"大尺"。这"大尺"，在北魏孝文帝太和十九年曾"诏改"过，隋开皇时定为官尺，大业中也曾改依古式，但这是社会的趋势，虽改也不能复古，所行到了唐代，就行起两种尺来。《唐六典》"金部郎中"条：

> 凡度，以北方秬黍中者，一黍之广为一分，十分为寸，十寸为尺，十二寸为大尺，十尺为丈。……凡积秬黍为度、量、权衡者，调钟律，测晷景，合汤药及冠冕之制则用之；内外官私，悉用大者。

唐时官私通用之尺，乃是大尺。现存唐正仓院尺长营造尺九寸四分弱（马衡《中国金石学概论》），则唐尺又较隋尺为大了。至宋，尺度又见增益，现存宋钜鹿故城三木尺，其二长营造尺一尺二分半，其一为木工所用之曲尺（当为官尺）长营造尺九寸六分强（前揭书）。

明时，尺度较宋又大。嘉靖牙尺长营造尺一尺微弱，万历官尺则与今尺完全相同。马衡先生说：

> 万历官尺……明洪武钞之高，正当此尺一尺。以今尺较洪武钞，长短正同。知今尺虽沿用清工部营造尺，实即明官尺也。（《中国金石学概论》，页三七）

由上略述，可知自汉以来尺度之沿变如下：

> 汉尺长营造尺七寸四分。

魏尺长营造尺七寸五分强。
晋尺长营造尺七寸六分强。
宋尺长营造尺七寸六分五厘。
梁尺长营造尺七寸七分强。
后魏尺长营造尺八寸七分。
东魏尺长营造尺一尺零八分强。
后周及隋官尺长营造尺九寸二分弱。
唐尺长营造尺九寸四分弱。
宋尺长营造尺九寸六分强。
明清尺与现在营造尺同。

（二）量

量所以量多少，汉制有龠、合、升、斗、斛。《汉书·律历志》：

> 合(《隋志》作十)龠为合，十合为升，十升为斗，十斗为斛。

魏量较汉量为大，《隋书·律历志》：

> 魏陈留王景元四年，刘徽注《九章·商功》曰："当今大司农斛圆径一尺三寸五分五厘，深一尺，积一千四百四十一寸十分〔寸〕之三。王莽铜斛于今尺为深九寸五分五厘，径一尺三寸六分八厘七毫。以徽〔术〕计之，于今斛为容九斗七升四合有奇。"

魏后斗斛更见增大，北魏太和十九年曾"诏改长尺大斗"，但"不能复古"，至隋开皇时遂定大斗为官斗：

> 开皇以古斗三升为一升。(《隋书·律历志》)

大业中，"依复古斗"，但不能实行，唐时遂有两种斗：

> 十升为斗，三斗为大斗，十斗为斛。……内外官司，悉用大者。(《唐六典》)

这可窥知隋唐之斗，大于汉斗三倍了。宋量又较唐量稍大，《日知录》卷四(十一)《权量》：

欧阳修《集古录》有谷口铜甬,"始元四年左冯翊造。其铭曰:'谷口铜甬,容十斗……'以今权量较之,容三斗……"吕氏《考古图》……曰:"轵家釜三斗弱,轵家甑三斗一升,当汉之一石。"大抵是三而当一也。

又沈括《笔谈》:

予……求秦汉以来度量,计六斗当今之一斗七升九合。

是宋量大汉量三倍有余,较唐量亦大也。而元量又比宋量为大,《元史·食货志》:

盖以宋一石当今七斗故也。

明承元后,不闻有何改变,但量之日趋增大,则为事实。至清时,一斗就等于汉之五斗了。阎百诗曰:

古量甚小,其数可考者,大约汉二斗七升,当今五升四合。(《日知录》"大斗大两"条注引)

现在,由上述的转变,作一略表如下:

汉　　魏　　隋唐　　宋　　元　　清
一斛 = 9.74 斗 = 3.3 斗 = 3 斗 = 2.1 斗 = 2 斗
　　　　一斛 = 9 斗 = 6.4 斗 = 6 斗
　　　　　　　一斛 = 7 斗 = 6.6 斗
　　　　　　　　　　一斛 = 9.5 斗

(三)权　　衡

权衡所以平轻重,汉制:

一龠容千二百黍,重十二铢,两之为两。二十四铢为两,十六两为斤。(《汉书·律历志》)

后汉斤的增大,记载甚少。据《隋书·律历志》:

梁陈依古称。齐以古称一斤八两为一斤。周玉称四两,当古称四两半。开皇以古称三斤为一斤。

此权衡的沿变,亦为日趋增大。唐因隋制,比汉斤亦大三倍,《唐六典》:

> 二十四铢为两,三两为大两,十六两为斤。……内外官司,悉用大者。

宋时,斤两尤大。沈括《笔谈》:

> 予……求秦汉以来度量……称三斤尚今十三两。

清时,斤两更大,沈氏曰:

> 汉权有重〔四〕斤者,实当今十三两弱。(《日知录》"大斗大两"注引)

权衡的沿变,也可作略表如下:

```
汉(梁陈同) 齐        周         隋唐       宋        清
10两 = 6.6两 = 9两弱   = 3.3两强 = 2.7两弱 = 2两
       10两 = 13.6两强 = 5两     = 4两强   = 3两强
               10两   = 3.7两弱 = 3两     = 2.2两强
                        10两   = 8.2两弱 = 6两强
                                  10两   = 7.4两强
```

由于上述度量衡的沿变看来都是日趋增益,几为定例。这是什么原因呢?关于这,由王国维解释尺度的增益可以理会出来。他说:

> 尺度之制,由短而长,殆成定例。然其增率之速,莫剧于东晋、后魏之间,三百年间,几增十分之三。……求其原因,实由魏晋以降,以绢布为调,而绢之制,率以二尺二寸为幅、四丈为匹,官吏惧其短耗,又欲多取于民,故尺度代有增益,北朝尤甚。自金元后,不课绢布,故八百年来,犹依隋唐之旧。(《观堂集林》卷十九《记现存历代尺度》)

"自唐讫今"尺度"所增甚微,宋后尤微"的原因,在于税制的改变,其说甚是。不惟尺度如此,我们也可以同样的理由来解释斗斛的增大。汉后社会逆转,内于自然经济的状态,租调帮是现物,粟易散进,故斗斛的增率比尺度尤大,增至三倍。至于称,则因与租调无大关系,所以"陈梁依古称"。然斗称有连带关系,北朝即有增益,至隋定官斗,乃依斗的比例而增大三倍了。

宋元以后,虽"不课绢布",而田地租税,仍收谷物。官吏、地主的苛取,依然未变,故斗斛的增率仍有加无已,斗称相辅,称亦随之加大。这是斗称所以比尺度增率多的原因罢。

一九三四,一二,一二

(第 18 期,1935 年 1 月 17 日,第 7 版)

秦汉货币经济与奴隶制度

褚道庵

（一）铸钱犯罪与奴隶

古代奴隶的来源，唯一的是由于对外战争捕获的俘虏，本国人民是不作奴隶的；到秦汉货币经济发达的时候便不然了，本国人民因了货币的关系，也成了奴隶。本国人民由平民到奴隶，是经过怎样的过程呢？第一是由于物价的暴涨与暴落，自卖为奴隶；第二是由于铸钱犯罪与债务破产。现在先说铸钱犯罪怎样成为奴隶。

在货币经济发达的社会中，人民的公私经济生活，尤其是公经济上的纳税，都是必需货币的，离开了货币，便不能生存。因此，一般豪猾之徒，一方为了自己使用，同时为了铸钱有利可图，就不顾政府的章程与许可，群起奸铸、盗铸起来。① 如文帝时：

> 农事捐弃而采铜者日蕃，释其耒耨，冶镕炊炭，奸钱日多。（《汉书·食货志》）

武帝时：

> 自造白金五铢钱后五岁，而赦吏民之坐盗铸金钱死者数十万人。其不发觉相杀者，不可胜计。赦自出者百余万人。然不能半自

---

① 《汉书·食货志》贾谊说："法使天下公得顾租铸铜锡为钱，敢杂以铅铁为它巧者，其罪黥。然铸钱之情，非淆杂为巧，则不可得赢；而淆之甚微，为利甚厚。夫事有召祸而法有起奸，今令细民人操造币之势，各得隐屏而铸作，因欲禁其厚利微奸，虽黥罪日报，其势不止。乃者，民人抵罪，多者一县百数，及吏之所疑，榜笞奔走者甚众。"《汉书·景帝纪》说：景帝中六年，"定铸钱伪黄金弃市律"。

出,天下大抵无虑皆铸金钱矣。犯法者众,吏不能尽诛。(同上)

在自由放任的造币政策下是如此,在中央造币,禁人铸钱的时候,也是如此。如王莽时:

> 坐……铸钱抵罪者,自公卿大夫以至庶人,不可称数。(同上)

人民私铸犯罪,是怎样处分呢?少数是被杀了,多数则捉将官里去,没为政府的奴隶:

> 莽以私铸钱死……犯法者多,不可胜行,乃更轻其宪,私铸作泉布者,与妻子没入为官奴婢。(《汉志·食货志》)
> 一家铸钱,五家坐之,没入为奴婢。(《汉书·王莽传》)
> 民犯铸钱,伍人相坐,没入为官奴婢。其男子槛车,儿女子步,以铁锁琅珰其颈,传诣钟官,①以十万数。到者易其夫妇,愁苦死者什六七。(同上)
> 货币岁改……民坐挟铜炭,没入钟官,徒隶殷积数十万人,工匠饥死,长安皆臭。(《后汉书·隗嚣传》)

一人铸钱,全家没为奴隶;一家铸钱,邻里五家没为奴隶。这样连坐起来,政府的奴隶数量,自然是庞大无比了。所以秦汉时代,政治上统治万民的王,同时也是经济上的大奴隶主。

(二)债务与奴隶

铸钱不是人人皆可随意作的工作,必有相当的技术。铸钱纯依政府的章程,便没什么利益;不依政府的章程,又有黥罪或杀头的危险。②因此,农民中的消极分子用钱时,只有拿自己的农产品与商人交换,或直接向商人借债了。③ 在农民急于用钱的热情下,商人不是故意降低农产物价格,便是以重利去盘剥。晁错说:

---

① 钟官,在长安,师古曰"主铸钱者",见《汉书·食货志》注。
② 见第65页注①。
③ 秦汉商人营业范围,兼及放款。如《汉书·货殖传》所载的四川商人罗裒,接曲阳、定陵侯,依其权势,赊贷郡国,人莫敢负。山东商人丙氏,贳贷行贾遍郡国。皆是例子。

> 夫珠玉金银,饥不可食,寒不可衣,然而众贵之者,以上用之故也。其为物轻微易臧,在于把握,可以周海内而亡饥寒之患。……今农夫五口之家,其服役者不下二人,其能耕者不过百亩,百亩之收不过百石。……急政暴虐,赋敛不时……当具有者半贾而卖,亡者取倍称之息。(《汉书·食货志》)

商人重利盘剥的利率是几何呢? 在平时,是年利二分或三分多。《史记·货殖传》:

> 庶民农工商贾,率亦岁万息二千,百万之家即二十万。
> 子贷金钱千贯,节驵侩,贪贾三之,廉贾五之,①亦比千乘之家,此其大率也。

若在金融紧张的时候,列侯封君借款,也得利率十分。如:

> 吴楚兵起,长安中列侯封君行从军旅,赍贷〔子〕钱家。……毋盐氏出捐千金贷,其息十之。三月,吴楚平。一岁之中,则毋盐氏息十倍。(同上)

政治上居统治地位的封君列侯,用钱急时,借款的利率还要十分,一般无权无势的平民借款,利率之高,是更不知伊于胡底了。一般平民在这商人两重的压迫下剥削下,只有:

> 卖田宅,鬻子孙,以偿责者矣。(《汉书·食货志》)

这便是说,因为商人操纵物价,致谷贱伤农,与重利盘剥的债务关系下,使消极守法的人们,与因铸钱而〔犯〕法的人们,走上了同一的路程,也成为除了两手一无所有的奴隶了。所异者,犯法的人们,为政府的奴隶;守法的人们,为私人的奴隶而已。

(三)

货币经济的发达,一方使独立的小农或小手工业者成为奴隶,奴隶

---

① 刘奉世释云:"此谓子贷取息也。贪贾取利多,或三分取息一分;廉贾则五分取一耳,所谓岁万息二千也。"《汉书·货殖传》注

的队伍扩大促成了奴隶社会；同时，又使奴隶的地位、生活，变得更坏。西周以前的奴隶劳动，只是帮着满足奴隶主的家庭物质欲望；因此，他们的生产，以主人与其家庭的消费为限。所以当时的奴隶待遇，是比较温和的。秦汉货币经济发达后，便不然了。奴隶的生产，是一小部分供给主人与其家庭消费，使主人的家庭：

> 男不耕耘，女不蚕织，衣必文采，食必粱（梁）肉……乘坚策肥，履丝曳缟。（《汉书·食货志》）

大部分是制造商品，为交易而生产，为主人获得货币而劳动。在货币经济的社会思潮中长大了的奴隶主，压根儿就是知道钱，故：

> 臧钱满室，犹无厌足。（同上）

因此，奴隶们的劳动，便无止境了，奴隶主对奴隶的榨取，是唯力是视。奴隶的生活与地位，由较温和的情况，变成了悲惨的地狱。

（第 25 期，1935 年 3 月 7 日，第 7 版）

秦汉物价的蠡测

褚道庵

秦末,各地暴动,田地荒芜,生产量少:

> 凡米石五千,人相食,死者过半。(《汉书·食货志》)

(一)

物价之史的研究,是极其困难的工作,因为我们的史书上,关于这类的记载太少了。偶尔记载一点,不是最贵便是最贱,平常的物价,是找不到的。而且所记的,多为粟米的价格,其他商品的价格,也是找不着的。在这样客观的条件下,秦汉的物价,只能对粟米暂作粗略的蠡测。

高祖二年:

> 关中大饥,米斛万钱。(同上,《高帝纪》)
> 米至石万钱,马至匹百金。(同上,《食货志》)

宣帝元康四年:

> 比年丰,谷石五钱。(同上,《宣帝纪》)

元帝初元二年:

> 齐地饥,谷石三百余,民多饿死,琅邪郡人相食。(同上,《食货志》)

王莽末年:

> 天下旱蝗,黄金一斤易粟一斛。(《后汉书·光武帝纪》)
> 常苦枯旱,亡有平岁,谷贾翔贵。……雒阳以东,米石二千。

(《汉书·食货志》)

明帝永平五年：

> 岁比登稔……立粟市于城东，粟斛直钱二十。(《晋书·食货志》)

至十二年：

> 岁比登稔……粟斛三十。(《后汉书·明帝纪》)

章帝建初中：

> 南阳大饥，米石千余。(同上，《朱晖传》)

灵帝熹平中：

> 益州郡……初……米斛万钱……少年间米至数十云。(同上，《西南夷传》)

献帝兴平元年：

> 是岁谷斛五十万，豆麦一斛二十万，人相食啖，白骨委积。(同上，《献帝纪》)

我们在文献上所知道的秦汉物价，仅此而已。现在为更清楚起见，把这四百多年的物价，用列表法排列起来。

（二）

斛是量名，《汉书·律历志》说：

> 量者，龠、合、升、斗〔、斛〕也，所以量多少也。……合龠为合，十合为升，十升为斗，十斗为斛，而五量嘉矣。

石是权名，同上说：

> 权者，铢、两、斤、钧、石也，所以称物平施，知轻重也。……二十四铢为两，十六两为斤，三十斤为钧，四钧为石。

大约一斛重一百二十斤的缘故，米的一斛，也叫作一石。如汉初的米价，《高帝纪》说"米斛万钱"，而《食货志》则说"米至石万钱"，可知一斛是等于一石的。现在我们以一石为单位，作秦汉米价表如下：

年　　　代		米　价
中　历	西　历	（铜币枚数）
秦末	纪元前二八（?）年	五〇〇〇
高祖二年	同上，二〇五年	一〇〇〇〇
元康四年	同上，六二年	五
初元二年	同上，四七年	三五〇☆
王莽末	纪元后二〇（?）年	二〇〇〇
（同上）	同上	一〇〇〇〇
永平五年	同上，六二年	二〇
永平十二年	同上，六九年	三〇
建初　年	同上，七六—八三年	一五〇〇☆
熹平　年	同上，一七二—一七七年	一〇〇〇
（同上）	同上	五〇☆
兴平元年	同上，一九四年	五〇〇〇〇〇

☆乃不知其确数，乃以其中数而言。

由这一个粗略的表中，所以看出秦汉时代的米价，是如何的悬殊了。米价之所以如此的涨落，主要的原因，是天灾与人患的有无而影响到的生产量的多寡。不过汉初与汉末米价的暴涨，除了上述的原因外，汉初时铸夹钱，汉末董卓铸小钱，钱甚轻薄，本身价值太小，也是主要的原因。

物价的暴涨与暴落，在货币经济的社会，对人民都是不利的。暴落的结果，是谷贱伤农，使农民因负债的关系，沦落为奴隶。暴涨的结果，是民食困难，卖身成为奴隶，如：

> 汉兴，接秦之敝，诸侯并起，民失作业而大饥馑。凡米石五千，人相食，死者过半。高祖乃令民得卖子，就食蜀汉。（《汉书·食货志》）

就是例子。所以秦汉奴隶的盛大，物值的过度的贵贱，也是原因之一。

（第 18 期，1935 年 1 月 17 日，第 7 版）

魏晋间的农田水利

丹 秋

（一）水利在中国之重要性

中国的农业，因为自然条件——土质和雨量——的关系，常常须要人工灌溉，所以水利就成了农业的重要技术了。马札亚尔说："中国农村经济之重要的特征，就在于全国之决定的区域中，都必须自觉的调剂水利。"（《中国经济大纲》，据徐公达译本，下同）

> 一切黏土本身所具有的最鲜明之特色，只有在他获得充分的水量时，才能够表现。如果水分不足，则深伏地层与表面地层间的毛管运动停止，而植物之营养亦消失。（《中国农村经济的研究》，据陈代青、彭桂秋译本，下同）

> 这些地方（华南及华中。——作者）若没有人工灌溉，则农村经济便不存在，因为雨水不能充分的保证对于一般重要农作之通常发达之水分的需要。（《中国经济大纲》）

> 以土地而论，农业区分布之基础在于傍近江河湖沼；以水而论，中国的江河以其天然的及地理的条件有异常迅速的变动，依照农村经济的观点看来，调理河流以及与洪水斗争——治水——具有极大的意义，因为在中国洪水常常为害于农村经济。在调理河流及治水的工作中，中国的国家有一个很主要的公益机能。调理河流及预防洪水工程的设立，筑坝、筑堰等等都须国家自觉的去作。没有这个，便不能保证农村经济之年年丰收，甚至没有这个，统治阶级便不能保证年年的剥削。（同上）

拉狄克说：

> 居民靠着黄河、扬子江和珠江及它们的支流的河岸拥挤起来，因为据天然的条件和耕种的技术方法，他们只能在可以灌溉的地方经营他们的经济。(《中国农村经济的研究》)

陶希圣先生也说：

> 中国历代政府的基础，不在都市而在农村。历代政府的事业，不在振兴商业，而在便利农业。左右农业的最大自然力，是河流及水利。而战国时代的魏晋以降，政府对于治河塞堤，认为极大的责任。以计划和成绩说，中国的堤工，在世界河工上很占高等的地位。古书且把洪水传说加以附会，谓大禹治水怎样的劳苦，以垂训于后世帝王。(《中国社会之史的分析》)

顾炎武说："国家大计半在江南，苟不修水利则田赋不登，田赋不登则国用匮，所当亟为讲求者，莫先于水也。"(《天下郡国利病书》卷十九)这是中唐以后，江南成了中国政府财赋的泉源，水利在江南的重要性，就是在中国的重要性。钱穆先生说："中国史上经济向上的第一标准，即在农业；农业开发的第一基础，便是水利。"(《水利与水害》，《禹贡》第四卷第四期)这也是说中唐以后长江流域水利的重要。长江流域水利之所以重要，因为中国政府的基础，自黄河流域转移到长江流域了。

关于水利的重要性，我们在中国的载籍里，可以寻出许多的例子来：

> 东周欲为稻，西周不下水，东周患之。苏子谓东周君曰："臣请使西周下水，可乎？"乃往见西周之君曰："君之谋过矣！今不下水，所以富东周也。今其民皆种麦，无他种矣。君若欲害之，不若一下水，以病其所种。下水，东周必复种稻，种稻而复夺之。若是，则东周之民可令一仰西周，而受命于君矣。"西周君曰："善。"(《战国策·东周》)

贾让说：

> 盖堤防之作，近起战国，壅防百川，各以自利。(《汉书·食货(沟洫)志》)

在农民间,也有互争水源的事情发生:

> (召)信臣为民作均水约束,刻石立于田畔,以防水争。(《汉书·召信臣传》)

太康初,杜元凯在荆州修他的遗迹,激用滍、清诸水以溉田,"分疆刊石,使有定分"。《水经注》引汉大司马张仲议曰:

> 河水浊,清澄一石水,六斗泥。而民竞引河溉田,令河不通利。(《河水注》)

农民常因水而争斗,必要设立种种约束以制之,所以马札亚尔说:"在亚洲没有土地法律关系,有之,只存在有土地水利的法权关系。"(《中国农村经济的研究》)又因水利工程,非单个农民之经济力所能胜任的,乃是区域或是中央政府的事情,遂承认中国昔日的社会,是水利官僚组织的社会。而中国没有私有土地制度,也是因为这点。这虽然是不无偏见,但水利工程的重要性,也不可一概抹煞呀!

> 灌溉系统的浩大,即使是那种米的,很难以言语和图绘给出一个适当的概念。据非常谨慎的统计,中国沟渠的长度多过二〇〇〇〇〇哩。而中国、日本、高丽三国的沟渠,可靠的是长于美国铁路网的长度。(《中国农村经济的研究》)

如果这个数目字可靠的话,则中国的水利系统,也很有可观了!

(二)魏晋人对于水利的意见

自汉武帝元鼎以来,"用事者争言水利",于是水的重要性,被多数人所承认,并且信之不疑。我们看武帝的诏令:

> 农,天下之本也。泉流灌浸,所以育五谷也。……故为通沟渎,畜陂泽,所以备旱也。(《汉书·沟洫志》)

贾让的《治河策》也说:

> 通渠有三利,不通渠有三害。民常罢于救水,半失作业;水行地上,凑润上彻,民则病湿气,木皆立枯,卤不生谷;决溢有败,为鱼

鳖食：此三害也。若有渠溉，盐卤下湿，填淤加肥；故种禾麦，更为秔稻，高田五倍，下田十倍；转漕舟运之便：此三利也。(《汉书·沟洫志》)

魏晋间，以战乱的原故，"中原萧条，千里无烟"，广大的土地尽成丘墟，农产品的供给不足，故河北袁绍的军队取给桑椹，江淮袁术的军队食蒲蠃。军事集团的首领，为充实自己的军粮，竞竞焉去经营屯田，而唯一的增加谷生产量的方法，就是灌溉。傅玄说：

> 魏初课田，不务多其顷亩，但务修其功力，故白田收至十余斛，水田收数十斛。(《晋书·傅玄传》)

在这时，一班人多从事于"水的理论"的探讨。《晋书·食货志》：

> 艾以为田良水少，不足以尽地利，宜开河渠，可以大积军粮，又通漕运之道，乃著《济河论》以喻其指。

晋束皙以为农稼必须水旱调和，而灌溉就是人工调和水旱的方法：

> 当今之计，荆、扬、兖、豫，污泥之土，渠坞之宜，必多此类，最是不待天时而丰年可获者也。以其雨雪生于春甴，多稌生于决泄，不必望朝隮而黄潦臻，萦山川而霖雨息。是故两周争东西之流，史起惜漳渠之浸，明地利之重也。(《晋书·束皙传》)

傅玄上书陈便宜五事说：

> 魏初未留意于水事，先帝统百揆，分河堤为四部，并本凡五谒者，以水功至大，与农事并兴，非一人所周故也。今谒者一人之力，行天下诸水，无时得遍。伏见谒者车谊不知水势，转为他职，更选知水者代之。可分为五部，各精其方宜。(《晋书·傅玄传》)

因为这些人的提倡，陂塌一天一天的加多，几至于无处非陂，所在皆堰，于是"每有水雨，辄复横流，延及陆田"，弄得"良田变生蒲苇，人居沮泽之际，水陆俱失，放牧绝种，树木立枯"。昔日恃以为利的工具，今日反成了为害的渊薮。所以杜预答武帝问计疏说：

> 臣前见尚书胡威启宜坏陂，其言恳至。……以常理言之，无为多积无用之水，况于今者水潦瓫溢，大为灾害。臣以为与其失当，宁泻之不潴。宜发明诏，敕刺史二千石，其汉氏旧陂旧堨，及山谷私家小陂，皆当修缮以积水。其诸魏氏以来所造立，及诸因雨决溢蒲苇、马肠陂之类，皆决沥之。(《晋书·食货志》)

在这沟洫为害的时候，还要修缮旧陂及私家小陂，而不尽决沥之，可见陂堨的重要性，在当时人的心目中是怎样了。

（三）魏晋间水利官僚的组织

农田水利既形重要，而"抽水制度之创设，及预防河水泛滥之建筑的设立，水利主要的来源的创设等"，又非私家之经济力所能胜任，不得不委之于某团体或中央政府。马札亚尔说水利官僚是从社会机关的委托者，以前的社会服务者，变成社会的统治阶级之一。无论如何，中国政府把农田水利的事业，很早已看成重要的事情，水利职官很早就在官僚中占重要的位置。秦汉以前，有司空，《吕氏春秋·季春纪》："是月也，命司空曰：'时雨将降，下水上腾，循行国邑，周视原野，修利堤防，导达沟渎。'"秦汉以来，虽有其官，但已成了一种尊崇高贵的爵位，与水利无关，于是又有都水使者、河堤谒者等官之设立。

> 秦汉又有都水长丞，主陂池灌溉，保守河渠，自太常、少府及三辅等皆有其官。汉武帝以都水官多，乃置左、右使者以领之。至汉哀帝省使者官。至东汉凡都水皆罢之，并置河堤谒者。(《文献通考·职官考》)

魏晋间军事扰攘，集粮以给军需，是任何一个集团首领所亟亟的，遂自动的从事于水利系统之建筑，设立官员，以董其事。

(1) 河堤谒者　第七品

> 后汉省都水以属郡国，而置河堤谒者五人，魏因之。(《唐六典》卷二十三)

晋武帝以河堤为都水官属。江左省。

(2) 都水使者　第四品

魏时有都水使者一人。《水经注·谷水注》引《洛阳记》："太和五年,都水使者陈协,造千金堨,勒石犹存。"《册府元龟》亦言："魏有都水使者一人。"(《三国会要·职官》)

(3) 谒者

及江左省河堤谒者,置谒者六人。(《晋书·百官志》)

(4) 都水参军　第七品

汉有都水丞,后汉晋初,都水使者有参军二人,盖亦丞之职任。(《通考·职官考》)

(5) 水部郎中一人

《周礼·夏官》〔有司险,〕掌设国之五沟五涂,而达其道路,盖其职也。魏尚书有水部郎,历代或置或否。(《职官考》)

魏置水部郎中。历晋、宋、齐、后魏、北齐,并有水部郎中。(《唐六典》卷七)

(四) 魏晋间的沟洫

中国以农立国,灌溉事业起源颇早,然那时只恃泉水灌溉。《诗·公刘》："相(观)其流泉,度其隰原。"井田制度,中寓水利之意。洎李悝作"尽地利之教",蜀守李冰"凿离碓,辟沫水之害,穿二江成都之中。此渠皆可行舟,有余则用溉浸,百姓飨其利。至于所过,往往引其水益用溉田畴之渠,以亿万计,然莫足数也"。"西门豹引漳水溉邺"。郑国开郑国渠,"溉泽卤之地四万余顷"。(俱见《史记·河渠书》)中国才有大规模的水利工程。到两汉的时候,水利更形发达,成了中国农田水利的黄金时代。《汉书·沟洫志》：

自是之后,用事者争言水利。朔方、西河、河西、酒泉,皆引河及川谷以溉田。而关中灵轵、成国、湋渠引诸川,汝南、九江引淮,东海引钜定,泰山下引汶水,皆穿渠为溉田,各万余顷。它小渠及

　　　　陂山通道者，不可胜言也。

至东汉亦亟亟于农田水利事业，如马援之于金城，马棱之于广陵，何敞之于汝南，张禹之于下邳，皆孜孜于灌溉事业，民赖其利。而政府在社会稍微一安定的时候，也从事于水利系统的建筑。如安帝时，"修理西门豹所分漳水为支渠，以溉民田"，"诏三辅、河内、河东、上党、赵国、太原，各修理旧渠，通利水道，以溉公私田畴"。

魏晋承汉末衰乱之余，土地荒芜，农村没落，农产品的供给不能应付大批军队的需要。于是曹魏倡屯田之法，吴蜀和之。水利工程之重要性，乃日益增高了。

魏晋的沟渠，多因先朝之遗迹而从事开凿。杜预说：

　　　　其旧陂碣沟渠当有所补塞者，皆寻求微迹，一如汉时故事。（《晋书·食货志》）

　　　　其汉氏旧陂旧碣……皆当修缮以积水。（同上）

可见秦汉的陂碣旧迹，在魏晋时，尚有许多存留着，兹举几个实例来说：

　　　　建安十四年，曹操开芍陂屯田。（《通考·田赋考》）

　　　　（馥）为扬州刺史，兴治芍陂及茹陂、七门、吴塘诸碣，以溉稻田，官民有畜。（《魏志·刘馥传》）

《三国会要》引《华夷对境图》曰："孙叔敖所开沟引湏水为子午渠，开六门，灌田万顷。"

　　　　昔魏文侯以西门豹为邺令也，引漳以溉邺，民赖其用。其后至魏襄王，以史起为邺令，又堰漳水以灌邺田，咸成沃壤，百姓歌之。魏武王又竭漳水，回流东注，号天井堰。（《水经注·浊漳水注》）

　　　　魏武开白沟，因宿胥故渎而加其功也。（《淇水注》）

　　　　青龙元年，开成国渠，自陈仓至槐里筑临晋陂，引汧、洛溉舄卤之地三千余顷，国以充实焉。（《晋书·食货志》）

《水经注·渭水注》："渠，魏尚书左仆射卫臻征蜀所开，号成国渠。"成国渠之名，已见于《魏书·沟洫志》。如淳曰"成国，渠名，在陈仓"，则是渠为汉之旧渠矣。

千金堨旧堰谷水,魏时更修此堨,谓之千金堨。积石为堨而开沟渠五所,谓之五龙渠。……盖魏明帝修王、张故绩也。(《谷水注》引《洛阳记》)

太康元年,平吴之后,当阳侯杜元凯在荆州,修邵信臣遗迹,激用滍、淯诸水,以浸原田万余顷。(《通考·田赋考》)

孔愉为会稽内史,句章县有汉时旧陂,毁废数百年,愉自巡行,修复故堰,溉田二百余顷,皆成良业。(《册府元龟·牧守部八》)

又修广戾陵渠大堨,水灌溉蓟南北;三更种稻,边民利之。(《魏志·刘馥传》)

除因袭旧迹之外,自己也有大规模的开凿。杜预说:"臣计汉之户口,以验今之陂处,皆陆业也。"可见当时沟渎增加之多,所以后来常有水患,而有决泄陂堨的提议。今以现在的区分制,来说明沟渠之所在。

(1) 海河流域(北距长城,南抵黄河,西连太行,东临渤海)。

三国魏主丕之弟白马王曹彪,牧冀州,引滹沱河入于清漳,以溉高印之田,境内利之。(《读史方舆纪要·直隶五》)

(2) 黄河三角洲(东接泰山,西据潼关,北距太行,南边秦岭、淮水)。

曹魏初,枣祗募民屯田许下,引流以溉,得谷数百万斛。(《读史方舆纪要·河南二》)

领陈留、济阴太守,……时大旱,蝗虫起,惇乃断太寿水作陂,身自负土,率将士劝种稻,民赖其利。(《夏侯惇传》)

遏鄢、汝,造新陂,又断山溜长溪水,造小弋阳陂。(《魏志·贾逵传》)

穿广漕渠,引河入汴,溉东南诸陂,始大佃于淮北。(《晋书·宣帝纪》)

郑浑为沛郡太守,郡居下湿,水涝为患,百姓饥乏。浑于萧、相二县兴陂堨,开稻田,郡人皆以为不便。浑以为终有经久之利,遂躬帅百姓兴功,一冬皆成。比年大收,顷亩岁增,租入倍常,郡中赖

其利,刻石颂之,号曰郑陂。(《晋书·食货志》)

(3) 陕甘盆地(陇山以东,潼关以西,渭水流域之盆地)。

  魏明帝世,徐邈为凉州,土地少雨,常苦乏谷。邈广开水田,募贫民佃之,家家丰足,仓库充盈。(《晋书·食货志》)

  坚以关中水旱不时,议依郑、白故事,发其王侯以下及豪望富室僮隶三万人,开泾水上源,凿山起堤,通渠引渎,以溉舄卤之田。及春而成,百姓赖其利。(《苻坚载记》)

  皇甫隆为敦煌太守,敦煌俗不使楼犁,又不知用水。……隆到,乃教作楼犁,又教使溉灌。岁终率计,所省庸力过半,而得谷加五,西方以丰。(《晋书·食货志》)

这几区完全是黄土地带,平原千里,肥沃异常,其主要产物为高粱、麦、豆、谷、玉蜀黍等类。因雨的不充足及落雨之不规则,灌溉在农业技术上,是最主要的一个问题。

(4) 大江三角洲(北临淮水,南界钱塘)。

  白水塘,三国魏邓艾所作,与盱眙破釜塘相连,开八水门,立屯,溉田万二千顷。(《读史方舆纪要·江南五》)

  遂北临淮水,自钟离而南横石以西,尽沘水四百余里。……兼修广淮阳、百尺二渠,上引河流,下通淮、颍,大治诸陂于颍南、颍北,穿渠三百余里,溉田三(二)万顷。(《晋书·食货志》)

(5) 大湖区域(北抵秦岭,南抵五岭)。

  曹公遣朱光为庐江太守,屯皖,大开稻田。(《吴志·吕蒙传》)

  东晋张闿为晋陵内史,时所部四县并以旱失田,闿乃立曲阿新丰塘,溉田八百余顷,每岁丰稔。(《通典·食货志》)

这两区的重要农产品是米,米在其成熟时期,需要多量的水,而雨水却不能充分的保证对于农作物之水的供给,所以水利在这区里,起着很大的作用。

总观以上的例子,按当时的版图看来,几乎没有一处没有沟洫,其水利工程之盛,可想见了。

（五）余　　言

　　魏晋间沟渠陂堨之多,已如上述,其水利系统建筑之工程,也有伟大惊人的成绩。张闿立曲阿新丰塘,用二十一万一千四百二十工(《册府元龟·牧守八》)。刘靖造戾陵堨,开车箱渠,立遏高一丈。东西长三十丈,南北广七十余步。依北岸立水门,门广四丈,立水十丈。至晋元康间,洪水暴出,渠堨损坏,乃命司马关内侯逢恽,内外将士二千人,起长岸,立石渠,修立堨,治水门,门广四丈,立水五尺,凡用工四万有余(《鲍丘水注》)。晋武帝时,增高千金堨于旧一丈四尺,更开二堨二渠,合用二十三万五千六百九十八工,以太始七年十月二十三日起,至八年四月二十日毕(《谷水注》)。工程的浩大,实在可惊了。马札亚尔说："远东的农村经济,必须建造偌大的灌溉建筑和广大的排水制度。这就是说,必在地土上放下许多资本,必须在地土上花费许多时间,如实建筑排泄沟、灌溉渠、分水界等等。"(《中国农村经济的研究》)他这个结论,或者是因为见到了中国历史上有这样的事实,才引伸出来的吧?

二月二十三日

北魏均田与庄园制

杨效曾

一、小　　引

北魏均田,在中国社会史的发展上有重大的意义。

中国社会史的发展,自周至鸦片战争这一长的阶段中,其生产方法没有大的变革,没有突破封建生产方式的圈子。不过,在北魏以前多使用奴隶劳动,隋唐以来则为农奴劳动。即:前者是封建的奴隶制,后者是封建的农奴制而已。

我们知道,社会的发展,不只有向前的进化的现象,而且有后退的衰落的现象。以此,封建社会有两种形态。由原始社会发展出来的封建社会,多使用奴隶,库斯聂称之为首要的封建社会;而由游牧种族征服农业社会建立的封建制下,则多使用农奴,库斯聂称之为次要的封建社会。中国社会的发展,我们认为,由周至魏晋为首要的封建社会,元魏以后至鸦片战争为次要的封建社会。这两种封建社会,其内容自然有一些差异,但大体说来,在它发展之一定的阶段上是相同的,犹之西洋的封建农奴制与古代的奴隶制,其实质是一样的,并无所异。

因为这两种不同形态的封建制在其发展之一定的阶段上是相同的,从而,有各种相似的现象。如前人每以秦隋、汉唐、晋宋等朝代相比拟,已可意味其相似的理由,而《文献通考》中有一段话,更可显示出来:

> 水心叶氏曰:"自古天下之田无不在官,民未尝得私有之。……唐却容他自迁徙,并得自卖所分之田。方授田之初,其制已不可久,又许之自卖,民始有契约文书,而得以私相卖易。……

要知田制所以坏,乃是唐世使民得自卖其田始。……民得自有其田而公卖之,天下纷纷,遂相兼并。"

水心言唐方使民得立券自卖其田,而田遂为私田,此语恐未深考。如萧何买民田自污;贡禹有田一百五十亩,被召之日,卖其百亩,以供车马。则自汉以来,民得自〔买〕卖田土矣。(卷二《田赋考》)

田地买卖,一始于秦开阡陌之后,一起于唐许自卖所分之田,正是发展到相同的阶段上的相同现象。其他如生产量的发展(见拙稿《中国历代生产量概略》)、商业的发达等都可看出相同的情形来。

那么,隋唐以来中国社会史的发展,我们不能不由北朝的均田来把握;而且,不应囿于前人的成见,以南朝为正统,倒应当把南朝,和三国时的蜀吴,五代时的南唐闽越一样,放在不重要的地位的。要把握隋唐社会发展的来原,必须追溯到北朝,尤其元魏建国的历史条件及其发展过程的。本文即拟将北魏均田制的形成及其与庄园制的关系加以考察,惟学力有限,错误难免,盼有识学者,不吝教正为幸。

二、北魏均田的预备条件

北魏实行均田制的社会背景,可由两方面来看,一是魏晋以来中原的预备条件,一是元魏自身发展的条件。关于魏晋以来中原的情形,何兹全先生的《魏晋时期庄园经济的雏形》(见《食货》第一期)及武仙卿先生的《魏晋时期社会经济的转变》(见《食货》第二期)中,已有正确的叙述,"可以看出魏晋时中原地方社会经济发展的几个趋势":

(一) 大族兴起,土地集中大族手里。
(二) 自由民衰落,丧失土地而降为部曲、佃客、半自由的农奴。
(三) 交换经济破坏,自然经济占优势,庄园生产渐具雏形。(何兹全《魏晋时期庄园经济的雏形》)

在这儿,无庸再赘,我们且考察北魏自身发展的条件罢。北魏之先,和其他种族的情形一样,为游牧部落:

畜牧迁徙,射猎为业,纯朴为俗,简易为化,不为文字,刻木纪契而已。(《魏书·帝纪》)

西晋末年,由于自身的进化及汉人的教导,元魏游牧社会的组织渐趋崩溃。其崩溃的表现,由下引记载可以看出来:

(穆皇帝)八年,晋愍帝进帝为代王,置官属。……先是,国俗宽简,民未知禁。至是,明刑峻法,诸部民多违命得罪,凡后期者皆举部戮之。(《魏书·帝纪》)

部民习于宽简的国俗,在从游牧部落趋向于封建社会的变革过程中,自然会发生新旧的争执。穆帝要"明刑峻法"以实现新社会,在旧势力雄厚的情形之下,必然要引起强烈的反对,所以次年穆帝便为六修所败了(见《帝纪》)。但旧势力不能遏止社会进化的趋势,什翼犍立,卒完成了定居的生活。什翼犍初立的时候,旧势力甚大:

昭成(什翼犍)初欲定都于灅源川,筑城郭,起宫室,议不决。后闻之,曰:"国自上世,迁徙为业。事难之后,基业未固。若城郭而居,一旦寇来,难卒移动。"乃止。(《魏书·平文皇后传》)

《帝纪》谓:"朝诸大人于参合陂,议欲定都灅源川,连日不决,乃从太后计而止。"平文皇后是经过穆帝改革之难的,看到这种"连日不决"的大争论,恐事不成,故以"事难之后,基业未固"为劝,什翼犍亦以初立,旧势力甚大,因而中止罢。但什翼犍是个有能力有识见的政治家,他的"止"乃是"计",并非为旧派反对下去,他于基业稍固,在此事后二年,卒完成其定都的计划:

四年……筑盛乐城于故城南八里。(《魏书·帝纪》)

北魏自什翼犍完成定居的生活,战胜攻取,建立起王室的组织,就粗具了封建社会的规模。史称:

昭成以雄杰之姿,包君子之量,征伐四克,咸被荒遐。乃立号改都,恢隆大业。终于百六十载,光宅区中。其原固有由。(《魏书·帝纪》)

实乃确论。什翼犍之于北魏,犹太王之于周,其建立封建社会的根基是有同样的意义的。什翼犍后,道武帝继立,即"息众课农",国基更固。太武帝继之,平定北方,侵入中原,自身孕育的条件遂完全具备,不得不建立封建的庄园制了。

北魏之由原始社会转向封建社会,所谓汉化,固为其自身发展的必然过程,而中原人士之教导,则为促其变革迅速的重要因素。我们翻开《魏书》,可以看到一些教导他们的中原人士,如:

> 卫操……后与从子雄及其宗室乡亲姬澹等十余人,同来归国,说桓、穆二帝招纳晋人,于是晋人附者稍众。桓帝嘉之,以为辅相,任以国事。……始操所与宗室乡亲入国者:卫勤,安乐亭侯;卫崇、卫清,并都亭侯;卫泥、段繁,并信义将军、都亭侯;王发,建武将军、都亭侯;范班,折冲将军、广武亭侯;贾庆,建武将军、上洛亭侯;贾循,都亭侯;李壹,关中侯;郭乳,关内侯。皆为桓帝所表授。(《魏书》本传)
>
> 含甚为穆帝所重,常参军国大谋。(《莫含传》)
>
> 穆崇,代人也,先世效节于神元、桓、穆之时。(《穆崇传》)
>
> 昭成与语,大悦,待以宾礼。后拜代王左长史,参决国事。又以经授献明帝。……太宗世,与崔玄伯、封懿、梁越等入讲经传,出议朝政。(《燕凤传》)
>
> 崔玄伯……与张衮对总机要,草创制度……命有司制官爵,撰朝仪,协音乐,定律令,申科禁,玄伯总而裁之,以为永式。……太祖常引问古今旧事、王者制度、治世之则。玄伯陈古人制作之体,及明君贤臣,往代兴废之由,甚合上意。(《崔玄伯传》)

这可见北魏的汉化,中土人士的教导和促进的力量是很大的。因为北魏自身的进化,原来的组织不合用了,而本族人又不明治术,不能不借助于中土人士,所以:

> 帝初拓中原,留心慰纳。诸士大夫诣军门者,无少长,皆引入赐见,存问周悉,人得自尽。苟有微能,咸蒙叙用。(《太祖纪》)
>
> 初建台省,置百官,封公侯、将军、刺史、太守,尚书郎以下悉用文人。(同上)

在汉人教导之下,北魏草创了政治组织。北魏所以能接受这些"制作",是因为其自身发展的条件已经具备了。北魏自昭成定都,道武课农,社会内部起了阶级的分化,即有了贵族和奴隶。军事的胜利,掠获到许多的俘虏,这些俘虏,就分给从戎的将士:

> 北征库莫奚。六月,大破之,获其四部杂畜十余万,渡弱落水,班赏将士各有差。(《太祖纪》)

> 北征蠕蠕,追之,及于大碛南床山下,大破之,班赐从臣各有差。(同上)

> 骠骑大将军、卫王仪督三万骑别从西北绝漠千余里,破其遗迸七部,获二万余口,马五万余匹……班赐从臣各有差。(同上)

> 赐征还将士牛、马、奴婢各有差。(《太宗纪》)

> 车驾至自西伐,赐留台文武生口、缯帛、马牛各有差。(《世祖纪》)

> 以(赫连)昌宫人及生口、金银、珍玩、布帛班赉将士各有差。(同上)

> 是日,诸将乘胜进军,遂取安定。……簿其生口、财畜,班赐将士各有差。(同上)

> 使弋阳公元洁守酒泉。镇北将军封沓讨乐都,掠数千家而还,班赐将士各有差。(同上)

从戎将士得到这些俘虏,就用以耕田。这,由高欢的话可以证明:

> 欢每号令军士,常令丞相属代郡张华原宣旨。其语鲜卑则曰:"汉民是汝奴,夫为汝耕,妇为汝织,输汝粟帛,令汝温饱,汝何为陵之?"其语华人则曰:"鲜卑是汝作客,得汝一斛粟、一匹绢,为汝击贼,令汝安宁,汝何为疾之?"(《资治通鉴》卷一五七,大同三年)

不惟此也,我们由魏之诸王有多量的粟,与此一对照,亦可以推证出来。魏之诸王都有食邑且有多量的粟,如河南王平原:

> 时岁谷不登,齐民饥馑,平原以私米三千余斛为粥,以全民命。北州戍卒一千余人,还者皆给路粮。

魏初封王甚滥(参看《二十二史札记》),一王有如此多的私米,则每王皆

为大地主,有许多耕地的奴隶,可以想见了。而史实也正这样告诉我们:

> 敞妻李氏,以公主之甥,自随奴婢田宅二百余口得免。(《崔玄伯传》)

> 羽健,登国初为领民酋长……诏割方三百里封之,长为世业。(《尔朱荣传》)

李氏有自随田宅奴婢,羽健受封方三百里,北魏的从龙将士皆成为大地主,不是明显的事吗? 不惟鲜卑人成了地主,汉人仕魏亦有成为富家翁者:

> 我家入魏之始,即为上客,给田宅,赐奴婢、马牛羊,遂成富室。(《杨椿传》)

这可见北魏到了侵入中原的时候,原始的村落公社的组织已完全崩溃,随着军事的胜利,发生了类似中原固有的大地主,大族的"虏姓"——元、长孙、宇文、于、陆、源、窦(见《新唐书·柳冲传》)——出现了。

中原的大姓和元魏的贵族,隐蔽了许多自由民,这样,国家财政上便受很大的损失。于是,整理户籍、开辟荒芜就成为整顿财政的必要的方策了。均田制就是在这样的背景之下实行的。

三、均田制概略

北魏均田,不是始于孝文帝,在孝文帝以前,曾有过局部的施行:

> 天兴元年(公元三九八年)……二月……诏:给内徙新民耕牛,计口受田。(《太祖纪》)

> 永兴五年(公元四一三年)……八月……置新民于大宁川,给农器,计口受田。(《太宗纪》)

所谓新民,是新征服地的降民,这些人的身份,是居于奴隶的地位。迁之异地,给以耕牛农器,"计口受田",不惟消极的可以防止叛变,而且主要的还可征收租税。这样,这些新民便成了国家的农奴,犹之从龙之徒得到"生口"即用以耕田是一样的。所不同者,一属私人,一属王室而

已。这些农奴式的新民受田多少,纳租若干,无考。但由太和元年的例:

> 其敕在所督课田农,有牛者加勤于常岁,无牛者倍庸于余年。一夫治田四十亩,中男十亩。无令人有余力,地有遗利。(《高祖纪》)

推之,也许每人四十亩罢。

大概这种受田法施行得有相当的效果,而当时许多大族(中原形成的及元魏自身发展出来的)又"多有占夺",以致人民"困饥流散"。因之,李安世一疏,就开示了均田制的施行:

> 臣闻量地画野,经国大式;邑地相参,致治之本。井税之兴,其来日久;田莱之数,制之以限。盖欲使土不旷功,人罔游力。雄擅之家,不独膏腴之美;单陋之夫,亦有顷亩之分。……窃见州郡之民,或因年俭流移,弃卖田宅,漂居异乡,事涉数世。三长既立,始返旧墟。……事已历远,易生假冒。强宗豪族,肆其侵凌。……良畴委而不开,柔桑枯而不采。……愚谓今虽桑井难复,宜更均量,审其径术,令分艺有准,力业相称,细民获资生之利,豪右靡余地之盈。(《李安世传》)

安世此疏,史称"高祖深纳之,均田之制起于此矣"。太和九年(公元四八五年)十月丁未下诏曰:

> 爰暨季叶,斯道陵替。富强者并兼山泽,贫弱者绝望一廛,致令地有遗利,民无余财。……今遣使者循行州郡,与牧守均给天下之田,还受以生死为断,劝课农桑,兴富民之本。(《高祖纪》)

其均田之制,据《食货志》是:

(一)露田 "诸男夫十五以上受露田四十亩;奴婢依良。丁牛一头,受田三十亩,限四牛。所授之田率倍之,三易之田再倍之,以供耕作及还受之盈缩。"

(二)桑田 "诸初受田者,(案:桑田不还,如非初受,则不给,故云初受田。)男夫一人给田二十亩。课莳余,种桑五十树,枣五株,榆三根。非桑之土,夫给一亩,依法种莳榆、枣。奴婢依良。"

（三）麻田　"诸麻布之土,男夫及课,别给麻田十亩,妇人五亩;奴婢依良。皆从还受之法。"

（四）宅地　"诸民有新居者,三口给地一亩,以为居室,奴婢五口给一亩。"

（五）职田　"诸宰民之官,各随地给公田,刺史十五顷,太守十顷,治中、别驾各八顷,县令、郡丞六顷。更代相付。卖者坐如律。"

露田是"还受"的,"民年及课则受田,老免及身没则还田"。"桑田皆为世业田,身终不还,恒从见口。有盈者无受无还,不足者受种如法。盈者得卖其盈,不足者得买所不足。不得卖其分,亦不得买过所足。"在桑田内须"种桑五十树,枣五株,榆三根","限三年种毕,不毕,夺其不毕之地",作为"还受"田,所谓"地入还分"。但"杂莳余果及多种桑榆者不禁"。至应还之田——露田及麻田,则"不得种莳桑榆枣果"。桑田算入倍给的田数之内,若桑田数多于倍田,没后还田,不得以桑田充露田之数;若桑田不足倍田之数,则以露田充倍田。（原文为:"通入倍田分。于分虽盈,没则还田,不得以充露田之数,不足者以露田充倍。"）奴婢、牛受田,则"随有无以还受"。

"诸还受民田,恒以正月。若始受田而身亡,及卖买奴婢、牛者,皆至明年正月乃得还受。诸土旷民稀之处,随力所及,官借民种莳。役有土居者,依法封授。诸地狭之处,有进丁受田而不乐迁者,则以其家桑田为正田分。又不足,不给倍田。又不足,家内人别减分。无桑之乡,准此为法。乐迁者听逐空荒,不限异州他郡,惟不听避劳就逸。其地足之处,不得无故而移。"

以上是《魏书·食货志》告诉我们的均田制概略。

均田制的施行,目的在增加国家财政上的收入。这不惟由李安世说的"使土不旷功,人罔游力",及孝文帝诏中"地有遗利,民无余财"的话可以窥知其消息,而奴婢、牛得以受田,因以课收租税,更可显示出来:

其民调,一夫一妇帛一匹粟二石。民年十五年以上未娶者,四人出一夫一妇之调。奴任耕,婢任织者,（案:当为受田之奴婢。）八口当未娶者四。耕牛二十头当奴婢八。其麻布之乡,一夫一妇

布一匹,下至牛,以此为降。(《魏书·食货志》)

奴婢八口,耕牛二十头,课帛一匹(或布一匹)粟二石,均田目的在税收,不是昭然若揭的事吗?

四、均田后的概况

由《魏书·食货志》所载的均田制中,有下述两点我们应该加以注意:

(1)均田不是夺富者之田以授无田之人,所均之田,乃是荒闲无主的土地。关于这,夹漈郑氏说得很好:

> 或谓井田之废〔已久〕,骤行均田,夺有余以予不足,必致烦扰,以兴怨讟,不知后魏何以能行?然观其立法,所受者露田,诸桑田不在还受之限。意桑田必是人户世业,是以栽植桑榆其上;而露田不栽树,则似所种者皆荒闲无主之田。又诸远流配谪〔无子孙〕及户绝者,墟宅、桑榆尽为公田,以供授受。则固非夺富者之田,以予贫人也。又令:有盈者无受不还,不足者受种如法;盈者得卖其盈,不足者得买所不足;不得卖其分,亦不得买过所足。是令其从便买卖,以合均给之数,则又非强夺之以为公田,而授无田之人。(《通考》卷二)

(2)奴婢依良受田,且无限制。奴婢所受之田,无疑的归于奴婢所有者。奴婢所有者完全取得奴婢的生产物而纳租甚轻,八口才出一夫一妇的租税,即只纳自由民的八分之一的租税。这样,奴婢所有者的奴婢越多,利益越大。又丁牛一头受田三十亩,虽限四头,而所纳租税尤轻,二十头出一夫一妇之租,即六百亩才出一夫一妇之租,于有牛之家更为有利。因此,可见均田制的施行,不惟不是夺"有余以予不足",而且使大族更得到兼并的法律根据了。下引的话,可以看出这种情形来:

> 广占者,依令,奴婢请田亦与良人相似。以无田之良口,比有地之奴、牛。宋世良天保(案:为北齐文宣帝年号。)中献书,请以

富家牛地先给贫人,其时朝列,称其合理。(《通典》卷二)

大族不惟"依令奴婢请田",先于贫人,而且"专擅腴美":

景明(公元五〇〇—五〇三)以来,北蕃连年灾旱,高原陆野,不任营殖,惟有水田,少可菑亩。然主将参僚,专擅腴美,瘠土荒畴给百姓,因此困敝,日月滋甚。诸镇水田,请依地令给细民,先贫后富。(《魏书·源贺传》"怀"条)

可见均田后大族之仗势专擅了。

均田制的施行,于大族有利,《中国中古时期的田赋制度》的作者刘道元君也曾说过。他以为:

(一)人口减少,据坞自守的大族受魏优待,不惟旧的财产可以维持,且得新财产以提高身分。

(二)由于财产身分提高,取得社会地位,"一宗近将万室,灯火连接,比屋而居",足证大族土地是集中的存在着。

(三)由社会地位,形成政治的地位,一姓世世执政,自然是维护其本阶级的利益。

(四)大族不仅有财势,且历若干朝不衰,更是大族土地不被分配的铁证。(见该书页九九至一〇三)

刘君的意见是不错的,魏均田后大族有很大的田园和势力,如:

臣居关右,代袭簪裘。周魏以来,基业不堕。行成等新营庄宅,尚少田园,于臣有余,乞申私让。(《旧唐书》卷七十八)

侯景之乱,河南侯氏几为大患,有同刘元海、石勒之众也。(《通典》卷三引《关东风俗传》)

初,河南太守赵郡李显甫喜豪侠,集诸李数千家于殷州西山,方五六十里居之。……家素富,〔多〕出贷求利。(《通鉴纪事本末》卷二十二《元魏之乱》)

但刘君的论点,似只关于中原固有的大族,于元魏自身发展出来的"虏姓",则没有涉及。"虏姓",元魏的大族,模仿着中原大族的形式,处于更有利的地位而发展起来:

> 恭宗末年,颇亲近左右,营立田园,以取其利。(《魏书·高允传》)

复次,由元魏贵族的豪富,亦可以看出:

> 父新兴,太和中,继为酋长。家世豪擅,财货丰赢。……牛羊驼马,谷量而已,朝廷每有征讨,辄献私马,兼备资粮,助裨军用,高祖嘉之。(同上,《尔朱荣传》)

又如前引平原私米之多,亦可证明此种情形。元魏贵族,在洛阳都有田宅:

> 世宗颇惑左右之言,外人遂有还北之问,乃至牓卖田宅,不安其居。(《魏书·常山王遵传》"晖"条)

高洋在篡东魏之后:

> 封魏帝为中山王,食邑万户。……封王诸子为县公,邑一千户;奉绢万匹,钱千万,粟二万石,奴婢二百人,水碾一具,田百顷,园一所。(《北齐书·文宣纪》)

就是因为当时田园盛行而封的罢。

由于上述,可以窥知均田施行后,不惟没有抑制豪强,而且大族更得发展的护符。因此,"广占者,依令,奴婢请田",贫人反不如富家的奴牛了。从而,至北齐遂不得不规定受田奴婢的限制:

> 奴婢受田者,亲王止三百人;嗣王止二百人;第二品嗣王以下及庶姓王,止一百五十人;正三品以上及王宗,止一百人;七品以上,限止八十人;八品以下至庶人,限止六十人。(《隋书·食货志》)

不过,限制虽然限制,而兼并仍是不止。即使依法受田,最低犹可多受六十人之田数,而况"周齐分据,暴君慢吏,赋重役勤,人不堪命"呢。人民自然要"多依豪室"了。可是,在交换经济不大发达的情形之下,兼并的进行是有限度的,激烈的兼并,则须在交换经济发达之后。所以,马端临说:

> 直至魏孝文帝始行均田，然其立法之大概，亦不过因田之在民者而均之，不能尽如三代之制。一传而后，政已圮乱，周齐隋因，得失无大相远。唐太宗口分世业之制，亦多踵后魏之法，且听其买卖而为之限，至永徽而后，则兼并如故矣。(《通考》卷一)

盖北魏均田之制，虽未能切实施行，而由均田制所完成之自给自足的庄园制，则至永徽后始因交换经济的发展，走上了以交换为生产目的的庄园经济的路。

五、均田制与庄园制

庄园是自足自给的生产共同体，在庄园之内，简括说来，是领主和农奴的对立。领主的宅第（周围置有墙壁，即中古之坞或曰堡垒），位于庄园的中央，耕作领主土地的农奴，则在领主宅第的附近，一团团的住着，这叫做村落。

北魏侵入中原，和日耳曼征服罗马之后一样，模仿着被征服者的式样而置田园。均田制和三长制实行之后，也和日耳曼在罗马的废墟上建立起中古封建制一样，在中国史上完成了中古时代的庄园制。

魏晋以来形成的大族的坞或堡垒，就是庄园的雏形。大族之下，有依附许多的奴客，这些奴客，为大族服事劳作，居住于大族宅第的附近。在均田制未实行之前，耕种大族土地的虽有佃客，但大半为奴隶，可以自由处置。至均田施行后则不然，奴婢得依良受田，虽仍属于领主，却不和以前那样的由领主自由处置，而是束缚于所受的土地之上了。就是说，奴婢因为受田，由奴隶转化为农奴，均田以前的奴隶和均田以后的奴隶的性质不同了。北魏均田，虽没有意识到要变革劳动关系，却实在完成了奴隶劳动制向农奴劳动制的转化。

关于均田后的庄园组织，因为史料的缺乏，不能详考。但由残缺的材料中，我们也可推测出个大概来。

大族，即庄园领主，是一个独立共同体，自足自给，有广丽的宅第。在宅第的附近，居住着为他们服从耕作的部曲、佃客和农奴。这，由下引诸例，可以窥知其消息：

> 后从荣(尔朱荣)据并州,抵扬州邑人庞苍鹰,止团焦中。……苍鹰母求为义子。及得志,以其(指庞苍鹰)宅为第,号为南宅。虽门巷开广,堂宇崇丽,其本所住团焦,以石垩涂之,留而不毁。(《北齐书·神武纪上》)
>
> 初,河南太守赵郡李显甫喜豪侠,集诸李数千家于殷州西山,方五六十里居之。……家素富,多出贷求利。(《通鉴纪事本末》"元魏之乱"条)
>
> 瀛、冀诸刘,清河张、宋,并州王氏,濮阳侯族,诸如此辈,一宗将近万室,烟火连接,比屋而居。(《通典》卷三引《关东风俗传》)
>
> (高昂)乃请还本乡,招集部曲。……昂自领乡人部曲王桃汤、东方老、呼延族等三千人。(《北齐书·高昂传》)

由庞苍鹰的宅可以窥知大族宅第的广丽,李显甫家的"出贷求利",及高昂的乡人部曲之多,可以看出围绕着大族而居的部曲及佃农之多。又前引高欢对汉人的说话,可证佃农与领主的义务和关系;而"一宗将近万室,烟火连接,比屋而居",更可使我们想像到共同体的庞大来。

因为要求共同体秩序的维持,有所谓三长制的建立。三长制的施行,据《魏书·食货志》是太和十年,在均田之后。但李安世疏中有"三长既立"的话,有人说是在均田之前。这两种说法,都是"持之有故"。在我个人的意思,则赞成后说,《食货志》大概是误载了。我的理由是:

(一)若立三长在太和十年,则在均田以前的李安世的疏中,不应有"三长既立"的话。而且,以错误可能性的大小来推断,亦绝对的应以魏收所记为误的。

(二)魏之所以行均田,立三长,其目的不外在整理财政。当时整理财政的方策,第一是清理户籍,以出"荫附之众"。但荫附者附籍,须有所业,不然,即附籍仍复游食。大概因徒立三长,民无所业,无益于税收,故李安世云:"三长既立,始返旧墟。……强宗豪族,肆其侵凌。……良畴委而不开,柔桑枯而不采。……宜更均量,审其径术,令分艺有准,力业相称,细民获资生之利,豪右靡余地之盈。"因此遂开均田之局的。由整理财政次第上说,亦应立三长在前。

不过,立三长与行均田的先后问题,并非重要的所在,主要的则在二者是相辅而行的。不行均田，虽立三长亦不能出"荫附之众"；不立三长，虽行均田而国家户籍亦无从清理，因以确定税则的。立三长与行均田，在北魏整理财政的观点上看来，原是二而一的。

所谓立三长，是：

> 五家立一邻长，五邻立一里长，五里立一党长，长取乡人勤谨者。邻长复一夫，里长二，党长三。所复复征役，余若民。(《魏书·食货志》)

三长制的设立，使村落组织完成了共同体的秩序，在法律上有了维持的根据。这种组织，在周唐虽有所改革，但亦不过加以修正，其根基则在此时建立起来。

总之，均田制将奴隶转化为农奴，而三长制则确立了庄园制度的秩序，北魏所以奠定了中古时代的封建农奴制，就是因为实行了均田制和三长制的缘故。虽然当时只是在整理财政的观点来实行的，没有意识到这些，但其结果都是如此，我们不能不承认的。

六、结　语

由前述，可得归结如下：

（一）魏晋以来形成的大族及元魏自身发展出来的贵族，预备了均田制施行的条件。

（二）均田制和三长制在当时虽只为增加财政上的收入而施行，但其结果，则将奴隶转化为农奴，坞堡庄园组织化了，完成了中国中古时代的封建庄园制。直至唐中叶以后，始因交换经济的发达而发展为农奴经济。

（第28—30期，1935年3月28日—1935年4月11日，第7版）

唐代的商税

傅安华

中唐以后,社会上有两种可注意的现象。第一是大战之后农村残破,土地人口都集中,大的庄园日益普遍,而政府的田赋收入,却因之大减。第二是都市间商业的繁盛。开元天宝以来,中农小农纷纷破产,而贵族与地主却日益繁富。他们这些剩余财富,大都以投资或消费的方式流入都市商业上。中间虽经过安史之乱,但战乱的影响并未直接及于商业最发达的江淮都市。所以在战后不久,南北的商业可都走上繁荣的道路。这两种现象便是唐代商税发达的背景。

中唐以前的政府,主要的是以田赋来维持,中唐以后,因为田赋收入减少,政府的财政则以茶盐商税作基础。所以商税之发生虽然在中唐以前,但商税之发达以及为政府所注意,则是中唐以后的事。

一、商 税 一 般

商税依其性质可分三种:一是住税,即是对商店商人所征的税;二是过税,即是通过关卡时所征的税;三是交易税,即在交易时所征的税。

住税之最初的萌芽,是在肃宗时代。当时因为田赋收入甚少,而军用浩繁,政府不得已乃派遣专员到各大都市向商人征税。如杜佑谓:

> 自天宝末年,盗贼奔突,克复之后,府库一空。又所在屯师,用度不足,于是遣御史康云间出江淮,陶锐往蜀汉,豪商富户皆籍其家资,所有财货畜产或五分纳一,谓之率贷,所收巨万计。盖权时之宜。其后诸道节度使、观察使多〔率〕税商贾,以充军资杂用。

(《通典》卷十一)

这虽然是"权时之宜",但后来各道及中央政府的商税,都是由此次征商引导出来的。德宗建中元年杨炎整理税法时便正式规定:

> 为行商者所在州县税三十之一。(《资治通鉴》卷二二六)

次年又加修正,增加税额为什一:

> (建中二年)五月,丙寅,以军兴,增商税为什一。(同前书)

此后,对于商税,屡有增加。如建中三年,税钱中每贯增加二百文:

> 淮南节度使陈少游奏,本道税钱每千请加二百。(原注:税钱谓田税及商税也。)五月,丙戌,诏增诸道税钱,皆如淮南。(同前书)

至武宗会昌四年,又增为十分之二:

> 王协请税商人,每州遣军将一人主之,名为税商,实借编户家资,至于什器无所遗,皆估为绢匹,十分取二,率高其估。民竭浮财及糗粮输之,不能充,皆悒悒不安。(同前书,卷二四八)

住税是两税法的一部分,与普通民户的两税性质相同,都是以资产为标准。所以不同的,即在征收的方式:商税是依比例,两税是依等第。

过税,在武后长安二年,曾有人提议施行,后因崔融等反对,未果。其后,肃宗上元时曾于江淮一带征过税,如杜佑说:

> 上元中,敕江淮堰塘,商旅牵船过处,准斛纳钱,谓之埭程。

至德宗建中三年,政府始正式制定过税税法:

> (赵)赞乃于诸道津要,置吏税商货,每贯二十文,竹木茶漆皆什一税一,以充常平之本。(《旧唐书·德宗本纪》)

凡内地交通,货物通过关卡均须纳税,如河东道蒲坂关:

> 蒲坂关,一名蒲津关。……今造舟为梁,其制甚盛。每岁征竹索价,谓之桥脚钱,数至二万,亦关河之巨防焉。(《元和郡县图志》卷十二)

"关征船算"在各交通方面的地方均有之。如汴州：

> 公自为宰相时，已熟四方之利病。凡所庆止，参然前知。既视事三日，挹群吏与之言曰："……凡关征船算，夺时专利者悉更之，一遵乎诏条。"（《刘梦得文集》卷二六《汴州刺史厅壁》）

这种税额，政府核察困难，所以地方官多私行吞没。如《旧唐书》卷一〇五《宇文融传》：

> 司农少卿蒋岑举〔奏〕融在汴州回造船脚，隐没巨万。

在沿海各国际贸易都市，对于外商的船舶，亦征过税，如：

> 番舶之至〔泊〕步，有下碇之税。（《昌黎文集·唐正议大夫尚书左丞孔公墓志铭》）

中唐以后，藩镇强大，各节度使于境内任意设立关卡，税经过商人，如裴休谓：

> 诸道节度使、观察使置店停上茶商，每斤收拓地钱，并税经过商人。（《全唐文》卷七四三《请革横税私贩奏》）

这种事例很多，如肃宗时淮西节度使李忠臣：

> 时淮西节度使李忠臣贪暴不奉法，设防戍以税商贾。（《旧唐书》卷一五五《穆宁传》）

又如宪〔宗〕时代的武宁节度使王智兴：

> 自是智兴务积财贿，以赂权势，贾其声誉，用度不足，税泗口以裒益之。（《旧唐书》卷一五六《王智兴传》）

泗口是江淮重要的交通要路。各节度使之征商税，事实上同掠夺差不多。如王智兴税"商旅资货，率十取七八"。

此种过税，与后日的厘金相似，但在征收上并不如厘金那样单纯。若以之与十七世纪法国各诸侯封地内所征收的 Aide 相比，便更相似了。

交易税，晋南渡后始有，其后历宋齐梁陈四朝均遵为定制。隋及唐初或仍然部分的沿袭着，但在史料上并未见到证据。唐代史籍关于交

易税最早的纪载是在玄宗天宝九年,当时名为除陌钱。如《唐会要》卷六六"太府寺"条:

> 天宝九载二月十四日敕:"除陌钱每贯二十文。"

德宗时,政府因财政困难,乃将除陌钱增为每贯五十文。如《旧唐书·食货志》谓:

> 除陌法,天下公私给与货易,率一贯旧算二十,益加算为五十。给与他物或两换者,约钱为率算之。市牙各给印纸,人有买卖,随自署记,翌日合算之。有自贸易不用市牙者,验其私簿,无私簿者,投状自集。其有隐钱百者没入,二千杖六十,告者赏十千。

在扬州的交易税,并没有"除陌钱"的名称,或是一向仍南朝之旧:

> 扬府旧有货曲之利,资产奴婢交易者皆有贯率,羊有口算,每岁收利以给用。

征收百分之五十的除陌钱,深为当时人民所不满,与"税间架"同为当时著名的苛政。

二、商税的征收机关

商税的征收,初无大规模的机关,政府直辖地方的商税,则由政府派官吏常驻征收,其机关即称"场"。如《文献通考》卷一四:

> 文宗太和七年御史台奏:"太和三年敕文,天下除两税外,不得妄有科配,其擅加杂榷率,一切宜停,令御史台严加察访者。臣伏以方今天下无事,圣政日跻,务去烦苛,与民休息。臣昨因岭南道擅置竹练场,税法至重,害人颇深。"

同书又谓:

> 开成二年十二月武宁军节度使薛元赏奏:"泗口税场,应是经过衣冠商客金银、羊马、斛斗、见钱、茶盐、绫绢等,一物以上并税。"

"场"在当时是各种征税机关一种通称,如盐法中亦有榷场。它在各种征税机关中是代表规模最小的,比"监""院"等机关的组织都简单。但为时颇久,在各交通要路的税场,因为事实的需要,组织也并不十分单纯。如《全唐文》卷七三六沈亚之《淮南都梁山仓记》:

> 汴水别河而东,合于淮。淮水东,米帛之输关中者也,由此会入。其所交贩往来,大贾豪商,故物多游利,盐铁之臣,亦署致其间。因择官分曹,以榷庶货。

由"择官分曹"一语看来,当地场的组织也并不十分简单。

商税征收机关,由政府直接设置,统属于户部判度支,官吏也是他派遣。如《唐会要》卷八四:

> 建中元年九月,户部侍郎赵赞请置常平轻重本钱。从之。赞于是条奏诸道津要都会之所,皆置吏,阅商人财货,计钱每贯税二十文。

自德宗贞元以后,户部判度支与盐铁使多由一人兼顾,所以在前引沈之文章中便说到:"盐铁之臣,亦署致其间。"事实上仍同建中时代一样。

此外,各地藩镇的私征商税,多没有正式的机关,大都以军事机关代办。如前引《旧唐书·穆宁传》纪载:淮西节度使李忠臣"设防戍以税商贾"。又如《资治通鉴》卷二四八会昌四年:

> 王协请税商人,每州遣军将一人主之。

王协是泽潞节度使刘稹的押牙,其所请,曾施行于泽潞境内。

三、商 税 统 计

商税在唐代,尚是初发展的时期,并且受藩镇割据的影响,在各方面都不健全。所以关于商税收入的统计,在当时并没有完善的史料留下来,即是片断的纪载也很少。我们现在仅是就很少的片断纪载看一下,于此中,或可测知商税在国家收入所占的地位。

四川的益州,在当时是天下第二繁盛都市,此地在唐末年每岁可征商税四百五十万贯。《太平广记》卷三九〇引《中朝故事》"韩建"条:

明年,大驾来幸,四海之人,罔不臻凑。建乃广收商税,二载之后,有钱九百万贯。

代宗大历末,天下岁入总数为一千二百万贯。然唐末益州一地的商税,即当代宗时全年收入三分之一尤强。其地位之重要可知。

武宗时,昭义节度使刘从谏曾于所属泽州、潞州各地施行榷马牧及商旅,每岁所入,亦有五万余缗(见《资治通鉴》卷二四七"会昌三年"条)。

此外,如河东道蒲坂关一关,每年税商所入亦二万余缗(见前引《元和郡县图志》卷十二)。

由以上几个片断的数字,我们可以大体上推知商税总收入之庞大,在政府及地方财政上均有很重要的位置。

唐一代的商税,大致如是。经过五代至宋,因为商业的急激发展,商税在国家财政上所占的地位尤为重要,其条例组织亦较唐代为完善。可参考日人加藤繁氏的《宋代商税考》。

(第 49 期,1935 年 8 月 22 日,第 7 版)

唐代盐法考略

傅安华

唐代产盐地有三个区域：一是黄河上游的池盐，如蒲州安邑、解县的两池，盐州的乌池、白池等，共十八处；一是沿海一带的海盐，如山东、江浙沿海；一是西南部的井盐，如黔州、成州、巂州等，共有盐井六百四十（详见《新唐书·食货志》）。

一、史 的 考 察

唐代盐法可分为四个时期：唐初到开元元年（公元六一八—七一三）为第一期；开元元年到乾元元年（公元七一三—七五八）为第二期；乾元元年到宝应（公元七五八—七六二）为第三期；宝应到唐末（公元七六二—九○六）为第四期。以下即是概括的叙述这四时期中盐法的变迁。

唐初的政权是建筑在以小农为基础的自然经济上，政府的一切财政都仰赖于小农的租赋，所以对于盐铁之利并不注意。在此时，盐法是无税时代，完全任民间自制自卖，政府不加闻问。高（睿）宗景云以来虽曾有盐池使的设立（《唐会要》卷八八），但他的职责并不在于征税或官榷，而仅在于供给政府的用盐。并且所置也仅仅河东解县一处。

中宗以来，因社会矛盾之发展，自耕农大都为大地主所吞并。政府所仰赖的税收基础崩溃，在财政上乃形成严重的恐慌。如韦嗣立说："国家租赋大半私门，私门资〔用〕有余，国家则支计不足。"（《旧唐书·韦思谦传》）初时是以义仓存粟来补救这种恐慌，如《旧唐书·食货志》

所谓：“其后公私穷迫，渐贷义仓支用。自中宗神龙之后，天下义仓费用向尽。”但义仓存粟终于有限，决不能填补长期的财政缺乏。政府不得不向他方面谋发展。所以到开元元年刘彤便建议课盐铁，他说：“臣闻汉孝武为政，厩马三十万，后宫数万人，外讨戎夷，内兴宫室，殚费之甚，什百当今。然而古费多而货有余，今用少而财不足者，何也？岂非古取山泽，而今取贫民哉！”（《唐会要》卷八八）政府采纳他的建议，便开始税盐。然此时仅仅是税盐，尚非榷盐。如开元十年八月敕谓：“诸州所造盐铁，每年合有官课。比令使人勾当，除此外更无别求。在外不细委知，如闻稍有侵剋，宜令本州刺史、上佐一人检校，依令式收税。”（《唐会要》卷八八）

开元以来税盐时代的情形，《通典》卷十纪载最详：池盐由州司分租与富户经营，依其盐田好恶分为三等：上畦、中畦、下畦，依等收税。盐井则按井收税，每井每年二千六十一贯，按月缴纳。另外有屯盐（在西北边疆），则直接由官家指挥经营，其方式与营田同。

天宝之乱以后，政府财政更形恐慌，一方面土地的租赋激减，他方面北方都市的财富又被破坏。政府于此，已经感到仅仅税盐，尚不符支用。所以在乾元元年第五琦便提出榷盐的方案，即是主张将盐完全收归官卖。依照管仲的旧法，于各产盐地置监院，将当地游民业盐者，作为亭户，免其杂徭，使依旧制盐。盐制出后，即完全收归监院，由监院分发各地，再由盐吏出售（《新书·食货志》）。这种方法是民制官收官卖，将商人抛开。但实行后不久，便发生两种不良的结果：第一，是各地盐吏侵扰；第二，商人不甘于放弃利益，多从事私贩。所以到宝应时，刘晏便借口"盐吏多则州县扰"，而再行改革了。

刘晏的改革在中国盐法史上占很重要的地位。其所以能如此者，即是由于他的盐法能适合当时社会经济发展的潮流。在开元、天宝以来，商业受了庄园中剩余资本的培育，已经极盛，其在社会上的势力已经不可蔑视。第五琦的榷盐法便是因为违反这种潮流而失败。刘晏再起，则将第五琦盐法与商人冲突之点改去，由民制官收官卖，变为民制官收商卖，完全采取商业资本的方式。其法即是于各产盐地置盐官，尽收盐户所制之盐，转卖于商人，由商人再转卖于各地农民。在政府方面是贱买贵卖,"盐随出,税随入,天下无不税之盐"。同时在商人方面也可以自由发展获取利润。此外又于远地置常平盐,在盐商贩运不到的时候,用以调剂盐价。刘晏以后,盐法虽然混乱,但大体上仍然是沿用他的原则。至穆宗时张平叔鉴于盐商操纵盐价,农民往往淡食,曾一度有改革的拟议,主张恢复民制官收官卖制度,由官家设铺粜盐,或便农民互相团保,由国家按其家口供给足一年用之盐,农民可陆续归偿盐价。但此拟议经韩愈及韦处厚极力反对,未被采纳。再后,宣宗时裴休对盐法曾有一次整顿,但他所依据的仍然是刘晏的旧法。

二、盐法一般

本节所论及的盐法,主要的是刘晏改革以后的情形。因为:(一)此时期的盐法存在的时间最久;(二)其组织亦最完善,为中国盐法官卖系统中最好的一个。

A. 盐官

刘晏以来的盐官有三种,即院、监、场。此三者的性质及职掌大致相同,所不同的仅是等第的高低和规模的大小。沈亚之(唐宪宗元和时人)的《杭州场壁记》说:"国家始以输边储塞,不足于用,遂以盐铁榷酤为助,使吏曹计其入,于郡县近利之地,得为院盐(监之误)场之署,以差高低之等。顾杭州虽一场耳,然南派巨流,走闽禺瓯越之宾货,而盐鱼大贾所来交会。"(《全唐文》卷七三六)

其中以院的组织为最大。院又名巡院,或榷盐院。多是设置在盐产地或其附近大都市上。其职责即是掌管盐的收发——由盐户收来,转粜与商人。如长庆元年王播奏:"请诸盐院粜盐付商人,每斗加五十文。"(《唐会要》卷八八)又长庆二年敕:"其盐铁使先于淄青、兖、郓等道管内置小铺粜盐,及巡院纳榷,起长庆二年五月一日以后,一切并停。"(同前书)院的长官即称盐铁转运使留后,如元和时程异曾为扬子院留后。后又改称知院,如《唐会要》卷八八长庆四年五月敕:"东都、江陵盐铁〔转运〕留后,并改为知院。"因为院的规模很大,所以他的职务并不只限于管盐铁,即对其他财政事务亦负有相当责任。如《旧书·刘晏传》谓:"自诸道巡院距京,重价募疾足,置递相望,四方物价之高下,虽极远不四五日知。"又《唐会要》卷五八大中二年户部魏扶奏:"下州应管当司诸色钱物斛斗等:'前件钱物斛斗,散在天下州府,缘当司无巡院学(觉)察,多被官吏专擅破除。'"在刘晏时,全国共置巡院十三处:扬州、陈许、汴州、庐寿、白沙、淮西、甬桥、浙西、宋州、泗州、岭南、兖郓、郑滑。

监的名称在《新书·百官志》上曾见到,谓:"诸〔盐〕池监一人,……掌盐功簿帐。"其实,我们据其他史料来考证,监与院是同样性质。如《唐会要》卷八八谓:"元和十年七月,度支皇甫镈奏:加陕西内四监、剑南东西两川、山南西道盐估,以利供军,从之。"又如《玉海》卷一八一谓:"贞元二年元琇以京师钱重物轻,发江东盐监钱四十万缗入关。"这样多量的现钱,自然也是由商人纳榷得来的。可见监与院同是收利的机关。监的长官即是监官。刘晏时曾于江淮置十监:嘉兴、海陵、盐城、新亭、临平、兰亭、永嘉、大昌、侯官、富都。

场亦称纳榷场,为盐官中组织最小者。《唐会要》卷八八谓:"(长庆元年三月)王播奏:'扬州、白沙两处纳榷场,请依旧为院。'"又由前引沈亚之《杭州场壁记》中可以知道场的作用与院、监相同。在刘晏时江淮置有四场:涟水、湖州、杭州、越州。因为场的组织很小,所以场的长官多由州县官兼顾,并不另派专员。

自刘晏以后,院、监、场成为政府财政上的主要机关,与纳两税钱的地方政府同样重要,如《唐会要》卷五九咸通八年户部判度支崔彦昭奏:"自南蛮用兵以来,置供军使。当司在诸州府场'监'院钱,犹有商人便换。赍省司文牒至本州府请领,皆被诸州府称准供军使指挥占留。以此商人疑惑,乃致当司支用不充。乞下诸道州府场监院,依限送纳,及给还商人,不得托称占留。"院、监、场均属于盐铁使。盐铁使自刘晏时始设,为户部主要财政官之一,多由宰相兼领。至贞元时,杜佑兼盐铁与度支两使,自此后盐铁与度支多由一人兼充,如杜悰、王涯等。

B. 盐民与盐商

盐民有三种名称:亭户(《新唐书·食货志》)、池户(《唐会要》卷八八)、灶户(《通典》卷十)。据我个人的意见,亭户是指制海盐的盐民。因为制海盐处多称盐亭,如《元和郡县志》"盐城"条:"有盐亭百二十三所,每岁煮盐四十五万石。"池户是指制池盐的盐民,如安邑、解县两池及盐州乌池均有池户若干。灶户是指制井盐的盐民,因为煮井盐须设灶,如《太平广记》卷三九九引《陵州图经》谓:"陵州盐井……周回四丈深四十尺,置灶煮盐。"

盐民制盐是独立经营的事业,一切用具及费用均由自己担负。其与国的关系仅是:盐民所制盐须全部售于政府,不得私卖;国家允许盐民除两税外不纳任何杂徭。所以盐民除制盐外尚可兼营农业,与普通百姓无异。

因为制盐须由自己备工具及费用,所以制盐者多为地方豪户。他们集合农村的贫农,或用官家的"刑徒",从事大规模的采制。如《元和郡县图志》"剑南道仁寿县"条:"陵井纵横三十丈,深八十余丈。益部盐井甚多,此井最大,以大牛皮囊〔盛〕水引出之,役作甚苦,以刑徒充役。"这样苦的工作,当时竟有以妇女充任者。如杜甫《云安诗》:"负盐出井此溪女。"

盐民将盐售与官家时,须依照官家所定的价格。这种价格较官家转卖于商人时的价格低的很多。如《册府元龟》谓:"宪宗即位,九月,度支奏:江淮盐每斗〔减钱〕一百二十文,榷二百五十文。"前者是盐民卖与官家的价格,后者是官家卖与商人的价格。两者的差额即是官家的榷利。

盐商也是独立存在的事业,在官设的监、院、场买盐,到各地出卖。并且他们也得到蠲免杂徭的特权。如《唐会要》卷八八长庆元年王播奏:"应管煎盐户及盐商,并诸道盐院停场官吏所由等,前后制敕,除两税外,不许差役追扰。"盐商在院、监、场买盐是依政府所制的价格,此价格即称榷价。如前引《册府元龟》纪载,元和初年榷价是二百五十。商人得盐后,则转与小贩或自己运到农村零售,其价格则完全由商人自定。如韩愈谓:"比来商人或自负担斗石,往与百姓博易,所冀平价之上,利得三钱两钱。"(《韩集·论变盐法事宜状》)这样,政府增榷价,则商人亦必增盐价,政府所多收的,事实上即是农民所多出的。并且多经过商人一次转手，农民便多受一层剥削。无论如何，盐商总是要有利的。所以在当时盐商是商人中之富者。如刘梦得谓："五方之贾以财相雄，而盐贾尤炽。"(《刘集·贾客词》)白居易的《盐商妇》纪述盐商的情形很详："盐商妇，多金帛，不事田农与蚕绩。……问尔因何得如此？婿作盐商十五年，不属州县属天子。每年盐利入官时，少入官家多入私。官家利薄私家厚，盐铁尚书远不知。"并且盐商多是父子相承，世世为业。如韩愈谓："臣以为盐商纳榷，为官粜盐，子父相承，坐受厚利。"因为世世相承，所以很容易造成大的豪商，在社会上握有很雄厚的势力。久之，不但可以垄断盐业，而且也可以操纵政府。

C. 盐界

在刘晏立法之初，并设有所谓盐界。此由《新唐书·食货志》所纪刘晏盐法谓"因旧监置吏，亭户粜商人，纵其所之"一语可以看出。但这样自由发展，久之必要引起各产盐地销路的冲突。所以在元和以来，政府便划定盐界以保护各产盐地的销路。指定某地之盐只许销售于某区，不得越界侵犯。如《唐会要》卷八八谓："(元和)六年闰十二月，户部侍郎判度支卢坦奏：'河中两池颗盐，敕文只许于京畿、凤翔、陕、虢、河中泽潞、河南汝许等十五州界内粜货。比来因循，更越兴元府及洋州、兴、凤、文、成等六州。臣移牒勘责，得山南西道观察使报，其属果、阆两州盐，本土户人及巴南诸郡市籴，又供〔当〕军士马，尚有悬欠，若兼数州，自然阙绝。又得兴元府诸耆老状申诉，臣今商量，河中盐请放入六州界粜货。'从之。"这即是后日宋代引界的滥觞。

D. 盐禁

刘晏以后，盐利成为政府的主要财源。每及财政困乏的时候，便以增加榷价来补充。但榷价增加，市场上的盐价亦必要加倍提高。一般贫苦农民无力购盐，不得已而淡食(《新书·食货志》)。农民淡食，则盐的销路萎缩，结果，对于盐商是极大的不利。盐商为解除这种不利，乃施用两种手段：一是直接向盐民购买私盐，再以较低于市场的价格卖给农民；另一即是制造劣盐，以咸土或柏灰制盐(《旧书》"文宗太和二年"条)。私盐既盛,官盐的市场必被紊乱。政府为自身利益计,不得不严厉禁止。在德宗贞元时,凡盗鬻两池盐至一石者处死,元和中增订:凡一斗以上者,杖背,没其车驴。能捕斗〔私〕盐者赏千钱,若私贩者逃入市中邸店,其邸店主人及侩人均坐罪。并且指定各节度使、观察使所属之判官及州府的司录、录事参军等缉察私盐,如漏一石以上,罚课料。各州县民户亦须团保相察。文宗时,又加重盐禁:凡各州县中,于一月内犯两次私盐者,则易县令,罚刺史俸。犯十次以上,则罚观察使判官课料。宣宗时,盐禁更密:凡各州粜盐少私盐多者,谪观察使判官。私盐贩发觉后,不仅自身处死刑,并且罪及同乡保社。盐民私粜盐至一石以上亦处死(均见《新书·食货志》)。盐禁的严厉正是反映私盐贩之多。

三、盐法与政府、商业、农村的关系

安史之乱以后,因为社会矛盾的爆发,战争的连绵,使全部的自耕农都陷于破产的状态。因而租赋的供给日益减少,政府虽用尽种种压榨手段,终不能再从农村中取出大量的财货来。但在社会的另一方面,所表现的则是商业的繁盛、都市的豪华。这种情形,在当时的政府也看得清楚。如德宗时陈京说:"货利所聚,皆在富商。"(《资治通鉴》卷二二七)他们以为解决财政困难的唯一方法,便是放弃税贫民的政策,而改税富商。将国家财政的基础移到商业上,榷盐便是这种见解下的一个政策。所以在肃宗以来,政府极力提高盐价,以求榷利之增加。在刘晏接办盐政的时候,即肃宗宝应时,盐利每年共四十万缗。至代宗大历末,因刘晏之整理得法,激增至六百万缗。时天下财政收入共一千二百万缗,盐利占其半数。至德宗时则倍于田赋(《玉海》卷一八一)。其后元和中,李巽掌盐铁,盐利收入更增,据《旧书·李巽传》纪载:在他掌盐铁之第三年,其收入即较刘晏盛时增加一百八十万缗。杜佑《通典》所谓:"自兵兴,上元以后,天下出盐……每岁所入九百余万缗。"或即指此时。由以上情形,便可看出盐利在国家财政上之重要。但自元和以后,各地藩镇再度跋扈,盐法统一的组织被破坏。各镇节度使多将盐利扣留作为本镇的军费。如河北榷盐在元和时政府一度施行，但到长庆元年便被迫废止了。又如山东淄青、兖、郓三道盐利，在元和中也曾收归中央，到长庆二年也因为当道军人反对又明命让给节度使了。我们看当时穆宗的诏文："如闻淄青、兖、郓三道，往年粜盐价钱，近收七十万贯，军资给费，优赡有余。自盐铁使收管以来，军府顿绝其利。遂使行陈（阵）者有停粮之怨，服陇亩者兴加税之嗟。……虽县官受利，而郡府屡空，俾人获安宁，我能节用。其盐铁使先于淄青、兖、郓三道管内置小铺粜盐，及巡院纳榷，起长庆二年五月一日以后，一切并停。"由此可知政府受藩镇压迫之甚。自此后，政府的盐利大减。到宣宗大中时盐利的收入仅二百七十八万余缗（《资治通鉴》卷二四九）。这种减少，一方是出自盐利本身（因贩私盐加多），他方即是由于外部的分割。

总之，中唐以后，政府的财政，藩镇的军费，大都赖盐利以维持。相沿至五代两宋，盐利均为政府主要收入之一。

在安史之乱以后，北方都市虽一度破坏，但南方的都市仍未受到影响。所以在乱后不久，以江淮的富力便将北方都市的繁荣恢复起来。并且战后土地人口的集中，使地主官僚的财富加大，这些财富大部分又都流向商业里面。所以商业在此时有惊人的进展。这种情形反映到社会一般人的意识中，便形成倾慕商业的观念。刘晏的盐法便在这种意识中造成：一方面与商人合作，不否认商人的利益；他方面盐法本身也采用商业的方式（即 M—C—M' 的方式）。

刘晏的盐法对于商业不仅是合作而已，并且足以助长其发展。因为商人在售盐价格上有自由规定的全权，他利用这种特权，不仅将政府在他们身上所得的利润收回，并且还要额外的剥削。结果使贩盐成为最有利的事业，其他一般的商业受了盐业的刺激，也必要急剧的向前进展。

刘晏盐法下所牺牲的唯有农村的小农。盐民制盐卖与官家，官家再卖与商人，商人再卖与农民。盐由制造再到消费者，中间要经过两次中介人，盐的本来价值上要加上三重的利润，并且这种利润的数额全无限制。例如宪宗时，政府由盐民买盐每斗一百二十文，卖给商人每斗二百五十文，其利润是百分之百尤高。由商人再卖给农民，恐怕也要收取百分之百的利润。而这些利润完全要农民负担起来。况且政府及各藩镇为了要增加收入,又屡次抬高榷盐价。德宗时榷盐每斗价至三百七十文,较当时谷价,几高出十倍。《玉海》引德宗诏谓:"煮海之利所入,岁倍田租,军费日增,榷价日重,有以谷一斗易盐一升者。"政府的收入愈增,盐商愈富,农民的生活则愈苦。当时因盐价过高,贫民竟有淡食者。盐是人类生理上所必需的东西,一旦缺少,必要损害人民的健康,加大他们的死亡率。直接使农村的劳动力减少,间接的促进农村经济的崩溃。

因为盐价增高,乃引起盐的销路萎缩,商人贩卖私盐。这种贩私盐的勾当,大都是像商出资经营,召雇农村中逃亡出来的农民,代为贩卖运输。农民虽明知道盐禁严厉,但为了生活的压迫,不得不冒死为之。所以在元和以来极严苛的盐禁下,私贩不唯不减,反倒日益增多。如文宗开〔成〕元年〔盐〕铁使奏:"于太和四年八月二十已后,前盐铁使奏,二石以上者,所犯人处死,其居停并将船容载受故担盐等人,并准犯盐条问处分。近日杀人转多,榷课不加。"(《唐会要》卷八八)后日的王仙芝、黄巢便是私盐贩集团的人物。

二十四,五,一,北平

(第43—44期,1935年7月11日—1935年7月18日,第7版)

唐代都市中的邸店与牙人
——读唐史随笔之一

傅安华

邸店的发生很早,恐怕在东汉时即有了。但是,关于邸店内部情形的纪载,则是唐以来才有的。

"邸店"两字的意义,据《唐律疏议》的解释,是:

> 居物之处为邸,沽卖之所为店。

这种解释尚不能将邸店的性质完全揭出。在唐代普通所谓"邸"是"邸第",或"旅邸"。"邸第"是外官或其代表入京所居之地(见《册府元龟》"邸馆"条),与旅邸同样含有旅舍的意义。所谓"店"者,当即是五代马缟《中华古今注》所云:"所以置货鬻之物也。"邸店混合这两种意义,即是外地商客来都市后,寄寓及货物落脚的"栈房"。这样的邸店在市上设立的很多,如长安东市:

> 四面立邸,四方珍奇,皆所积集。(宋敏求《长安志》)

"四壁有四百余店,货贿山积。"(徐松《唐两京城坊考》)邸店中的主人,即称为居停主人,或市主人,或简称主人。外地估客贩运大批的或高价的货物来都市后,因为自己没有商店,无法出售,乃将货物存于邸店内,由主人代为介绍出售,或由他自己收买下来。如郴州地方掠卖幼童的"人贩子"要先将幼童虏至邸店内求售:

> 童寄者,郴州荛牧儿也。行牧且荛,二贼劫持,反接布囊其口,去逾四十里之虚所卖之。……持童抵主人所,愈束缚牢甚。夜半,童自转,以缚即炉火烧绝之,虽疮手勿惮,后取刀杀市者,因大号,

一虚大惊。(柳宗元《童区寄传》)

邸店主人在介绍买卖中,不但可以得到估客的报酬,并且也可以从买主方面得"好处"。例如下述一事:

> 其牙(象牙)酷大,载至洪州,有胡商求买,累自加直,至四十万。寻至他人肆,胡遽以苇蓆覆牙,他胡问是何物,而辄见避,主人除蓆云:"止一大牙耳。"他胡见牙色动,私白主人,许酬百万,又以一万为主人绍介。俾各罢去。顷间荷钱而至,本胡争之云:"本买者,我也。长者参市违公法,主人若求千百之贯,我岂无也。"

由"可以一万为主人绍介"一语可看出,主人在介绍中是可得到很大的"好处"。

货物运到邸店后,先由邸店主人代为拟价,以此价介绍买主。如物主认为所拟价格不合适,则可另投他处出售。如:

> 开成初,东市百姓丧父,骑驴市凶具。行百步,驴忽语曰:"我姓白名元通,负君家债,力已足,勿复骑我。南市卖麸家欠我钱五千四百文,我又负君钱数亦如之,今可卖我。"其人惊异,即牵往。旋访主卖之,驴甚壮,报价只及五千。及诣麸行,乃得五千四百文,因卖之。(《太平广记》卷四三六"东市人"条)

> 唐汴州刺史王志愔……商客有骡,日行三百里,曾三十千不卖,市人报价曰十四千。

所谓"主"及"市人",都是指邸店主人而言。

邸店是以各地商贩为基础而存在的,所以在可能范围内总不肯得罪客商。无论有什么货物运来,总竭力使它售出,或自己收买下来:

> 夫贾者,积金市物,闻鬻者之声,则必跃然而近之,虽物不合,贾者亦偿金而取焉。所以不阻四方之物也。不阻四方之物,则四方之心向焉。(唐林慎思《伸蒙子》)

如邸店全部收买下来,则可以自由操纵该货物之市场价格,获得很大的利润:

> 藏其货物,候有求者,虽巨人必恭然而请。贾人言其直,则高

之曰：必若干乃得，求者率不能小减而市矣。(《白孔六帖》卷八三"贾居阛阓"条引房鲁《上节度使书》)

如此，商客与邸店互相依托。商客直接以低价从生产者收买来的物品，再由邸店主人以高价转售于消费者。在这交换过程中所得到的利润，一部分归商客，一部分归邸店。

邸店同时尚有旅舍的作用。外地客商固然可寄宿于此，即是其他的人亦可在邸店中赁屋居住。如韩愈《圬者王承福传》：

王承福……持弓矢十三年，有官勋，弃之来归。丧其土田，手镘衣食。余三十年，舍于市之主人，而归其屋食之当焉。其屋食之贵贱，而上下其圬之佣以偿之。

宋敏求《长安志》谓西市中"漂寄流寓者不可胜计"，邸店或即是容纳这些漂寄流寓的处所之一。

邸店的利润虽然很大，但有时需要有很大的垫付资本（如收买商客的货物而不即时出售），及相当权势。所以经营邸店的多是权贵之家或豪商。《唐会要》卷八六谓：

先是，诸道节度使观察使，以广陵当南北大冲，百货所集，多以军储货贩，列置邸肆，各托军用，实私其利息。

军人豪家的邸店是当时客商最乐于依寄的。

都市内部的工商业都统属于行会之下，外地来的客商则都统属于邸店之下。行会与邸店便成为政府与商人间的中介人。政府命令的执行不得不仰赖他们，尤其是关于筹款的事项。如德宗贞元九年实行"除陌钱"法，便是一例（《旧唐书·食货志》）。

邸店是商业发展的产物，同时也是商业发展的桎梏。因为自发生这种组织后，在商品的交换过程中，又增加了一种利润剥削者。结果，不是使商客的利润减低，便是使小生产者的被剥削程度加深。到北宋时，这种情形已经很明显的表现在社会上，并且成为王安石变法的目标之一。

其次，与邸店有同样性质，而组织较小，甚至无组织的，即是牙人，亦称牙保。牙人发生很早，在两汉时代称侩人或驵侩。即至唐代，侩与驵侩的名称仍然存在。牙人也是负责介绍交易者。如《太平广记》卷三七二"张不疑"条谓：

> 南阳张不疑，开成四年……寓宦京国。欲市青衣，散耳目于闾里。旬月内，亦累有呈告者，适憎貌，未偶。月余，牙人来云："有新鬻仆者，请阅焉。"

又如《博异志》"敬元颖"条：

> 明晨，忽有牙人扣户，兼领宅主来谒仲躬，便请仲躬移居。

牙人是否也有一种"牙行"的组织，我们尚未得到史料的证明。但他们彼此间的区分是有的。如马牙，专介绍马的买卖；女侩，专介绍女奴的买卖；米牙，专介绍食粮的买卖。《太平广记》卷三二八"阎庚"条：

> 张仁亶，幼时贫乏，恒在东都北市寓居。有阎庚者，马牙荀子之子也。

又同书卷二六一"柳氏婢"条：

> 唐仆射柳仲郢镇鄩城，有婢失意，于成都鬻之。刺史盖巨源西川大校，累典支郡，居苦竹溪。女侩以婢导，以巨源尝其技巧。……柳婢失声而仆，似中风，命扶之去，都无言，但令还女侩家。

又如《旧唐书·梁崇义传》：

> 梁崇义，长安人，以升斗给役于市。

所谓"以升斗给役于市"，当即是作"介绍粮米买卖的牙人"。

牙人与邸店相异之点，主要的是：牙人的作用，仅在连结卖买两方当事人。其交换行为仍由两当事人直接执行，牙人无权参与。只在交换终了时，他可以扣取若干的佣金。而邸店的作用，则不仅在连结买卖当事人，即在实行交换时，将也可以操大部分的权力。因他在卖者方面是以一定的价格为货物交与邸店，在出售的时候，仅是买者与邸店发生关系，卖者则不必到场。所以邸店可以将货物以超出原价的价格出卖，其超出部分即归邸店主人所有。（这样的交易，在现在的河北省乡镇还存在,普通称这种邸店为"过载行"。)

因为牙人也是集合许多交换行为的中心,所以他在市上与邸店有同样的重要性。政府对于商人的命令有许多不得不仰赖他们来执行,如德宗时征收除陌钱便是一例。《旧唐书》卷一三五《卢杞传》:

> 除陌法,天下公私给与贸易,率一贯旧算二十,益加算为五十。给与物或双换者,约钱为率算之。市主人牙子各给印纸,人有买卖,随自署记,翌日合算之。有自贸易不用牙子者,验其私簿投状。……法既行,主人市牙得专其柄,率多隐盗,公家所入,百不得半。

牙人与行会、邸店,分别统制了全部的市场。

(第 47 期,1935 年 8 月 8 日,第 7 版)

唐宋官僚地主的庄宅
——读书杂记之一

中　一

唐宋时的官僚地主，极意经营庄宅。"多置田园广修宅，四邻买尽犹嫌窄"，寒山的这两句诗，把官僚地主孳孳经营庄宅的情形充分的表现出来。

官僚大半是大地主出身，在未做大官的时候，就有广大的庄宅。间有非大地主而为大官的，也模仿着大地主而经营起庄宅来。官僚和大地主原是二位一体，分不开家的。

大地主化为官的时候，于城中置有广大的宅第：

> 中书令郭子仪勋伐盖世，所居宅内诸院，往来乘车马，僮客于大门出入，各不相识。(《唐语林》)
> 御史大夫王鉷赐死，县官簿阅(录)鉷太平坊宅，数日不能遍。

(同前)

宅第至"宅内诸院往来乘车马"，簿阅"数日不能遍"，可见其广大了。但这只是城中的宅第，在城外还置有别业，专供休暇时游宴之用。在罢官的时候，他们就移居于别业之中，度他们所谓"安心嗜静"的享乐生活。

别业的设置，在官僚地主间是很普遍的，如宋李格非《洛阳名园记》之名园，就是他们所置的别业。这些别业，都是官僚地主为官时的游宴之所，退休后的燕居之地。

别业的规模很大，例如平泉庄：

> 平泉庄在洛城南三十里，卉木台榭甚佳。有虚槛，引泉水萦回

穿凿，像巴峡洞庭十二峰九派，至于海门。……平泉，即征士韦楚老拾遗别墅。……庄周围十余里，台榭百余所。四时奇花与松石，靡不置。(《唐语林》)

他如湖园兼六胜：宽大、幽邃、人力、闲古、泉水、眺望，其规模之壮大可知。至别业内的详细建置，我们可以张镃的别业作个例子。

张镃在他的《约斋燕游志》中记他的游适之目说：

> 东寺为报上严先之地，西宅为安身携幼之所，南湖则管领风月，北园则娱宴宾亲。亦庵，神居积福，以资净业也；约斋，昼处观书，以助老学也。至于畅怀林泉，登赏吟啸，则又有众妙峰山，包罗幽旷，介乎前六者之间。区区安身嗜静之志，造物亦不相负矣。(陶珽重辑《说郛·约斋燕游志》)

他这"安身嗜静"的居处，亭榭堂宇很多。除了那"报上严先之地"的东寺及"资净业"的亦庵不说外，据他自记，"安身携幼之所"的西宅，有：

> 丛奎阁，德勋堂，儒闻阁，现乐堂，安闲堂，瀛峦胜处(东北小堂前后山水)，绮互亭(有四小轩)，柳堂花院，应铉斋，振藻，宴颐轩，尚有轩，赏真亭。

"娱宴宾亲"的北园，有：

> 群仙绘幅楼(前后十一间，下临丹桂五六十株，尽见江湖诸山)，桂隐，清夏堂，玉照堂，苍寒堂(青松二百株)，艳香馆，碧宇(修竹十亩)，水北书院，界华精舍，抚鹤亭，垂云石，芳草亭，味空亭，揽月桥，飞雪桥(在梅林中)，蕊珠洞，芙蓉池(红莲十亩，四面种芙蓉)，珍林，涉趣门，安乐泉，杏花村，鹄泉。

"昼处观书"的约斋和"管领风月"的南湖，为：

> 泰定轩，烟波观，南湖，御风桥，阆春堂，把菊亭，天镜亭，星槎，鸥渚亭，泛月阔。

"畅怀林泉，登赏吟啸"的众妙峰山，为：

诗禅堂,黄宁洞天,景白轩,文光轩,绿画轩,书叶轩,俯窠轩,无所要轩,长不昧轩,摘星轩,餐霞轩,读易轩,咏永轩,凝薰堂,楚佩亭,宜雨亭,满霜亭,听莺亭,千岁庵,恬虚庵,凭晖亭,美芝亭,都徽别馆,水湍桥,漪岚洞,施无畏,澄霄台,登啸台,金竹岩,隐书岩,古雪岩,新岩,叠翠亭,钓矶,菖蒲涧,中池(养金鱼山涧中),珠疏瀑,藏丹谷,煎茶磴。

由他自记的这园中亭榭堂宇,可窥见他的别墅,比人们所艳称的大观园决无逊色。周密《武林旧事》称镒"湖山歌舞,极意奢华",其"声伎服玩之丽",也可想见了。官僚地主的这样的高贵富丽的生活,也不能不说句"造物亦不相负矣"。可是,他们没有想到,他们的庄宅的供奉是从那儿来的?造物者虽然没有"负"他们,却"负"了供给他们庄宅之费的人!这种情形,至使他们同阶级的人就有看不上眼的:

某在行在不久,若在彼稍久,须更见得事体可畏处。不知名园丽圃,其费几何?日费几何?下面头会箕敛,以供上之求。又有上不在天子,下不在民,只在中间白干没者何限!(《朱子全〔集〕》卷六十四)

(第10期,1934年11月15日,第7版)

唐宋对阿剌伯人的贸易及其发展

朱慎行

唐宋二代为我国国际贸易进展之时期。在此时期中,来华贸易最占势力者,首推回教国中之阿剌伯人。阿剌伯人自昔即与我国有贸易关系,迄于唐,彼辈于西亚建立之一大帝国,其领土且扩及欧非二洲。是国我国称之曰大食,欧人称之曰萨拉森。阿剌伯国势既盛,于是对华之贸易,遂蒸蒸日上,在我国国际贸易史中占一重要地位。兹有探究之价值,就唐宋二代分述之。

唐代与阿剌伯人之贸易,分水路贸易与陆路贸易二种。在此二者之中,水路贸易尤为重要,兹先述水路贸易。

唐初阿剌伯人由波斯湾经印度洋绕马来半岛至今日广东地方,经营通商者甚众。当时阿剌伯人呼广东曰坎富。坎富乃广府之音译,而广府即广州。盖唐时人呼今日之广东,或称广州,或称广府。除广府外尚有岭南之交州,江南之扬州,福建之泉州,亦为当时水路贸易地。在此四者中贸易最盛者,当推广州。其时人数多至三十万,来舶商船达二百三十吨。所聚居之阿剌伯人至成蕃坊,扬州次之。观《新唐书·田神功传》所载扬州大戮外商,"大食、波斯贾胡死者数千人"一语推测之,其时贾胡人数似当万人以上。至于交、泉二州,以无材料可考,从缺。

当时唐代对于外国之来通商者,初则设互市监以掌诸蕃贸易,嗣在沿海一带,又设市舶司以监督对外商务,并征收货税,以裕国用。此货税在《新唐书》称"下碇税",在《唐国史补》称"舶脚"。当时市舶司所定之税率,对于香料、樟脑等抽十分之一至十分之三四不等。按市舶司之设立,乃中国海关之滥觞。

唐代南方水路贸易之发达，已如上述，而西北方陆地贸易亦颇盛。当时陆路贸易之通道系由陕西西安经甘肃兰州沿新疆塔里木河以达西亚。我国丝商之往土耳其斯坦等处以与阿剌伯人贸易，即取此道。陆路贸易中心以河西诸郡为最盛。德宗建中之年，时居西安之外人达四千余家之多。其中除阿剌伯人外，尚有叙利亚之景教徒。然最占势力者，推阿剌伯人。观段成式《酉阳杂俎》书，谓曾"此中阿剌伯人最称豪富，每年常以最上宝物开宝会一次。有暇且多致力于音乐美术"可知。

外人既居留我国，我国如何待遇外人之问题亦足一述。

君主对蕃客——包括大食、波斯——之态度，颇为宽仁。观《全唐文》载，文宗太和八年上谕有云："南海蕃舶，本以慕化而来，固在接以仁恩，使其感悦。如闻比年长吏，多务征求，嗟怨之声，达于殊俗。况朕方宝勤俭，岂爱遐琛？深虑远人未安，率税犹重，思有矜恤，以示绥怀。其岭南福建及扬州蕃客，宜委节度使加以存问，除舶脚、收市、进奉外，任其来往流通，自为交易，不得加以率税。"可见一斑。

《唐律疏议》卷六云："诸化外人同类自相犯者，各依本俗法；异类相犯者，以法律论。"乃知居住我国之外商发生争斗时，若加害者与被害者，系同国之人，则根据彼等本国之法律处置之。若加害者与被害者之国籍相异，或外国人与中国人间所起之争执，则均依我国之法律处断之。

凡蕃商之客死我国而无近亲者，政府得没收其遗产，《新唐书·孔戣传》云"旧制海商死者，官营（籍）其资。满三月无妻子诣府，则没入"是也。

此外尚须申述者，即唐代我国商人亦有往阿剌伯人一带贸易者。在大食中各种工匠亦多我国人。其时我国之京兆及河东人，于其地业绫绢、机杼、金银等匠者甚多（可考阅唐《通典》一九一卷及一九三卷）。

宋当统一天下之初，与北方契丹日事干戈，无暇顾及南方，即在宋太宗雍熙四年一时尚禁止海路贸易。唯广州因承唐代之盛，于太祖开宝四年即已设市舶司，以管理对外通商事务，贸易盛极一时。梁廷楠《粤海关志》所引，当时广州进口货物，即以乳香而言，每年已达三十四万八千余斤（见《蒲寿庚考》）。及真宗咸平三年，复开放杭州、宁波为对外贸易地。在此二地,亦设置市舶司,开始征收关税,管理关于外国贸易之一切事务。当时简称三司(见《宋会要》)。

北宋末年福建泉州对外贸易亦渐渐兴盛。至于泉州创设市舶司之年代,稍有异说。或谓北宋哲宗元祐二年(《宋史·食货志》"互市舶"条,《文献通考·职官志》均主之)。然观《宋会要》云:"太平兴国初,京师设榷易院,乃诏诸蕃国香料、宝货至广州、交趾、泉州、两浙,非于官库者,不得私相贸易。"乃知当时泉州已有外国商舶来航矣。泉州自开港后,属福建路;广州属广东南路;杭州、宁波属两浙路。当时总括此诸港之市舶司,称曰三路市舶司。

宋室南渡,杭州为南宋一代之行在。中世纪外人称杭州曰金刹,当即是行在之讹译。泉州接近杭州,交通便利,且南宋一代,我国政府为增加国库收入起见,频频奖励与外蕃通商,因此泉州按年大有进展,达与广州相颉颃之地位。《宋史》卷一六七《职官志》载,南宋孝宗乾道元年臣僚上奏云:"泉州、广州皆有市舶,物货浩瀚,置官提举实宜,惟两浙冗蠹可罢。"又赵汝括《诸蕃志·序》云:"国朝……置官于泉广,以司互市。"南宋末,泉州势力终至驾广州而上。当时由我国出航海外之贸易船及由海外来航我国之贸易船,皆辐辏于泉州,一时有南海贸易之冠称。再者,此际阿刺伯人,以商务甚盛,颇思沿海北航,以赴内地贸易,嗣以有诏禁止乃已(《宋史·食货志》)。

宋时主要之商品:输出者为磁器、绢布、樟脑、大黄、铁器、砂糖等等,输入者为香料、宝石、象牙、珊瑚、纺织品等等。至于关税,自《宋会要》始,当时之记录多传述之。惟其税率,因时代而不同。北宋普通征收输入品之十分之一,或十分之三。北宋朱彧之《萍洲可谈》云:抽解税则,"以十分为率。真珠、龙脑,凡细色抽一分;瑇瑁、苏木,凡粗色抽三分"。

及南宋税率增加,观《宋会要》"高宗绍兴十七年十一月四日"条所载:绍兴十四年国库匮乏殊甚,因之加重舶货税率,不问细粗,均征收十分之四。及孝宗时税率又不一定,据《宋会要》"孝宗隆兴二年八月十三日"条云"犀象十分抽二分"可知。

宋代政府由外国贸易所得之收入,《宋史·张逊传》载:自太平兴国元年创榷易署以来,第一年政府收三十万缗之利益,未几增至五十万缗。此后,外国贸易日盛,政府由抽解和买所得利益之增加,乃为当然之事。及南宋时,据李心传之《建炎以来朝野杂记》"市舶司本息"条谓:自建炎二年至绍兴四年,前后凡七年,泉州市舶司之利达九十〔八〕万缗。更谓绍兴末年,广州、泉州二地市舶司由抽分和买所得之利益,年达二百万缗。又南宋王应麟《玉海》云:"海船岁入,象〔犀〕、珠宝、香料之类,皇祐中有五十三万有余,治平中增十万,南宋中兴岁入二百万缗。"观此,乃知南宋之税收比北宋已增加数倍矣。

宋时来华通商之阿剌伯人,彼辈于事实上虽常在城内与我国人民杂居,而原则上则有一定之居留地,供彼居住,当时称曰蕃坊。泉州居留地在州城之南,称曰泉南。泉南临晋江之流,交通甚便利。想当时亦必以此故,特在彼处置居留地(见夏德氏书及《诸蕃志》)。又如广州亦择临珠江本流之处,为蕃客居留地。是种蕃客大率为不食猪肉之伊斯兰教徒,彼等皆拥资数十万,在当时之史料中曾详细记述之(周去非之《岭外代答》及岳珂之《桯史》)。当时开港之地方官,又常有赖彼等之出资筑城垣等事。再者,侨居广东之阿剌伯人中迎娶我国妇人为妻妾者,亦属不少。其中亦有修习中国学问者(南宋龚明之《中吴纪闻》),亦有应科举者(顾炎武之《天下郡国利病书》,北宋钱易之《南部新书》)。在冬令时间,多作归计。阿人往返其本国与我国之间费二年之久。彼等乘本国船居多。其时之贸易船均为帆船,颇不便。故留居我国不归者亦不少,此之谓"住唐"。北宋徽宗政和四年,曾制定外国人在我国居住经五世以上者之遗产处分法。由此可知当时外人中必有住五世于我国者。而此长住之外国人在我国所生之子女,当时皆谓之土生番客。

宋时各朝咸奖励番商往来,尤以南宋最盛。其原因,不外为增加国库之收入。再者,宋廷且以市〔舶〕纲首所抽税课之多,而补官有差。《宋史·食货志》载大食蕃客啰辛贩乳香,计共三十万缗,纲首蔡景芳招诱舶货,收息钱九十八万缗,各补承信郎,以示褒奖。对于贸易之人,我国官吏常以宾主之礼相见(《宋史·苏缄传》)。侨居我国之蕃客,且格外加以优待,纵令彼等稍有犯罪行为亦往往宽恕不问。惟蕃商相互间发生之罪犯行为,则自唐以来,常任彼等依本国之法律处断之,我国官吏则以不干涉为原则。至宋时其范围稍广大,甚至蕃商与我国人所发生之犯罪事件,若情形并非重大者,亦依彼国之法律处分之。至于蕃商之管理,则各蕃坊设有都蕃长及蕃长,均自侨居之蕃客中选择富于德望之人,由我国政府任命之。其职务负责管蕃坊一切大事外,尚须尽力为我国政府招徕海外之蕃商(北宋朱彧《萍洲可谈》)。

唐宋二代对于阿剌伯人之贸易,均居于主动之地位,操纵自如,设港焉,收税焉。国势之强盛——尤其是唐代——使掌握东洋贸易权之阿剌伯人帖服,果为其一因;然其另有一因,实为唐宋对阿剌伯人之优厚:若予以居留地焉,设蕃长予以自治焉,犯罪法律之特别规定焉,有功之人予以官职焉,归国时予以犒赏焉,有以致之,使阿剌伯人更一帖服心矣。于此我等更应明了,阿人之来华贸易,其对于我国社会上之经济几毫无损失。盖阿人来华贸易:第一,须纳关税;第二,须进奉皇上;第三,须对有关系之地方官吏纳贿赂。经此三种剥削,所赚之钱必不甚多。何况其住我国而不归者亦甚多,彼等仍用其金钱于我国市场。故其赚得之金钱,得归本国者,必不多。此种平等之交易,自西历七世纪至十五世纪末,保持近有八百年久。迨十六世纪初,欧人东来,葡萄牙先至,西班牙人从之,由是阿剌伯人之东洋贸易权,乃入欧人手中,而此平等之交易告终。阿剌伯人衰矣,而我国受欧人之侵略亦渐开始矣。此后我国国际贸易史上再不提阿剌伯人,乃为欧美之世界。我国人转处于被动之地位,受欧美人无限制之经济侵略,我国社会经济益入破产现象中,实为寒心。抚今追昔,能不黯然。

(第 124 期,1937 年 2 月 18 日,第 7 版)

南宋末年的民生与财政

张荫麟

（一）

在一个农业社会里，最重要的经济因素当然是土地。对于我国自汉代以后的历史，近来有一种很普遍的看法，就是：在一个长期的和平里，土地渐渐的被"豪强兼并"，渐渐的集中在少数人手里；同时人口一天天的增加。结果在和平状态下无法维持生活的人愈多，更加上剧烈的天灾，大乱便起。在大乱中，人口因屠杀而锐减，土地也换了主人；到此，比之大乱前略有平均的分配。接着又是长期的和平。这样循环下去。这看法大致是不错的，不过也是很粗的。到底在某一个豪强兼并盛行的时代，有几分之几的土地，是集中于几分之几的人口呢？这个问题似乎还没有人试探过。而大部分时代的记载，也没有供给我们以解答这个问题的资料。旧史记"兼并"的情形的，不外是"富者田连阡陌，贫者无立锥之地"一类笼统的话，分量的分别和比较是没有的。而且在户籍、田籍不完不密的时代，这种比较也是无从做起的。土地分配的情形就我所知道的，在南宋末年才可以间接得到比较确定的估计。

在作这估计之前，得先把宋代的土地制度略为一说。

宋仁宗的时候，曾定过一个限田的办法，其内容不详，但有两点可以知道：

1. 最高的文官（公卿以下）占田不得过三十五（三十）顷。
2. 最高的武官（牙前将吏）占田不得过二（一）十五顷。

但这种办法，因为大臣的一致反对，压根儿没有实行。在北宋初期，不独官户占田没有限制，而且官户的田还有一种特权：免除徭役。到了徽宗政和间，才规定下一品官免除徭役的田，以一百顷为限；此下按品减少，至九品则以十亩为限。凡是限外的田，皆照编户一般供应徭役。这制度是被实行了的，南宋人所谓"祖宗限田之制"便是指此而言。

我们从这两次法令中占田的最高限度，可以看出兼并的进步。因为法令的规定，总不能和现实的情形相差太远的。换句话说，在仁宗时最大地主所占的田，与三十五（三十）顷为近，在徽宗则与百顷为近的。

南渡之初，官户田免徭役的特权曾被取消，但后来又恢复了。这变迁在南宋史里是看不出的，我别有考证，因为在这里无关宏旨，不去说它了。

关于土地分配的比例，在北宋时代我还没有考出，但在南宋初年，则于新近印行的《皇宋中兴两朝圣政》（这书旧只有《四库全书》抄本，近来翻印在《四库珍本丛书》里）中泄露了一点消息。这书卷十〔一〕纪载绍兴二年右司谏方孟卿，在一道反对恢复官户田的免役权的奏议里说道：

> 今郡县之间，官户田居其半，而占田过数者极少。

这里所谓过数，从上下文看来，是指政和中一百顷的限度。

我们要注意绍兴二年是南渡后第五年，"占田逾限者极少"，并不是因为当时的统治阶级特别讲究"中庸之道"，只因为中央政府刚从开封搬到临安，他们在播迁流徙之际，问舍求田的余暇不多罢了。因为过去一个阶段的中国社会里，地主以官户为主体，而越接近政治中心，官户愈多。所以我们推想：在北宋末年，大河南北的兼并情形要比江淮以南厉害的多。所以当宋室南渡之初，江淮以南，土地是没有十分集中的。然而不到五年，"郡县之间，官户田（已）居其半"了。

到了南宋末年，情形又大变。在南宋初年，占田过一百顷的还极少。但据刘克庄在端平元年（元兵破临安前四十二年）上给理宗的奏疏里所说，当时的大地主往往有"吞噬千家之膏腴，连亘数路之阡陌，岁入号百万斛。……自开辟以来，未之有"的（《后村大全集》五一，《四部丛刊》本）。这段引文里有两句需要解释。第一，路是宋代最大的行政区域，略当现在的一省。"连〔亘〕数路之阡陌"，用现在的话说，就是田地遍于数省了。好比现在的头等阔人，在上海、南京、西湖、青岛以及北戴河都有别墅。当时因此出现了一个特别的名词,叫做"侨产",即是指不在本籍的州府或路的产业。第二,刘克庄说当时的大地主岁入百万斛,但岁入百万斛的田地到底有多少呢?据《宋史》理宗淳祐六年侍御史谢方叔请限田亦言:"贵势之家,租米有及百万石者。"可见后村的话是不错的。《食货志》有一处(下文将再要提到的)说:一千万亩的田,每年收租可得六七百万斛。用比例一算:

$$\frac{x\ 亩}{10\ 000\ 000\ 亩} = \frac{1\ 000\ 000}{7\ 000\ 000}$$

$$x = \frac{10\ 000\ 000}{7} = 1\ 430\ 000\ 余亩$$

则岁收百万斛的田,约有一百四十三万亩,即一万四千三百顷,比之政和间所定一百顷的最高限度,要大一百四十三倍。南宋末年的兼并情形,比之政和间,比之南渡初,其进步是显然的。官户的田在南宋初已占了郡县田的一半,在南宋末,更要大大的增加,远在一半上了。

在南宋精华的西浙和江南东、西路,在宋末土地集中的情形,我们还可得到更亲切的印象。

在理宗景定四年,即元兵入临安之前十三年,因为一个财政改革的需要,殿中侍御史陈尧道、监察御史虞安等统计过,在这三路里,"逾限"的田,也就是大地主所占过了政和间所定的限度的田,共有三千万亩。此外,他们在限内所占的田有多少呢?史无明文。现在从最低限度,姑且假定那是限外的一半,那么光这三路,集中于占田逾限的大地主手里的田,至少已有四千五百万亩。这三路约略相当于现在的浙江、江苏和江西三省。一直到现在浙江省已垦的田总共不过四十一万六千多顷,江西省已垦的田才不过四十一万二千多顷(据民国二十一年国民政府主计处统计局报告,见是年《统计月报·农业专号》)。当南宋末年,在这三省里,集中于占田逾限的大地主手里的田已超过现在浙江或江西省田亩总数——其他占田未逾限的地主还没有计算在内呢。

(二)

南宋末年,第一个经济大问题是怎样抑制兼并,第二个经济大问题是怎样补救纸币的低折。南宋末年,中国已经成了纸币的世界。宋朝有许多情形是出乎意料之外地"摩登的",纸币问题即其一端。纸币虽说是渊源于唐代的飞钱,但唐代的飞钱只是汇票的性质,不能随时随地用作交易的媒介的。真正的纸币在宋朝才开始,最初在真宗时出现于四川,由民间发行,不久收为政府专利而推广到别处,到南宋才普遍的流行。关于宋代纸币的纪载,以戴埴的《鼠璞》里的《楮券源流》一篇为最佳。《宋史·食货志》里"会子"(即当时纸币之称)一段,零碎而不得要领。纸币问题是宋末元初人人受到切身影响的大事,宋亡后不久,好几万万的纸币尽成废纸。最奇怪的,作《玉海》的王应麟和作《文献通考》的马端临都是宋末元初的人,而他们对于这件大事竟无只字记载。大约因为他们都在抄书,对于无书可抄的近事,只好从略了。

据《鼠璞》纪载:宁宗末年(约公元一二二〇年)纸币已出到二万三千万贯。宁宗以后便是理宗,通常以为理宗朝为南宋末叶的开始,因为这时蒙古才开始向中国侵略。在理宗初元的绍定六年(公元一二三三年),据《鼠璞》记载:纸币出到三万二千万,市价跌到对折。此后纸币的情形,《鼠璞》没有记载。但和戴埴同时的孙梦观,却有一段记录,恰可补《鼠璞》之缺。据孙氏《雪窗集》卷一《丙午轮对第二札》里说:当时发行的纸币,旧者已及四十二千万,新者已及二十三千万,方来者、伪造者盖又不知其几多。这是理宗淳祐六年(公元一二四六年)的事。这时纸币的低折更甚于绍定间,是可以推想的。

因为纸币低折,物价抬高,更增加民生的困苦。怎样改良币制,降低物价,成了普遍的期望。据周密《癸辛杂识》,当理宗即位之初,大家把这期望属于鼎鼎大名的理学家真德秀。他不独是个理学家,也是以政治才干著称的。当时临安的人民唱道:

若欲百物贱,直待真直院。

后来真德秀入朝,只管和理宗谈什么正心诚意,进献什么《大学衍义》,对于纸币问题毫无办法。人民大失所望,乃又在上面的歌谣上,添了两句:

吃了西湖水,打了一锅面。

市井小儿纷纷的唱着。

除了豪强兼并和纸币低折外，使民生困苦的还有所谓"和籴""和买"的制度。"和籴"就是官定价格，向人民收买谷子，以供军用；"和买"就是向人民收买布帛之类。名叫做"和"，实则是"和"的反面。因为官定的价格，照例比时价低，官用的度量，照例比通用的大，而胥吏又要从中向人民渔利。而且这制度并不是限于一时一地的。每年每一户（自然除了官户）都得按照家产的多寡，被"和籴""和买"若干。这是使人人诅咒的一大秕政。

（三）

自理宗朝以下，财政上的一大问题是怎样开辟一个财源，使政府可以废除"和籴"（当时称籴兼赅和买）的制度，同时补救纸币的低跌——一方面停止增发纸币，一方面保证兑现。赋税，大家是认为已经加到无可复加的。此外，还有什么办法呢？

理宗初年，刘后村曾献过这样的计策：第一，把些大地主在本籍的田地的岁入没收十分之七，其"侨产"的岁入完全没收，暂以十年为限；第二，追缴大吏侵吞的公款，只追赃款，并不没收他们财产的全部。据刘克庄说："比年颛阃之臣，尹京之臣，总饷之臣，握兵之臣，拥麾持节之臣，未有不暴富者。"后村的建议并不算怎样过激，然在当时，也如在现今一样，只能是书生的空言。

到了理宗末年，贾似道和他的策士，想出一个更温和的办法：由政府备价收买"逾限"的田为公田，以公田的收入代替"和籴"及添发纸币。

然而这温和的办法，一经提出便引起朝野汹汹的攻击。经贾似道以去就力争，理宗终于允许把这办法从浙西起逐渐推行。贾似道无论怎样遗臭万年，至少有一件事值得我们佩服：他首先把自己在浙西的一万亩田献出，作为公田。

收买逾期的田，已够使大地主叫苦的了，何况政府所估的价又很低？并且政府所给的大部分不是现洋而是钞票、度牒、官诰之类。

关于公田制实行的情形，有一重要点《宋史·食货志》没有表明，但我们从刘一清的《钱塘遗事》可以得知：公田制实行的范围，始终只及于浙西，因而得免和籴的也只有浙西。但即使如此，南宋政府已和本国的资产阶级（包括大部分的士大夫）结下不解之怨。当无产民众没有组织的时候，资产阶级是主要的政治力量。内面失去资产阶级的拥护，外面受着强寇的压迫，南宋政府遂不得不解体。在帝㬎德祐元年，即贾似道贬死的次（当）年，南宋政府终于向资产阶级认错求援，那诏书道："公田最为民害，稔怨召祸，十有余年。自〔今〕并给田主，令率其租户为兵。"但这错是白认了，蒙古兵就在这（次）年入临安。有那样的资产阶级，南宋之亡国也亦宜。

（第 111 期，1936 年 11 月 12 日，第 7 版）

十三世纪蒙古人的物质生活

百　让

"风尚"这两个字,简单的说,就是日常生活的普通方式。人类的生活,乍然看来,仿佛是非常繁复,可是概括的归纳起来,不外物质的生活与精神的生活二类。物质的生活是各种生活的基础,精神的生活便是基于物质生活而形成的诸意识形态——上层建筑。物质的生活,可以制约精神生活;反之,精神的生活,有时候也可以起种反射作用影响于物质生活的变革。所以说,两者实有不可分解的关系。不过,现在为叙述的方便起见,分别言之,以见十三世纪蒙古人的风尚之一斑。

在下层的物质生活方面,可以举衣食住三项概之。可是除了这三项之外,还有社会劳动——所谓行的问题。关于这一点,我很费斟酌,觉得它和精神生活有关系,可以留待另文补说;但再仔细地想想,又以为它和物质生活的关系更切,因此也就插在这里。

（一）衣饰方面

蒙古人的衣服,与汉人大不相同,而另有一种风致。《喀品尼纪行》云:

> 其衣,无论男女,率为一式。不披斗篷,不戴帽,不围肩带,身穿深红色之粗胶布或锦缎质之短衫,式样新奇。其袍外有毛,衩设背后,并有尾状物下垂至膝。[1]

---

[1] 考氏《卢布鲁克纪行》第十七章,《喀品尼纪行》第四章。

从这一段里，可以看出他们衣服之特异的地方，就在服色、样式和品质。论服色，以鲜艳夺目为贵，五光十色，应有尽有。卢布鲁克云：

> 大汗（蒙哥）坐于宝座，身着花而明之皮衣。①

可见他们衣服颜色的复杂了。喀品尼云：

> 我等随诸鞑人进入贵由汗母特拉金纳 Turakina 之白帐，内有诸长官在焉。彼等第一日皆白服，第二日易为红袍，第三日易为蓝袍，第四日又易为锦缎袍。②

又鄂多力克云：

> 每宴必请其亲友光临，大汗先就位，诸臣属亲友随之入座，其衣饰各不相同。最贵者着绿色衣，次者着红色衣，再次者着黄色衣。③

卢布鲁克继云：

> 大宴四日中，大汗日必更衣一次，自足至头巾，皆为一色。④

尤足证明他们服色的不一。究竟为什么要这样桃红柳绿的装扮，或许是因为他们文化的落后，所见太少，没有艺术的审美的眼光——我们只能这样的解释。又从鄂多力克的记述中，我们更可推知蒙古社会的阶级层，因为阶级的地位不同，而有各种不同的服色。

讲到样式，男女本无甚差别，大都"右衽而方领"，⑤着贴身之短衫。短衫的形式新奇，"自上至下，留有开衩，胸前重叠，两边各系长带，右三左一。左方更留开衩，直至腋下"。⑥ 但细考起来，男女的样式，却不能尽同。"男衣较短，女衣较长。"⑦而且他们又有各别的衣服，不能彼此通用。

---

① 《卢布鲁克纪行》第三十三章。
② 《喀品尼纪行》第二十四章。
③ 《鄂多力克纪行》第十四章。
④ 《卢布鲁克纪行》第五十三章。
⑤ 见《黑鞑事略》，又《卢布鲁克纪行》第八章亦有类似之记载。
⑥ 洛克赫尔本《卢布鲁克纪行》第七十一页注释引《喀品尼纪行》。
⑦ 《卢布鲁克纪行》第八章（考穆洛夫本）。

至于品质，也是因人因时而异。"富者服金衣、丝衣、美皮衣。"①贫者则穿粗革、毳棉。《卢布鲁克纪行》云：

> 其衣，自中国、波斯以及其他东南两方得来者，为丝锦棉等夏日衣料；自俄国、摩可塞（Moxel）、大保加利亚、大匈牙利（Pascatir）、乞儿吉思（Kerkis）以及其他北方各地得来者，为毛皮之类，以备冬日之用。冬日鞑人常穿二袍，一毛附身，一毛外露，以御风寒。其毛外露者，多以狼皮狐皮制成，贫者外着狗皮或羊皮。富者衣丝，贫者衣棉。②

他对于蒙古人衣服的品质，更是说得周到了。蒙古原是寒烟衰草百禾不举的地方，本不应该发现这些品质优美的东西，但是人生竞争，优胜劣败，蒙古民族借它武力的胜人，使既征服和未征服的其他民族，都对他畏惧，而至以奉献求欢，以通商图存，送给蒙古人许多珍贵的东西，尤其是衣饰之类的东西。因此，使他们的贪欲无已，渐渐地忘记了固有的本性，金迷纸醉地沉于锦服绣裳中，而种下了亡国的因子。

但蒙古人民，一般贫窭，生活程度低，加以天天和牲畜为伍，有时跨马飞腾，有时俯卧地上，没有一定的生活纪律。为着适应环境的需要，他们对于衣服的选择，多以简便为尚，从不过事挑剔。这虽然是很好的现象，却也正因为如此，又使他们养成一种坏习气——对于卫生的忽视。喀品尼云：

> 鞑人之衣，不加洗濯，除雷鸣之时，且不许洗之。③

为什么不能洗濯呢？又为什么允许他们当雷鸣的时候可以洗濯呢？这个就牵涉到他们迷信思想了。卢布鲁克云：

> 但鞑妇不洗围裙，恐上帝发怒也。如洗衣曝日下干之，雷必大作，遇洗衣者辄击之，且淹没其衣。故鞑人惧雷，雷鸣时必逐其客人，自藏于毡中，待雷过始出。④

---

① 本乃狄脱（L. F. Benedetto）本《马哥孛罗游记》第七十四节。
② 《卢布鲁克纪行》第七章（考穆洛夫本）。
③ 《喀品尼纪行》第二章（本同前）。
④ 《卢布鲁克纪行》第九章（本同前）。

他们所以不洗衣服,原是迷信上帝!雷神是上帝的钦使,有敢触怒上帝的,便把他抓去治罪。蒙古人是素讲信实的,不敢轻易犯罪,所以才借雷鸣的时候,允许他们去洗衣服,即若被雷击死了,表示他身负大罪,死有余辜,也不必惋惜。

因此,蒙古人自新衣着身后,即不加洗濯,也不加修缮,任其污垢、破损,绝不介意。食后指上的油腻涂在衣服上,食器有污尘也涂在衣服上,直到它不可再用,始弃之而另换新的。这样污秽的衣服,给我们看来,确实讨厌得很,但是蒙古人过惯了,不惟不觉其讨厌,反而自引为荣呢!

蒙古人的衣服,既如上述,其冠戴则如何呢?我们的回答也是:"男女有别。"

蒙古人的男冠,究竟是什么样式,喀品尼和卢布鲁克都没有明确的记载。喀品尼虽曾说过:"彼等不披斗篷,不戴帽。"但不能证实蒙古人不戴帽子。《黑鞑事略》云:

> 其冠,被发而椎髻,冬帽而夏笠。①

可见他们戴帽,而且有冬夏季节的不同。又《辍耕录》云:

> 毹丝脱兮尘土昏,头袖碎兮珠翠黯。压倒象鼻塌,不见猫睛亮。②

头袖、象鼻、猫睛都是一种衣饰,毹丝就是蒙古人的男冠。但是它的形式怎样呢?它是那类的人所戴的呢?《西游记》云:

> 庶人则以白磨斯六尺许盘于其首。③

这里所说的磨斯,便是上文的毹丝,以粗布制成,专为一般平民所戴的。其他皇亲贵胄,则另有一种官帽。《西游记》云:

> 男女皆编发,男冠则或如远山,帽饰以杂彩,刺以云物,络之以缨。自酋长以下,在位者冠之。④

---

① 《黑鞑事略》,第三页(东方学会本)。
② 陶宗仪《辍耕录》卷二八"嘲回回"条。
③ 《长春真人西游记》下卷,第一页(王国维注本)。
④ 《长春真人西游记》下卷,第一页(王国维注本)。

其富丽堂皇,已非磨斯可及。又胡敬《南薰殿图像考》云:

> 元代帝像一册。绢本八对幅。右幅设色画半身像,左空幅各像签题。一太祖,二太宗,三世祖,四成宗,五武宗,六仁宗,七文宗,八宁宗。前数像皮冠毡衫,后数像顶钹笠服袍。钹笠缀以珠宝,光彩章灼,若古之会弁然。①

按毡衫二字,虽与磨斯、毯丝音近,但非男冠,而为一种衣服,由元文宗诗"穿了毡衫便着鞭",②可以证明。所谓皮冠、钹笠,一为冬用,一备夏戴,其锦饰珠缀的讲究,更非磨斯所及。

蒙古人在衣服上有贫富的区别,在冠戴上也有贵贱的差异,可见当时社会阶级的存在,已为不可讳言的事实。

至于妇女的头饰,更为光怪陆离。一般平民,但以黄粉涂面,以口噙水洗头,生活非常简单,尚没养成奢侈的习风,大多以粗巾围在头上,《卢布鲁克纪行》云:

> 女子结婚后,剃其前头,围以披巾,宽若尼姑之包头布,而长大则过之。其前有开口,束于右身。③

可是比较阔绰的贵族妇女,如酋豪妻女、皇后、公主等,她们的首饰,则和普通的平民不同,而另有一套装饰,用以表现自己的身分和地位。《西游记》云:

> 酋豪之妇,缠头以罗,或皂或紫,或绣花卉、织物象,长六七尺。发皆垂,有袋之以绵者,或素或杂色,或以布帛为之者。不梳髻,以布帛蒙之,若比丘尼状。④

此外,除了各色的头罗之外,她们又有一种新奇的女冠,名叫故姑。

考故姑的来源,大概很早就有了。在戏院里我们常常看到番女们戴着精致而高大的帽子,我们就很疑惑它有些像蒙古的故姑冠,猜想它或许是从故姑冠演化而来的。那么,典型的蒙古故姑冠,当然也不是突

---

① 胡敬《南薰殿图像考》下卷。
② 《辞源》"毡衫"条。
③ 《卢布鲁克纪行》第八章(考穆洛夫本)。
④ 《长春真人西游记》下卷,第二页(王国维注本)。

然发明的,而有它渐渐衍变的历史。《魏书·西域传》云:

> 嚈哒国,大月氏之种类也。……其俗,兄弟共一妻,夫无兄弟者,其妻戴一角帽,其有兄弟者,依其多少之数更加角焉。①

又《北史·高车传》:

> 妇女以皮裹羊骸,戴之首上,萦屈发鬓而缀之,有似轩冕。②

又《晋书·载记》云:

> 燕代多冠步摇,莫护跋见而好之,敛发袭冠。诸部因呼之为步摇,音讹为慕容。③

可见远在南北朝的时候,已有类似故姑的首饰,而且不止限于一个民族的使用。不过那时候还没有故姑二字的名称罢了。

故姑二字之称呼,最先见于记载者,大概在蒙古太祖成吉思汗时代,④此后散见于个人游记和笔札者更多。因为译音的不统一,其名称也各不相同。见于欧文的,⑤或谓为 Baghtāk,或谓为 Bocca,或谓为 Botta,或谓为 Boctac;见于中文的,⑥又有"故姑""固姑""姑姑""故故""顾姑""罟罟""古库勒"诸类称谓。

但是故姑冠的形状又是怎样的呢?《喀品尼纪行》云:

> 已婚妇女……头戴树枝或树皮之圆物,高约一埃劳(Ell),顶作方形。其形渐上渐大,顶端更有细长而柔弱之木杆、金银杆,或为羽毛。⑦

又《卢布鲁克纪行》云:

> 彼等更有一种头饰,名曰"Botta",以树皮及他等轻便之物制

---

① 《魏书》卷一〇二《西域传》,第十三页。
② 《北史·高车传》。
③ 《晋书·载记》,引见吕思勉《中国民族史》第四章。
④ 考《元朝秘史》卷二、卷三有固姑冠的记载,又《长春真人西游记》亦有故故冠的记载。二书均写成吉思汗事,由此推知成吉思汗时代已有故姑冠。
⑤ 波斯文多作 Baghtāk,洛克赫尔本《卢布鲁克纪行》作 Bocca,考穆洛夫《马哥孛罗时代游记汇集》作 Botta,德文则多作 Boctac。
⑥ 《黑鞑事略》作故姑,《元朝秘史》(卷二、三)与《辍耕录》作固姑,叶子奇《草木子》作姑姑,《长春真人西游记》作故故,《蒙鞑备录》作顾姑,胡敬《南薰殿图像考》作罟罟或古库勒。
⑦ 洛克赫尔本《卢布鲁克纪行》注释引《喀品尼纪行》。

成。其状圆,其质重,非两手不能持起。其顶有方尖之突起,高过一丘必特(Cubit),俨若柱形。其外护以锦丝,中空,方尖之顶上,插以翻羽,或以长约一丘必特之细杖附之。此外更饰以孔雀毛。突起之周缘,另以兔尾与宝石绣之。贵族妇女,以此为头饰,结于冠上。冠顶有孔,以备此物穿过;冠内有一发结,在头之后上部,下则坚系于喉下。如结队而行,远见之若士兵披甲带盔倒负长矛。①

他们二人的记载,都很详确,无须重复。所以如此者,大概因为他们初入异邦,对于特殊的风俗,多所注意,而且又有锐利的眼光,不作虚伪描写的缘故。

我敢大胆地说,他们不是凭空捏造,而有铁一般的根据,可以互相印证。现在且把其他类似的记载,列在下面,以明我说的是非。

（A）凡诸酋之妻,则有顾姑冠,用铁丝结成,形如竹夫人,长三尺许,用红青锦绣或珠金饰之。其上又有杖一枝,用红青绒饰之。②

（B）妇人冠以桦皮,高二尺许,往往以皂褐笼之,富者以红绡,其末如鹅鸭,名曰故故,大忌人触,出入庐帐须低徊。③

（C）霆见故姑之制,用画木为骨,包以红绢、锦帛,顶之上用四直尺长柳枝,或铁打成枝,包以青毡。其向上人则用我朝翠花或五采帛饰之,令其飞动;以下人则用野鸡毛。④

（D）"香车七宝固姑袍,旋摘修翎付汝曹。"自注:凡车中戴固姑,其上羽毛又尺许,拔付女侍手持,对坐车中,虽后妃驭象亦然。⑤

（E）元朝后妃及大臣之正室,皆带姑姑衣大袍,其次带皮帽。姑姑高二尺许,用红色罗盖,唐金步摇冠之遗制也。⑥

---

① 《卢布鲁克纪行》第八章(考穆洛夫本)。
② 《蒙鞑备录》"妇女"条。
③ 《长春真人西游记》卷上,第二二页(王国维注本)。
④ 《黑鞑事略》,第三页(东方学会本)。
⑤ 杨允孚《滦京杂咏》。
⑥ 叶子奇《草木子》卷三《杂制篇》。

(F) 诸已婚妇女,头戴饰物,状如人足,长约一丘必特半。其下饰以鹤毛,全部并以宝石饰之。①

以上各种记载,都和喀品尼、卢布鲁克所述大同小异,对于故姑的构造、形质,可谓已经说得淋漓尽致了。但是清人胡敬更能总各家之言,旁征博引,说得尤为详细:

> 后像首服用红罗束发,峨峨然极高,至顶折而下。顶植小玉塔及彩羽,前后缀珠翠花朵,以带系发际,两端下垂及肩。又以金色罗红托里高寸许拢髻上,缀大珠作葵花方胜样覆发际,旁绕两耳,与耳环珠琲相接,下承颐如璎珞罗,两端后垂及肩。再以红罗抹额,或方空有花,微露鬓痕。袍色大红,织金为缘,间有紫与黄及茜色者。又案《永乐大典》服字韵载蒙古冠服引《析津志》云:"罟罟以大红罗幔之,胎以竹凉。……用大珠穿结龙凤楼台之属,以饰其前后,复以珠缀长条缘饰方弦,掩络其缝。又以小小花朵插带,又以金累事件装嵌极贵宝石。塔形在其上,顶有金十字,用安翎筒,以带鸡冠尾。……罟罟后上插朵朵翎儿,染以五色,如飞扇样。"据此,则诸后像之以红罗束发峨峨然者名罟罟。②

总括起来,我们可以考见故姑乃是用树皮、树枝或纤细的铁丝为骨骼,更以绢绸作外表,并附以羽毛珠玉等装饰品所制成的既高又大的女冠。蒙古妇女本以驰骋自若,负重担苦著名,不幸也戴这样蠢笨的帽子,她们也许以为是美观、尊贵,而我们却以为她们自甘为服饰的奴隶!

(二) 饮 食 方 面

现代的蒙古人,因受时代的巨轮所推动,已经放弃了纯粹的游牧生活,有些开拓了很多的地方,便在那里定居,播植粟黍和杂谷之类,借农产以养生。但是,我前面已经说过,蒙古起自漠北,远当七百年前,他们并没有农业的定居的生活观念,完全以游牧为营生的主体,甚至把侵占

---

① 《鄂多力克纪行》第十二章(考穆洛夫本)。
② 胡敬《南薰殿图像考》下卷。

的民田也改为牧地。① 就是入主中国以后的元世祖,一方面固然提倡农耕,他方面也不能完全摒弃游牧的气息。②

以游牧为生的蒙古人,为了自然的局限,他们的饮食,除去少许谷物之外,主要的便是捕获的动物——野兽飞禽之类。现在且就喀品尼、卢布鲁克二人所记为根据,以见蒙古人饮食之一班,并进而谈到与饮食有关系的其他问题。

(A) 食品 蒙古人的食品,除牛羊、谷物之外,彼等亦食鼠类。盖其地产鼠极多,短尾者作为食品,长尾者用以喂鹰。……家兔亦多,尾长如猫。……此外更有极多之小动物,足为食用。野兔不多,而瞪羚则丰。野驴亦夥,类似牡羊之 Artak(Ovis poli)亦不少,皆足为食。③ 可见他们所吃的东西,真是五花八门,种类庞杂。故喀品尼云:

> 凡可食之物,彼等皆食之,甚至有食虱者。④

他们非常珍惜肉类,所得畜物,除粪便外,皆碎而为食。他们又吃死畜,有余者曝于日中,待其干后,藏之以备冬日之需。夏日马乳丰多,除外人赏赐或狩猎时,食肉极少。若有余裕,则与叙利亚人交换果实,或制成乳饼,冬日以水冲食。此外,他们还吃黍粉诸物,但多非本地所产,富者由其南方之领土供给,贫者则以羊群生皮换之。⑤

他们对于食物的分量,也没有一点节制,有时候倾腹饱吞,有时候又整日断食。但每天晚上照例食肉少许。平时食物,常五十人或百人一羊,断之于盐水里,由主人以刀尖或小叉分与诸人。主人有优先权,先拣其所欲者,然后轮及其他。凡主人所与,必须接受,不得再分。如

---

① 《元史》一三四《撒吉思传》云:"统军抄不花田游无度,害稼病民,元帅野速答尔据民田以为牧地,撒吉思随表上闻。有旨,杖抄不花一百,令野速答尔还其田。"
② 《元史》一三四《爱薛传》云:"(爱薛)从猎保定,日且久,乃从容于帝前语供给之民曰:'得无妨尔耕乎?'帝为罢猎"。
③ 《卢布鲁克纪行》第七章(考穆洛夫本)。又《黑鞑事略》言蒙古人的食物云:"肉而不粒,猎而得者,曰兔,曰鹿,曰野彘,曰黄鼠,曰顽羊,曰黄羊,曰野马,曰河源之鱼。牧而庖者,以羊为常,牛次之,非大燕会不刑马。火燎者十九,鼎烹者十二三,裔而先食,然后食人。"亦与卢布鲁克所述相似。
④ 《喀品尼纪行》第二章(考穆洛夫本),又《大可汗国记》云:"人食各种兽肉,遇大宴会,则杀骆驼,以其肉入席。"
⑤ 参看《喀品尼纪行》第十一、十二两章,《卢布鲁克纪行》第五、六两章(本同前),及洛克赫尔本《卢布鲁克纪行》第六八页。

不能食，则携之家中，或与同来之小儿食之，或藏于随身口袋中，以备他日咀嚼。①

(B) 饮料　现代的蒙古人，因受各方文明的熏陶，饮料一天天增多了。咖啡、果子露虽不多见，而茶的施用，则非常普遍，所谓奶子茶或蒙古茶者是。可是当蒙古时代，他们的饮料却非常简单，不过乳类、粉羹、米酒、蜜汁而已。

所谓乳类，包括牛乳、羊乳和马乳。牛乳大部用作牛酪，羊乳则有一种臭气，故以马乳的用途为最广，为夏天所必须的饮料。马乳有黑白二种，因制法而不同。普通的马乳，乃将挤得之乳，置于袋中，以木棒击之，使其发酵沸腾，有酸厉之味，更继续击之而成，此为一般人之饮料。王公大人，并饮黑马乳。马乳久经击擦，浓者下沉，淡者上浮。下沉者为糟粕，色白，为奴隶之用；上浮者质纯，为主人所饮，其味甜烈。②

至于米酒、粉羹、蜜汁等，皆非蒙古人所制，而为外方输入之品。蜜汁大概来自波斯、土耳其斯坦，因为那里是产蜜和葡萄的地方；③米酒与粉羹则来自中国。蒙古人有好饮的风气，其量惊人，每饮辄以醉为荣，所以这些饮料的输入，非常之多。

(C) 燃料　蒙古人一般的燃料，就是兽粪。《黑鞑事略》云：

其爨草炭。④

按草炭就是牛马粪，其质为草，其色似炭，所惜他没有明白说出来。喀品尼云：

大汗贵族等皆以牛马粪便取暖或烹食。⑤

又卢布鲁克云：

---

① 《喀品尼纪行》第二章，《卢布鲁克纪行》第五章（考穆洛夫本）。
② 考氏《卢布鲁克纪行》第六章。
③ 《大可汗国记》云："包赛皇帝国中（即波斯）产树。其皮中有白汁流出，状类乳，味美而甘，人民所以为饮。又有以制食物，所产甚多，大有益于其地之人也。由树身或树枝割之，皆有汁流出。汁之色味，与酒相似。又有树产果，大与榛实相仿，或类圣洛拉湘（St. Gratian）之果，国人取其实。实类麦粒，以制面包面条，人皆嗜食之。"可见波斯产树果之多。又耶律楚材《西游录》亦多记西域果产之类。
④ 《黑鞑事略》，第二页（东方学会本）。
⑤ 《喀品尼纪行》第一章（考氏本）。

帐之四周,以金布遮之。中置火,以荆棘、蓬蒿、树根、马粪为燃料。①

这却是彰然的证据。

兽粪之最好者为羊粪,其干者容易燃烧,火力极强;次者为牛粪;再次者为马粪;而骆驼粪为最下。②

可是在沙漠地带,缺乏水草的地方,难得兽粪,人民多以灌木枯枝干叶为燃料。这些地方遍生灌木,也是一件天作的巧事!③

(D) 卫生 蒙古人没有卫生的观念,不仅表现在服饰上,在饮食上也是如此。单以食物来说,他们吃死畜,并吃常人不吃的动物。他们烹肉不加洗涤,既熟之后,便以两手撕食,不避手上污秽。若有剩余,则藏之锅中,多日之后,仍不舍丢弃。他们饭后不洗碗碟,遇炖肉时,则以热肉羹冲之,复将此肉羹倾于锅中。如赴宴所分之肉不能尽食者,则贮于污秽之衣袋中,以备饿时充饥。……凡此种种,都是蒙古民族特有的风气,不必一一细说了。

蒙古人的饮食,其不讲究如此,虽然是他们的缺点,也正是他们的特长。他们这种不挑剔、不拘泥的精神,确实非其他民族所及。因此养成了他们坚毅耐苦、不屈不挠的精神,对于任何事情,都敢于负责,而成为他们发扬尚武精神,实行野心侵略,而至国威广播天下的重要因子之一。

（三）居　　处

以游牧为生的蒙古民族,本来是逐水草而居,没有一定的住所,前面已经说过。后经灭金伐宋和西征的胜利,克取了许多外族的宫室房舍,就便定居下来,因而又有一种新的居处。

一般的人民,既然都度着流浪的生活,为着移动的方便,他们都居帐幕,如同现在的蒙古包。

帐幕的形式,非常简单:

---

① 《卢布鲁克纪行》第三十三章(本同前)。
② 松本隽著,吴钦泰译《东蒙风俗谈》。所云虽为现代蒙古人之习惯,但自此推知其古今无大差异。
③ 《卢布鲁克纪行》第九章,《喀品尼纪行》第三章(考氏本)。

> 先以木枝织成圆形之体构,使其相会于一顶点,一柱形烟囱自此点伸出,外幔以白毡,毡上常敷白色沾土或碎骨之粉,以显其白;有时则涂为黑色。其围绕柱形之毡上,饰以各种精美之图画。门前悬一毡,缀以不同之彩色绣图,或如卉草,或如鸟兽。①

因此我们知道了蒙古人的帐幕之作法、颜色和点缀。又喀品尼云:

> 其居处作圆形,以柳枝木杆精织而成,如篷帐然。但其顶之中,有一缺口,以便透光出烟,盖其火炉常在帐幕之中央也。其墙遮以毡,其门亦以毡制成。②

倒也和前面的记述类似。可是他们的帐幕立在什么地方呢?是否可以自由收张呢?喀品尼继云:

> 其帐幕有能立时分散,立时聚合,由畜牲负之前行之;其他则不能分散,架于车上,随车而移,无论赴战或他徙,皆携其帐幕。③

可见他们的帐幕,有就地而设与立于车者二种。立在地上的帐幕,其帐甚大,有广三十呎者;立在车上的帐幕,大小也相差无几。据卢布鲁克亲量一车上的帐幕,两轮之间,广二十呎,四周伸出轮外者至少各五呎。④ 帐幕的大小如此。

帐幕的一方有门,面常向南。⑤ 比较重要的人物,更于帐幕的四围筑墙防护。此墙又开二门,一门仅要人出入,无人看管;他门为普通人出入,有武装的士兵把守。凡越线而近帐者,为守望人看见了,逮而笞之,逃者射杀。⑥ 这正表示要人们的威风。

至于帐幕的内部,因受地方的局限,和日常生活应用什物的杂堆乱

---

① 洛克赫尔本《卢布鲁克纪行》,第五四—五五页。
② 《喀品尼纪行》第二章(考氏本)。《马哥孛罗游记》八四页云:"彼等有木屋,外遮以毡,其形圆,每当移徙时,以四轮车载之。……彼等又有二轮车,遮以黑毡,用以蔽雨,其形甚美。"又《黑鞑事略》云:"其居穹庐,无城壁栋宇,迁就水草无常。鞑主徙败,以从校猎。凡伪官属从行曰起营,牛马橐驼以挽其车。车上空可坐可卧,谓之帐舆。舆之四角,或植以杖,或交以板,用表敬天。"
③ 《喀品尼纪行》第二章(考氏本)。
④ 《卢布鲁克纪行》,第五十五页(洛氏本)。
⑤ 《卢布鲁克纪行》第三章(考氏本),又《马哥孛罗游记》第八十四页均有此记载。帐门所以向南之理,据洛克赫尔的见解(《卢布鲁克纪行》五六页注),是为了蔽北亚的寒风。又《周书》卷五十言突厥汗之帐门向南,以示敬天,蒙古人或有此意。
⑥ 《喀品尼纪行》第二四章(考穆洛夫本)。

积,看来非常窄狭,简直不能透气。门内设一木凳,上置金银器皿,内贮马乳。主人的床铺,在帐之北边。左(东)为女子的床铺,右(西)为男子的床铺。男子入帐,不得将其弓悬于女方。女主人的床上,悬毡制之偶像,呼之为兄弟。男主人的头上,亦悬一偶像,以兄弟呼之。二像均钉于毡墙上,中悬瘦小之像,作为全帐之护卫。帐中之女主人,于其床右脚下铺以羊皮,近处并置一偶像,注视诸妇女。门内左方,又有一偶像作妇女挤牛乳状;门口右方,另置一偶像,作男子挤马乳状,亦示他们责任的不同。①

此外,帐幕的中央,置一火炉,高约尺许,其中盛兽粪而作火,或炊爨,或取暖。比较重要一点的人物,更于炉后正面设高座,两旁设长凳,以燕宾客。其他如主人的用具,侍役的居处,都附设于进门两边不重要的地方。今兹将洛克赫尔所引若德洛夫(Radloff)绘的平面图,照样画出来,以见蒙古要人帐幕内部陈设的状况。② 至于一般贫民,除了没有高座以外,其他大体多与要人帐幕的陈设相仿佛。

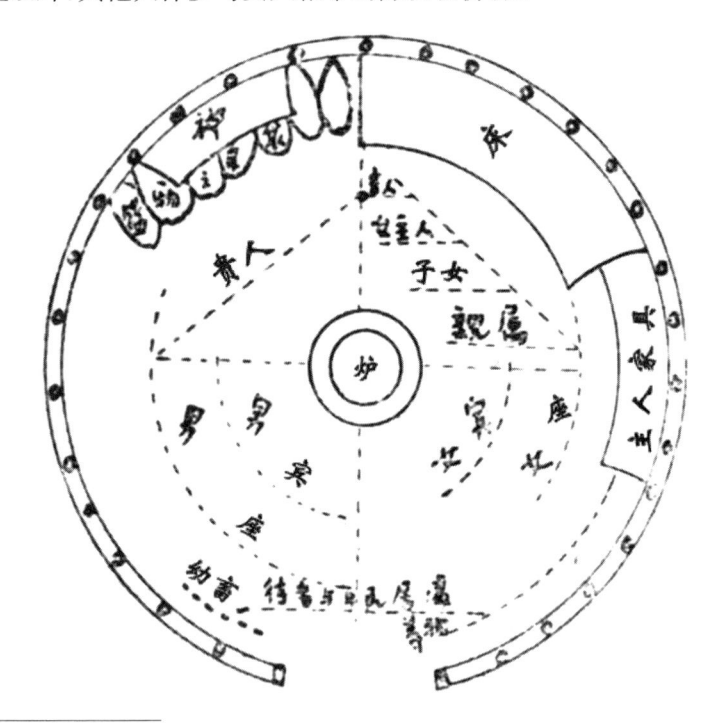

---

① 《喀品尼纪行》第二〇章,又《卢布鲁克纪行》第三、十七、二一章均有此记载(考氏本)。
② 引见洛氏本《卢布鲁克纪行》第五八页注一。

蒙古人的居处既然如此，当然也谈不到卫生的讲究了。上部阳光熹微，下面湿气上蒸，使帐幕里面发出一种污臭的气味；加以炉粪的冲烟，牲畜的便溺，和腐食汗衣诸杂味的调和，真令人闻之掩鼻，呕吐不止。可是惯于这种环境的蒙古人，却能随遇而安，感觉不到一点的痛苦。

蒙古人的长官，有很大的权势，在居处方面也是如此。由上而下，各人的居处，由长官顺序指定，不经允许者，任何人不得自由迁徙。[①]其移住的居处，自有一定，绝不随意转居，因为蒙古地面的土地有限，某部由此地转往彼地，各在一定区域之内。又冬天的时候，他们徙到河畔或湖滨，以求安暖；夏天的时候，则沿河而行，徙到凉爽的区域。

至于宫室的使用，在当时并非普遍现象。偶而有之，便是在几个有名的都市里，都市之外，没有房舍，更无宫室。

蒙古人的都市，择其大者，当以和林与汉巴里（Cambaluc）为代表。和林是他们的首都，城为泥墙，共开四门。城内车马辐辏，人烟稠密；楼台房舍的建筑，市街走道的设备，整齐而又严肃。居民除蒙古人外，异族很多，有西方的景教徒，有近东的回教徒，更有南方的佛教徒。分析起来，近如畏兀儿（Uigur）人、波斯人、汉人、南人，远如俄罗斯人、亚美尼亚人、法兰西人、西班牙人、意大利人、英人……都聚合在那里。所以说这首都实在是个异族杂处的地方。他们在那里的职业，也不划一。有的是各国的使臣，负着政治的使命；有的是牟利的商贩，欲图经济的榨取；有的是虔诚的传教师，建立十余教堂，竭力鼓吹本教的教义；其他还有蒙古人雇用的工匠和捕获的奴隶。因此，他们得蒙古大汗的允许，各自划地居住，把个整个的和林城，分为许多区域：一为回教区域，二为景教区域，三为佛教区域。此外更设公共区域。他们日常的生活，大半仰仗外处的供给，外处人把货品输入城内之后，按货品的性质，分为四个场所贸易：东部卖谷物，西部卖羊，南部卖牛、车，北部卖马。

至于大汗的宫廷，尤其豪华富丽，四边是堂皇伟壮的宫殿，中间夹着广阔的回廊，柱栋高耸，雕栏秀美，他如室内的布置，庭院的点缀，都非一言两语可以说得明白的。卢布鲁克云：

[①] 《喀品尼纪行》第十二章，又《卢布鲁克纪行》第二章（考氏本）。

宫廷之入口处，有一大银树，树下立四银狮，各装喷管，自树身通过，与树顶所嵌之蛇相接。诸蛇身缚于树干，头在树顶。一口放酒，一口放黑马乳，一口放蜜汁，一口放米糖水。既放之后，复落于树下预设之瓶内，不使外溢。树顶饰以天使，手执号筒，树下有拱形之房，可以蔽人，树中更有管通于天使。宫外有一穴，专贮饮料，并有仆人看守。如天使吹号，守者即以饮料倾于管中。如欲饮时，主侍即触动天使，命天使吹号，仆人乃急灌饮料于管中，更由管中注于碗内，由主侍送往宫中饮之。①

宫外的饮器，就是这样的不凡，那么，宫内的种种，只堪令人想像而已！

至于汉巴里的繁盛，喀品尼和卢布鲁克都没有记载，据马哥孛罗所述，比和林更有过之而无不及。② 现在因为篇幅的限制，不必多赘。还有其他城市，多为蒙古人所征服者，而非他们所建立，也不必繁叙。

总而言之，都市里的蒙古人，因为各方文明的熏陶，已经摈弃了蒙古人固有的生活习惯的大部，渐渐地倾倒于外国文明的怀抱里了。好逸恶劳，本属人之常情，蒙古人何能例外？他们得到这样安乐的居处，便一天天颓废下来，养成一种松懈闲散的习气，不能再为国家尽心劳力。蒙古日后之所以衰亡，这也是重要的因素之一。

（四）日常生活方面

半开化的蒙古人，过的是流动的游牧生活，我前面一再说过了。可是，我们必须注意的，就是他们的生活，绝不限于单纯的游牧，和游牧戚戚相关的其他社会劳动——如猎，如战，如劫——在蒙古人动态的生活中，同样地具有重大的意义。换一句话说，蒙古人的行事——社会劳动——可以牧、猎、战、劫四方面概括之。

（A）游牧 在这个生活过程里，一切都表现着单纯而幼稚。为了环境的驱使，他们必须寻找气候温和、水草丰富的地方，赶着他们的牧

---

① 《卢布鲁克纪行》第四六章（考氏本）。
② 参考本乃狄脱本《马哥孛罗游记》一一七——一二四、一四六——一四七页，又《鄂多力克纪行》第十一章（考氏本）亦可供参考。

群——牛羊马驼之类——不断地向四方迁徙。迁徙的方法,往往以部族为单位,一部族的长官,认为该部族有迁徙的必要时,便以全部族尊卑贵贱的阶级组织为系统,顺序地离开原来的居处,用车马载负着营帐,另觅适当的区域。因此,为了迁徙的方便,他们不事再生产的工作,他们不图生产率的加速,不望有很多剩余的积蓄,而用极原始的生产方法,以达到最低限度的生活需要为止。

(B) 狩猎　在游牧生活时代,狩猎本是一种副业。因为生活资料的匮乏,或者举行大典借以取乐的时候,才以狩猎为满足他们欲望的方式。蒙古是一片广大的荒原,不少水草和森林繁茂的地方,所以在猎取的对象方面,也不致发生缺少的问题。狩猎是种团体合作的事情,个人的力量虽强,离开群众团体便无从表现。因此,他们采取围猎的方法。当每年一定季节或临时欢宴庆祝的时候,便举行围猎。许许多多的人,彼此聚齐了之后,骑着马,唤着犬,驾着鹰,带着弓箭枪矛……浩浩荡荡地到了出产野兽最多的地方,团团地将它们包围起来,然后又慢慢儿接近,把圈儿缩小,使野兽都集在中心,觉察到了生命的威胁,向四处脱逃。但围猎的人数很多,这群野兽多半死在万矢之下,间有逃走的,又被猎犬、猎鹰所制死。①

蒙古人狩猎的工具,大别可分二类:一类是弓箭枪矛等静物,一类是有生命的马、犬、鹰等动物。大汗皇族更养有许多豹和林狸、狮子,作为猎捕之用。就中最饶兴味的,便是对于鹰的注意。

如同飞机侦察或轰炸某某地方一样,蒙古人豢养许多白隼和兀鹰,以便沿河岸猎取猎物。鹰的体量很大,且极凶猛,加以平时精细的训练,甚且可以猎取大狼。当游猎的时候,由鹰师率领着它们。鹰师备有哨笛和头巾,作为驾鹰的符号。必要时,鸣笛挥巾,即能收集飞鹰。当放鹰的命令发出后,鹰师不必跟随,因为它们的腿上常系有牌符,上面刻有主人和看守人的名子。如果它们飞迷路途,为外人所收集的话,一看牌符,知道为何人所有之物,仍旧物归原主。若小牌上的名子,非发现此鹰者所稔知,就将它送交一个职司无定财物的官员。所以一只鹰,以至一匹马、一把剑,或其他任何物件,如被寻着而非发现者所有物时,

---

① 考氏《卢布鲁克纪行》第七章,又前本《马哥孛罗游记》一三八——三九页。

他就直接送交这个官,细心收藏之。在另一方面,如有人发现一种失物而不送交职司保管的人,一经查获,就以贼惩办。这种规条收效很大,因此蒙古人没有何种物件终于会失落的。①

(C) 战争 为着民族的解放和野心的侵略,蒙古人经过不少的战争。前者是外力高压的反响,是分内的战争,为大众所同情;后者是贪欲的蛊惑,是分外的征讨,乃人人所不齿。故日本箭内亘博士所谓:成吉思汗非好战之人,所有之战争,完全出于不得已等语,②视他们以和平为常态,而战争则是一种变态,只是片断的论调而已。

蒙古人既然是从战争中提炼出来的,真是炉火纯青,对于战争的各方面,都非他族所及。论军事的组织,有万户、千户、百户、牌子头,递次而下,秩序严密;论行伍的纪律,务须通力合作,绝对服从,奉公守法,各尽其职;论战争的武器,有牌,有炮,有盔甲,有弓箭,有环刀,有长短枪……样样俱全;论迎敌的方法,一则惯使以夷制夷计,驱降众为破敌的前锋,一则善用野战,"百骑环绕,可裹万众,千骑分张,可盈百里,催坚陷阵,全借前锋。……凡遇敌阵,则三三五五,断不簇聚,为敌所包。……敌分亦分,敌合亦合。……或远或近,或多或少,或聚或散,或出或没。来如天坠,去如电逝"。③ 这种诡诈深诱的方法,实和现代游击战争无异。

于此,还有一个问题,就是:马的效用,不可漠视。诚然,蒙古人对于马的爱护,正和现代人的爱护甲车或飞机。驿道的传递,猎场的乘骑,和饮料的来路,时时需要马的供役,固不必论;单以战争而言,马的效用,实与狩猎中的鹰异工而同曲。他们没有步卒,临阵劫营,全赖骑兵。任何时候,人皆二三骑,以防疲惫无可轮换之虞。侦察敌情时有哨马,白刃相接时有战马。战而胜者,驱马以追敌;战而败者,策马以回退。

因为马的任务特别重要,所以蒙古人对于马的豢养也特别注意。《蒙鞑备录》云:

---

① 前本《马哥孛罗游记》,一三九一——一四五页。
② 陈捷、陈清泉合译,箭内亘《蒙古史研究》"成吉思汗"篇。
③ 《黑鞑事略》,第九页(东方学会本)。

> 鞑国地丰水草，宜羊（养?）马。其马初生一二年，即于草地苦骑而教之。却养三年，而后再乘骑，故教其初是以不蹄啮也。千百成群，寂无嘶鸣。下马不用控系，亦不走逸，性甚良善。日间未尝刍秣，惟至夜方始牧之，随其草之青枯野牧之，至晓搭鞍乘骑，并未始与豆粟之类。①

又《黑鞑事略》云：

> 自春初罢兵后，凡出战好马，并恣其水草，不令骑动。直至西风将至，则取而控之，系于帐房左右，啖以些少水草。经月后，膘落而实，骑之数百里，自然无汗，故可以耐远而出战。寻常正行路时，并不许其吃水草，盖辛苦时吃水草，不成膘而生病。②

他如屠马的禁制，马群的繁殖……也尝散见各书，不必多叙。

在这样机敏的训练和充分的准备中，蒙古人百战百胜，奏其凯旋的高歌，满其无限的贪图，自无问题。所夺取的城市，充作他们的舍宇，所占据的土地，分封与诸皇族王子。最不幸的，是一般被征服的民族，城破人亡，嗷鸿遍野，终身流浪，无所凭依，备尝惨痛的亡国的滋味！

(D) 劫掠　在蒙古人的法令上，不许有偷窃的行为，可是当战争破城遇着敌物的时候，劫掠并不干法纪，而且上级特别的加以提倡，借以鼓励部众的进取心。不过所劫取的财物，和猎取的野兽一样，不得为一人独有，必须由大家所均分。这一点平等的观念，或许是统治者的手段，用以维系上级的威信，掩饰贵贱的差别，缓和阶级的冲突而求欢于大众的策略吧！

蒙古人主要的四种社会劳动，这里已经说过了。此外，在娱乐方面，除去狩猎之外，像骑射、角力、歌舞……也自成一种风尚，影响于蒙古整个民族者至巨。但读者多能顾名思义，不必繁述了。

（第105—107期，1936年10月1日——1936年10月15日，第7版）

---

① 《蒙鞑备录·马政》。
② 《黑鞑事略》，页七（本同前）。

清代的佃农

张致恭

因为土地的分配不均,一方面拥有巨量的土地,一方面却无地可耕。于是无地可耕的人,不得不向他人承租土地,从事耕种,以营生活,这便是所谓佃农。清乾隆时,一个地方官的布告这样的说:

> 照得粮从租办,普天同例。业户重资置产,不能遍行耕种,招佃出力代耕,冀其办纳额租,输粮之外,以赡室众。而佃民耕种为活,自己苦于无产,因而承种业田,办租之余,借以资生。(《澄江治绩续编》卷二)

据此,已很可明了当时的土地,是怎样的分配着和使用着了。地主自身的消费既取之于佃农,并且地主对于国家财政上负担,即所谓田赋,也是转嫁于佃农的。

清代佃农的数量,因了正确统计的缺乏,不能够拿出数字来看看,所以只好征引当时人片断的记载,以略观其梗概。清初顾亭林曾说:

> 吴中之民,有田者什一,为人佃作者什九。(《日知录》十)

光绪初陶煦也说:

> 吴农佃人之田者十八九,皆所谓租田。(《租核》)

他如《巴陵志田赋论》云:

> 巴陵土瘠民贫……十分其农,而佃种居其六。(《清经世文编》卷二十九)

方恪敏又说道:

> 检阅村庄户口，体访农民生计，因知占业自耕者少，为人佃种者多。（《荒政辑要》卷六）

依上所举，我们可以得到一个简略明确的概念，那就是：佃农的数量，至少也在半数以上。不过，佃农的数量，并不是停滞的、固定的，而是常常基于经济的或社会的或政治的原因，不断的在变动着。并且因了地域的不同，佃农也便多寡不一。大概长江、珠江流域，以佃农和半佃农为多，而在北方，自耕农大率多于佃农。这是因为南方地窄人稠，而北方土地辽阔，农民比较还有土地可耕。而且北方官僚之财富和商业资本侵入土地的程度，农民的贫困，以及小农经济的破坏，远不及长江、珠江流域那般厉害。

租佃的制度，概括的说来，共有三种。有一种叫做不定期佃制，就是佃农承租地主的土地，没有一定期限，佃农可随时退租，地主可随时撤佃。佃农在这种制度下，毫无保障，地主往往拿撤佃做手段，以达其加租之目的。还有一种定期佃制，地主把土地租给佃农，缔结租佃契约，或只口头约定，有一定的租佃年限。此种佃制，因为有时期的限制，佃农还自由些，但地主势强，佃农势弱，地位悬殊，弊端亦不为少。此外，有一种永久佃制，也可叫做田面佃制。即佃农向地主租种的土地，分田底与田面两种权限，质言之，就是土地所有权和土地使用权。这两种权限，地主与佃农各有其一，自然地主有土地所有权，而佃农有土地使用权。陶煦说：

> 吴农佃人之田者……俗有田底、田面之称。田面者佃农之所有，田主只有田底而已，盖与佃农各有其半。故田主虽易，而佃农不易；佃农或易，而田主亦不与。（《租核》）

在这种租佃的制度下，佃农对于土地的耕种权，永久继续，并且须传给子孙，所以佃农的地位似有相当的安定。然而佃农既有永久性，就很难取得土地的所有权，终身或世袭不能摆脱佃农的地位，而地主却永久的坐享地租。并且佃农既有土地之使用权，也就不肯轻易的离开土地，于是地主就越发向佃农剥削了。试看陶煦的话：

> 盖佃者无田面之系累，则有田者虽或侵刻之，将今岁受困，来

> 年而易主矣。惟以其田面为恒产所在,故虽厚其租额,高其折价,迫其限日,酷烈其折辱敲吸之端,而一身之所事畜,子孙之所倚赖,不能舍而之他。(《租核》)

可知佃农明明和地主共有其田,但反倒因为耕种权的缘故,而遭受地主残酷的剥削,百般的厉虐,其苦有不可胜言者!

其次,要探讨佃农纳于地主的地租。大概地租是收获的半数。清初张履祥说:

> 佃户终岁勤动,祁寒暑雨,吾安坐而收其半,赋役之外,丰年所余犹及三之二,不为薄矣!而俗每存不足之意,任仆者额外诛求,脚尖斛面之类,必欲取盈,此何理耶?(《清经世文编》卷三十六《农书》)

这里所谓"安坐而收其半",就是地租当收获的半数,不过还要"额外诛求",佃农的疾苦,在这里表露出来了。章谦也说:

> 一亩之田,耒耜有费,籽种有费,罱斛有费,雇募有费,祈赛有费,牛力有费,约而计之,率需钱千。一亩而需千钱,上农耕田二十亩,则口食之外,耗于田者二十千。以中年约之,一亩得米二石,还田主租息一石,是所存者仅二十〔石〕。(《清经世文编》卷三十九《备荒通论》)

由此也可知地租适当收获的半数。降至清末,地租亦无甚增减,大约佃农与地主仍是平分收获,曾国藩谓:

> 苏松常镇太钱粮之重,甲于天下。每田一亩产米自一石五六斗至二石不等,除去佃户平分之数与抗欠之数,计业主所收,率算不过八斗。(《清道咸同光奏议·备陈民间疾苦疏》)

可是租率并不一定如以上所说的那般整齐划一,还有更高的,例如乾隆中陈道说:

> 余闻南昌新建佃田者,上则亩止租二石,中或一石五六斗,下则亩率一石。(《清经世文编》卷三十一《江西新城田租说》)

足见租额之高者,竟达二石之多,少亦一石。地租的畸重,于此而极。

佃农向地主纳租是有期限的,陶煦《租核》云:"收租之期,自来以十日为一限,三限而止。"当时法律上对于不按期纳租的佃农,有严厉惩罚的条款：

> 佃户拖欠租课，欺慢田主者，杖八十。所欠之租，照数追给田主。(《大清律例汇辑便览》卷二十七)

不过佃户拖欠地租，按法律说，地主不得私加拷打：

> 凡地方乡绅私置板棍，擅责佃户者，照违制例议处，衿监革去衣顶，杖八十。(同上)

但是地主既有财，而又有势，法律其奈地主何！所以佃农往往因了租额太重，限期太严，有的就一年或数年偶然少纳一点，有的就稍稍拖延时日，这自然是情势所不能免的，而地主的淫威便因此而发扬起来了。关于此点，陶煦的《租核》，言之颇详，兹将其中的一大段，引之如次：

> 司租之徒，欲求媚于主人，于佃农概不宽贷，恶声恶色，折辱百端。或豫挟悍隶入乡收租，一不如欲，出缧绁而囚之。甚且有以私刑盗贼之法，刑此佃农。……如是而仍无所得，然后解而送之于官。夫寻常婚户田土之事，定例丞佐官不得专擅，又凡有罪者，不论大逆不道，皆容诉，独至追比佃农则不然……诉词未毕，而行刑之令早下矣！……或田主以隶役行刑不力，倍给之钱，至有一板见血等名目，俾佃农血肉飞流，畏刑伏罪！虽衣具尽而质田器，田器尽而卖黄犊，物用皆尽而鬻子女，亦必如其欲而后已。……故岁以县计，为赋受刑者无几人，为租受刑者奚翅数千百人！

呜呼惨矣！地主始则私刑佃农，继则送交官厅，必攫取地租而后已，其横暴无理，言之令人痛心！

总之，佃农在高度地租的剥削之下，勤动终岁，所得报酬，极其低微，丰稔仅免冻馁，荒歉即多流离。这确如道光时奚子明所说：

> 听富豪坐擅兼并之利，使农人尽毕生之心力，划归佃款，所谓乐岁终身苦，凶年不免于死亡者，农自损而业自益也！剥削日久，农穷田瘠，故有弃其田而不耕者。(《多稼集·稽古论今》)

如是而已。在这里不再作深入的探讨了。

(第46期，1935年8月1日，第7版)

封 建 社 会

关于西周的封建制

中 一

周代是封建社会,差不多成为人所公认的史实。但郭沫若先生却持异议,以为中国的封建制度是始于春秋以后,西周则为奴隶制。他为了相信"西周时代之社会断然非封建制度",曾一再说明周代初年之所谓封建,不过是筑城垣建宫室之移民运移,他说:

> 是故封建之事,在古本树畿封、建社壝之意,如今之所谓殖民,与爵土分封、建立屏藩之事有别。爵土分封、建立屏藩之封建,自汉以后见诸实行。所谓五等诸侯之制,实春秋中叶以后,儒者所拟设之虚文。(《甲骨文字研究·释封》)

郭先生的意见,是以"爵土分封,建立屏藩"为封建社会的结构的标准,西周时代之所以不是封建制,就是因为没有"爵土分封,建立屏藩"的制度。这种意见,我们不敢苟同。我们不敢苟同的理由,可分两方面来说:

第一,郭先生把封建社会的中心移到政治现象上去。我们知道,所谓"爵土分封,建立屏藩",乃是政治的现象。这种政治现象,不能够决定社会的本质。如果由政治的现象来决定社会的性质,那一定把握不着社会的真实性,走到反物观的见地去的。例如,以政治的现象来决定社会的性质时,那末,英日均有君主,我们就当把它们看做封建制度,这不是笑话吗? 固然,我们相信郭先生不会有这样滑稽的论断,但由政治现象作出发点的看法,其结果是必有这种错误的。

我们考察社会的性质,应当以生产方式作出发点。"手摇纺车造成封建社会,蒸汽机造成工业资本家社会"(《哲学的贫乏》),伟大的唯物史观的建立者早已指示给我们了。因此,封建社会的本质,应从封建的生产方式来把握,不当由政治的现象来决定。自然,封建社会有特殊的封建政治制度。可是,我们不能由封建的政治制度来决定封建社会。理由很简单,逆定理往往是不正确的。

封建的生产方式是怎样呢？这是一个很不容易回答的问题。但我们不妨这样简略的说,封建的生产方式,是封建领主占有生产手段,用奴仆实行手作劳动为特征的自足的生产方式。这种生产方式,在奴隶劳动制或农奴劳动制下是没有什么大差异的。山川均说:

> 封建制度主要的、支配的产业,就是农业。田园劳动就是封建社会衣食住之主要来源。在这一点,与古代社会并无所异。但在一方面,奴隶制度为社会劳动之中枢;反之,在他方面,农奴制度代替了奴隶制度。(《资本主义以前经济史》)

这是说,奴隶制与农奴制的生产方式是相同的。但为什么在同样生产方式之下,有奴隶制与农奴制的差异呢？这,我们必须简单的述说一下。

封建社会的发生,有两种不同的形态。其一,由村落公社的发展产生出来,即由军事酋长长期专政而形成的,如希腊、罗马及中国之周代是。其二,则由游牧种族征服农业国家而产生的,如中世欧洲诸国及北魏是。拉法格说:

> 所以封建制度,可以说有两种起原:一方面即是从那集产村落进化的条件中发展的;他方面则是从征服生出来的。(李译《财产进化论》,页八十七)

就是这种意义。库斯聂称前者为首要的封建制度,后者为次要的封建制度,并说前者是"因经济之自然发展而形成的封建社会",后者是"因商品〔经济〕衰落而形成的封建社会"。前者的发生,因有大量的落后种族,可供军事的掠夺,即有奴隶的来源,所以成为奴隶制;而后者形成的时代,此种军事的掠夺没有很大的作用了,奴隶的供给太少,农奴制度因而代替了奴隶制。

这是在同一生产方式之下所以有奴隶制与农奴制的原因。由此,我们可以知道,奴隶制与农奴制都是封建社会的产物,是封建的生产方式下的两种不同的劳动形态,在生产过程里所占的地位,没有什么差异的。奴隶制乃是封建社会之一种劳动形态。这样说来,奴隶制与封建制度并非不能并立的。在封建社会中,奴隶劳动制与农奴劳动制一样的存在过。那末,我们不能以某时代为奴隶制就断定非封建社会了。郭先生承认西周是奴隶制,却以为"断然非封建制度",不用说是忽视了封建的生产方式的缘故。

其次,郭先生不惟这样的误解了封建社会,而且在他的著书中还有自相矛盾的地方。现在,以郭先生对于封建制度的解说,看看西周是否实行过"爵土分封,建立屏藩"之事。

郭先生曾经这样说过:"周金中以土地为锡予或抵押之事多有。"(《殷周青铜器铭文研究·释丹柝》),又说:

> 趞器言"王锡趞采",南宫鼎言"商赉裛土作乃采",均系分锡采地之事。(前书,《令殷释文》)

郭先生并考证"趞乃东伐淮夷时主将之一,战胜有功故受采地之分锡"(同上)。这样,就郭先生的研究,可见周有"爵土分封"之事,郭先生自己已证明了。至周初大封同姓,史籍具载,三叔监殷,就是以屏藩周。及成王克殷践奄,封康叔于卫,封周公子伯禽于鲁,封召公子于燕。《鲁颂·閟宫》载封伯禽时的话说:

> 王曰叔父,建尔元子,俾侯于东(鲁),大启尔宇,为周室辅。

封伯禽是为的"为周室辅"。周初分封,不明明是在"建立屏藩"吗?

这样说来,郭先生所说"自汉以后"实行的封建,在周初固已实行过了。

西周是封建社会,是封建的奴隶制,无论从那方面说都是没有问题的。质之郭先生以为何如?

一九三四,九,八

(第 3 期,1934 年 9 月 20 日,第 7 版)

论西周封建国家的形成

刘亚生

自一九二七年中国大革命而后，随着中国社会性质的急求解答，从而在史学界上便展开了中国社会史的热烈的论争。最初，着重在方法论的争辩，其后复从事于社会发展史的分期，时至今日，可以说已进入到理论与史实的综合的研究之新阶段了。这不能不说是中国史学界的进步的可喜的现象，而且几年来由于史学界诸先进的苦心孤诣的钻研之结果，确使中国社会发展史获得了接近其真面目的轮廓。虽然如此，但在中国社会经济史尚有待于继续探究的今日，一般中国社会史研究者显然的还没有趋于同一的正确的结论。当然，其中有的是别具用心的故意来歪曲史实以便遂行政治的作用，但是我相信大多数致力于中国社会史的研究者，必然的要应该正确的把握住方法，灵活的运用着史实而且虚心的接受与批判前人的成果。这样，才能使中国社会史提高到一个新的阶段，才能尽社会史研究者对中华民族所能尽的任务。

在目前，中国社会发展史上仍成为重要问题之一的问题，是西周时代社会形态的问题。的确，西周时代的社会是中国社会史上的一个最重要的阶段。它对于理解此后的中国社会史有着决定的作用，同时对于目前中国民族解放的任务，也有着莫大的影响。惟其如此，从而向来对西周时代的社会形态之意见，便格外来的纷歧。如有的说是封建社会，有的说是原始封建社会，有的说是奴隶社会，更有的说是氏族社会，并且有的说是亚细亚的或专制主义的社会。一切这些答案，真使得我们这些初学历史的人弄得头昏眼花莫知所从了，简直有如被打到了迷魂阵！为什么同一的史实而竟得出了这许多的解答？莫非真的史实可以任意的歪曲吗？我相信问题的回答只有一个,而关于西周时代的社会形态之所以有如此许多的解答者,无疑是由许多人犯着方法的错误之故。

如前所述,西周时代的社会形态之理解,既对理解中国社会史有决定作用之重要,而且对今日中国民族解放之途径有莫大的关系,同时对此问题的解答又如此其复杂。那么,我们这从事中国社会经济史的研究者,不待说有迫切的来解答这一课题的必要了。现在我把我自己的一点意见提供出来,作为大家的参考。至于详细的进一步的论究,因时间关系,只好待诸异日了。

周朝的建国,始于武王灭殷之后(纪元前一一二二年),亦即周族灭殷之后,社会经济发生了一个质量的转化。但此社会经济之质量的转化,并非纯由于从西方来的周族之亡殷所完成的,而是在殷代社会经济的胎胞内已经孕育了封建社会的因素,只不过由周族之侵入而把它加强提高了而已。所以我们要想理解西周封建国家之形成,首先必须简单的阐明殷代灭亡前的社会经济及未亡殷前的周族的社会生活。换言之,就是为了问题之解答,我们要深入到事实的本质里去探求。

依于传说,最初唐虞时代,契为司文教的司徒官,被封于商,即今日陕西的商州。从契到第十四世的成汤,灭夏桀而统一天下,号国号曰商,都于亳。从汤王到第十世的盘庚——就中曾迁都五次——商、亳、嚣、相、耿——迁都于殷。其后,王朝被称为"殷商"或单称"殷"。殷从汤王到二十八世的纣王,为周武王所灭,"自盘庚徙殷至纣之灭七百七十三年"(《真本竹书纪年》)。

殷朝所占的范围,在本质上,是山西南部及河南一带地。在当时依于卜辞及殷墟出土物的研究,不但牧畜已经发达,即农业也很发达了。这已有地下物之丰富的证明,而且也是今日一般考古学家及社会史家所公认的事实,于此自无须多事材料的引证与罗列。伴随着农业经济的发达,作为生产工具的青铜器遂普遍的施行了。虽然在目前从殷墟发掘出来的青铜器,大都是些兵器及各种用器,如铜刀、铜矛、铜镞、铜铸,及爵、卣、尊、彝、觯、鼎、敦、觚、角、斝、甒、匜、壶、鬲、罍、盦、盘、觥、豆等等,但如依于生产工具之辩证法的发展来推论,无疑的青铜器的农具已经是普遍的存在着了。因为生产工具最初的出现，并不是偶然或由于非生产之任务的，而是由于经济上的要求而产生的，"农业与牧畜的发展，又促成了由石器到铁器的转变，手工业萌芽了：铁器的发明，陶工生产之发展等等"（拉氏等著，陶达译《政治经济学》第八版）。即按中国古书里所记载的铁的使用之顺序来说，也是如此的。"美金以铸剑戟，试诸狗马，恶金以铸锄夷斤欘，试诸土壤。"（《国语》）"古者以铜为兵……春秋迄于战国，战国迄于秦，攻争纷乱，兵革互兴。铜既不克给，故以铁足之。铸铜既难，求铁甚易，是故铜兵转少，铁兵转多。"①（江淹《铜剑赞》序文）既然青铜器的兵器和各种用器这些非直接的生产工具已很普遍的存在，从而因为当时还残存一些石器——如"石刀""石犁"以及用"辰"字来解释农耕为石器，而证明农业不发达（见郭沫若著《中国古代社会研究》，二四八页），这未免陷于错误。随着青铜器生产工具之普遍的使用，农业必然的更加发展，农业高度发展的结果，当然又要求新的生产工具——铁的出现。② 不过在铁的生产工具使用不久，殷朝便在异民族——周族——的侵略下灭亡了。

殷商灭亡的前夕，不但农业已很发达，而且从农业中分离出来的手工业也相当的可观了。这从卜辞中可以得到证明。关于手工业方面文字，郭氏分之为四项：（一）食器：鼎、尊、敦、卣、盘、甗、爵；（二）土木：宫、室、宅、家、牢、圂、舟、车；（三）纺织：丝、帛、衣、裘、巾、幕、帗、旒；（四）武器：弓、矢、弹、箙、戈、钺、函、箙（郭氏前揭书，二四九页）。从第一项的文字中，证明了铜矿的熔解，铜器制作及酒之制造的发达；从第二项的文字中，证明了建筑进展到了相当高的程度；从第三项文字

---

① 这只是说的兵器的发展，我们绝不能以为铁器在春秋战国时始发现的根据。不过由此我们可以晓得铜铁的生产工具之发展顺序，当亦是如此的。
② 郭沫若氏在其所著《中国古代社会研究》中说："《大雅》的《公刘》篇有'取厉取锻，止基乃理'的两句，厉是石器，'锻'《毛传》训'石'，《郑笺》谓'石所以为锻质'，则是铁矿之意。《公刘》这诗是周初的文字，所以我们可以断言，在周初的时候，铁的耕器是发明了。"的确，郭氏这话是对的，不过是不够的。为什么？因为铁的生产工具绝不是什么偶然的发明，在周初——即在灭殷之后——突然的发明出来。同时，若说在周族未亡殷前，在周族本身已知使用铁，这更显然是错误，因为当时的周族还过着氏族社会生活的缘故。无疑的，铁的生产工具是已早在未被周族灭亡前的殷朝的末期所普遍的使用着的东西。当然在周族灭殷而建国后，因经济之重大转变，可以使之急速的提高与发展，这是无疑的。同时我们应该知道，何以在殷墟出土物中，无铁器之残存，这是有其必然原因的，因为铁器易氧化生锈，不能保存长久故也。再者，在甲骨文字中，当亦难发现铁字之痕迹，实因该时文字已为贵族所专有，自不须记载奴隶所使用着之不屑为贵族谈的生产工具也。

中,证明了纺织业的繁荣;从第四项的文字中,更证明了战争的频繁及为获得奴隶而战争的必要。伴随着农业与手工业的发达与分离,作为交换关系的商业也很发达了。本来,交换关系在氏族社会的中期已经发生,在氏族社会的末期已经发展了。但是在当时,商品交换带着偶然的性质,它只是以物和物相交易,而且其所交换的物品,只是在其本氏族内消费不了的剩余物。但在此时的殷商,交换关系并不是现物与现物之直接的偶然的交换,而是经常的以一定的货币作为媒介了。当时作为货币用的媒介物是什么呢?这在郭沫若氏的《中国古代社会研究》及吕振羽氏的《中国经济史讲义》(中国大学讲义)里说的很详细。郭氏说:"大抵贝朋用为通行货币之事,即起源于殷人。"吕氏说:"甲骨文中有'贝'字、'朋'字……并有真贝、珧贝之分,郭沫若也认为系专门充任媒介物的货币。易卦爻词中,亦有'贝'字、'朋'字、'资'字等。"①

作为商品交换之媒介的货币之存在,这反证了当时商业之盛行,关于此我们无妨举出卦爻词的几条来以作证明:

> 大车以载,有攸往,无咎。(《大有·九二》)
> 由豫,大有得;勿疑,朋盍簪。(《豫·九四》)
> 出入无疾,朋来无咎;反复其道,七日来复。利有攸往。(《复》)
> 行有眚,无攸利。(《无妄·六三(上九)》)
> 西南得朋,东北丧朋。(《坤》)
> 改邑不改井,无丧无得。(《井》)

此外,从下列几条中,更可窥见商人——贸易者存在的痕迹来:

> 无妄之灾,或系之牛,行人之得,邑人之灾。(《无妄·六三》)
> 三人行,则损一人;一人行,则得其友。(《损·六三》)
> 弗损益之……利有攸往,得臣无家。(《损·上九》)
> 夫征不复,妇孕不育。(《渐·九三》)
> 旅即次,怀其资,得童仆,贞。(《旅·六二》)
> 商兑未宁,介疾有喜。(《兑·九四》)

---

① 参看郭氏前揭书二五二—二五三页,吕氏前揭书二七页。

总之，在殷商灭亡之前夕，农业与手工业已经分离而且各相互在其自己的路上繁荣滋长。同时，商业及作为人类历史上第三次大分业的商人（贸易者。恩格斯语）也相当的盛行着。雷哈德说："奴隶制度发生的时候，同时是巨大的社会分业之最初形态及私有财产出现的时代。"①"和以社会的分裂——即在家族内自然发生的分业及到各个相互对立的诸家族之社会分裂——为基础而成立的分业一起，同时还规约着分配（但在劳动及其生产物之量上和质上都是不平等的分配），即规约着财产。此财产自身，于此在妻和小孩子们为夫之奴隶的家族中，是已经具有其核心及其最初形态的。"②

即是说，当时氏族社会末期的农村公社已在解体过程中，作为生产力的奴隶之存在与夫奴隶制已代氏族社会而诞生。"奴隶的利用扩大了个人生产的范围，大大的增剧了而且加紧了手工业与农业的分离，发生了不以消费之满足为其任务的生产，而以交换为目的之商品的生产。由于分工的成长，生产力的成长者增高了而且发生了贸易。最后，原始共产主义的家族经济也被消灭了。如恩格斯所说，第三次分工发生了。这种分工是如此的，即发生了特殊的人群——商人、贸易者，他们不从事于生产品生产，只从事经营生产品的交换。"（前揭《政治经济学》第八版）渥斯洛维却洛夫也曾明白的说："许多因氏族的破坏而成立的族长的家庭，开始应用奴隶当作劳动力，使这些家庭的生产可能性扩大，使个人的家庭生产范围扩大。于是便产生了一种生产，其任务不但是制造使用价值，而且也〔制造〕一部分的商品作为交换之用，但生产量的多少是根据生产力的发展，劳动分工的发展，手工业脱离农事的发展，以及贸易的发展来决定的。由于这一切发展，原始共产主义的家庭经济的消灭便日益加甚，而发生了恩格斯所说的劳动第三次分工。从这次分工中产生了一批专门人物——商人，他们不复从事于生产品的生产，而只从事于交换工作。"（日译《社会构成论》）

由上所述，可知殷商灭亡前已处于奴隶社会经济的阶段。为了问题的解答更加明白起见，现在不妨再从它的阶级对立及剥削诸关系加

---

① 所著《前资本主义社会经济史论》日译本第七章，现本书已由笔者及傅安华先生译出，不日出版。
② 马克斯、恩格斯《德意志意识形态》。

以简单的考察。本来，奴隶社会是社会发展史上所不可避免的阶段，主要原因在于，"在原始共产社会崩溃阶段上的生产力的低度水平下，占有剩余劳动的最适当的方法（假如不是唯一的方法），便是采取奴隶劳动"（《社会构成论》）。因而"在原始共产主义的无阶级的社会到有阶级的社会转变之下，任何民族都曾采取这种或那种形态的奴隶制度"（前揭《政治经济学教程》第八版）。伊里奇更在《国家论的讲演》中明白的指出："一切人类社会发展的诸事实，在一切国家的数千年的经过中，没有例外的，如下的指示给我们其发展一般的规律性、规则性和其顺序。即最初是无阶级的社会——没有贵族的太初的家长制的原始社会；其次是变成了以奴隶为基础的社会，奴隶所有者的社会……奴隶所有者和奴隶，是最初的大的阶级的分裂。"[1]奴隶出现，正是意味着阶级的对立和私有财产的存在，即一方面出现了非氏族贵族群的新富有的家族，另一方面则发生了赤贫化了的为其所有主终日劳动的奴隶。关于此，我们只从殷彝中许多赐贝朋的事，便可以充分的证明（参看郭氏著前揭书二五二页及吕氏著前揭书二七页，兹不赘引）。从而郭氏也不得不说："那时的王侯，虽然以极少数的货贝宝物赐予其臣下，但那证明族的公有物俨然成了王的私有，而臣庶也能有私有物的公然权利。王的这种赏赐权，不消说本是社会的反映，可知当时的社会已渐渐的在脱出氏族制的藩篱。"（二八〇页）其不知它岂止"已渐渐的在脱出氏族制的藩篱"，假如不是私有财产制度已经巩固，奴隶社会已经出现的话，王侯不但不能以贝朋作为私有而赐诸其臣下，[2]而且他根本就没有存放着大批财富的必要。这种情形，在《商书·微子》篇中，便明白的道破了：

> 殷罔不小大，好草窃奸宄……小民方兴，相为敌仇。……今殷民乃攘窃神祇之牺牲牷。

同时，一在甲骨文和易卦爻词中，有许多奴、仆、役、臣、妾、竖、婢、妍、僚，及小人、童等字的存在，这也是证明阶级社会——奴隶制度存在的有力的事实。

---

[1] 参看马克思《经济学批判》序文。
[2] 在氏族制度末期奴隶制度未出现前，个人的私有，是在农村公社之生产上的家庭生产工具的私有和私人独占（参看《社会构成论》）。

其次，要进而考察一下当时奴隶主与奴隶的关系，即剥削诸关系。关于此，甲骨文中有如下的记载：

> 戊戌卜大占奴。
> 癸巳卜令牧坐。
> 土方牧。
> 雀人㐭于牧。
> 姘姘受黍年。
> 贞㞢小臣令众黍。
> 藉臣。
> 有来竖自西。
> 三日丙申允有来竖自东。
> 多臣伐吕方。

由此，可以看出奴隶多使用于畜牧、捕鱼、农耕等生产事业上以及军警等公务及杂务上；同时，从奴隶逃亡的记载及处置奴隶的残酷刑罚，如甲骨文中有刖、刵、刑、杀等字，及卦爻词中的"困于石，拘于蒺藜""系于金柅"等等，便可推知当时奴隶是如何的受着残酷的压榨！如想逃亡，被捕后便要遭受刵刑的处置，而拥有奴隶为其劳动的奴隶主，则可终日"我用沈酗于酒"，"方兴沈酗于酒"（《商书·微子》篇），"靡明靡晦，式号式呼，俾昼作夜"（《荡》篇），"妇子嬉嬉，笑言哑哑"，真是终日无事痛饮而且大玩其女人！这不是一幅阶级社会的图画吗？在民主制下的氏族社会中，能有这种现象吗？

依于上述的活生生的历史事实，无疑的殷商灭亡的前夜的社会，是一个奴隶制的社会，不过主要的是：它并未到达一个典型的如希腊、罗马似的奴隶社会。它是"奴隶所有者的生产方法之独自的变异乃至奴隶所有者社会之未发展的形态"，①它正是马克斯主义创始者们所说的亚细亚的生产方法之本质。原因是：当时希腊、罗马所处的环境海路

---

① 参看前揭《前资本主义社会经济史论》。雷氏对此在理论上是有正确的详细的论述，但论及中国古代社会（奴隶社会）时，因其限于史料之缺乏（他只根据沙发诺夫的《中国社会史概论》）之故，故颇陷于错误。他谓殷代是奴隶社会，亦即亚细亚的生产方法的时代（参看同书第十二章《印度、日本及中国的奴隶制度》）。

大开,和小亚细亚一带地商业频繁,因而提高了加强了其生产性,激发了使用大批奴隶劳动的手工作坊的兴起(当然我们不能以自然环境作为决定的因素,但也不能否认自然环境的影响作用)。但在殷商时代便显然与之不同了。它的四周都是些低于它的还处于原始社会下的土方、吕方、羌方、井方、洗方、人方、马方、羊方、亘方、林方、二封方、三封方、盂方、下勹、粪方等族,在这种情形之下,奴隶所有者当然只有压迫奴隶从事于牧畜、农耕以及使之从事于为虏取新奴隶的对外战争。所以使奴隶从事于畜牧、农耕及战争的记载最多,同时对外战争也最剧烈,其原因正在此。这不能不说是中国奴隶社会在世界社会史之普遍性中的特殊性(亚细亚的生产方法之本质),即一方面残存着共同体的遗制,另一方面共同体中急剧的奴隶化,这二者相互结合着,构成了"古代共同体和古典的奴隶所有者的秩序之间的中间形态"(雷哈德著《〔前〕资本主义社会经济史论》,日译本),亦即亚细亚的生产方法。

虽然如此,但奴隶所有者对奴隶压迫的程度并未稍减。这从上述奴隶的逃亡及处置奴隶的残酷刑罚,可以得到证明。

奴隶们在奴主的惨酷的压迫下,自难免于"有孚不终,乃乱乃萃。若号,一握为笑。勿恤,往无咎"(《易·萃·初六》)了。但是正当此时,富有军事组织的周民族从西方侵入了。于此,我们不得不进而考究周民族侵入前的社会生活。

周民族是起源于西方(陕甘一带)的和商朝不同的民族。传说其祖先公刘是后稷的曾孙,迁于豳:

> 虞夏之际,弃为后稷而封于邰(今陕西武功县境。——亚)。及夏之衰,弃稷不务,弃子不窋,失其官守,而自窜于戎狄之间。不窋生鞠陶,鞠陶生公刘,复修后稷之业,民以富贵,乃相土地之宜而立国于豳之谷焉。十世而太王徙居岐山之阳,十二世而文王始受天命,十三世而武王遂为天子。

这恐系后代周人对其先人粉饰之词,很难令吾人确信;不过由此我们可以晓得公刘前,周族还处于未定居的营着渔猎生活的时代——前氏族社会的末期。

《诗·大雅》中说:

> 笃公刘，匪居匪康。乃埸乃疆，乃积乃仓；乃裹餱粮，于橐于囊。思辑用光，弓矢斯张；干戈戚扬，爰方启行。
>
> 笃公刘，于胥斯原。既庶既繁……陟则在巘，复降在原。何以舟之？维玉及瑶，鞞琫容刀。
>
> ……逝彼百泉，瞻彼溥原，乃陟南冈……于时处处，于时庐旅。

直到古公亶父时，始走入到了氏族社会的阶段，《诗·大雅》篇中说：

> 古公亶父，陶复陶穴，未有家室。古公亶父，来朝走马，率西水浒，至于岐下。爰及姜女，聿来胥宇。
>
> 太姒嗣徽音，则百斯男。

因而郭沫若氏说："在古公亶父时，周室还是母系的社会。"这不能不说是有着正确性的。不过此时它正由母系氏族社会向父系氏族社会转化。随着古公亶父的徙居岐山，农业成了主要的生产业，于是父系氏族社会更加确立起来：

> 周原膴膴，堇荼如饴。爰始爰谋，爰契我龟；曰止曰时，筑室于兹。（《诗·大雅》）
>
> 乃慰乃止，乃左乃右；乃疆乃理，乃宣乃亩。自西徂东，周爰执事。（同上）

直到太王、王季、文王的时候，还未跳出父系氏族社会的阶段。《周书·无逸》篇中说：

> 呜呼，厥亦惟我周太王、王季，克自抑畏。文王卑服，亦（即）康功〔田〕功……自朝至于〔日〕中昃，不遑暇食……不敢盘于〔游〕田，以庶邦惟正之供。

关于此，吕振羽氏说："则文王自身似乎还亲自参加农业劳动，但'以庶邦惟正之供'的一句话，又在说周民族对其所征服的氏族，已在行使着一定的'贡纳'，这或者有类于古代 Inca 的情形。从《思齐》篇看，文王又确乎是一个专门以战争为事的军事领袖。"（所著前揭书，六三页)我认为这种意见是很对的。周族迁岐把土著征服而使农业发达之后,便和其东邻殷朝发生了直接的密切的关系,因而不免时常发生冲突。此时周族的经济组织本低于殷商,从而在其征服了昆夷、虞、芮、密、阮、共、崇等族之后,便更加向经济组织高于它的殷商施行掠夺战。在殷商这方面,照理说,本来是可以征服周族的,而且还可以借此获得大批的新的劳动力——奴隶。不过如前所述,在此时的殷商,奴隶社会经济组织的内部,已经呈现了崩溃的征象,奴隶所有者脱离了生产的劳动,对奴隶加紧压榨;同时新的劳动力之获得的来源,日形枯竭,即生产力与生产关系发生了尖锐的矛盾。奴隶逃亡的事已成为普遍的事实。因此,从事于军事的奴隶们在周族的侵入下,正乐得倒戈相向,无异作了周族的内援。《史记·周本纪》云:

> 是时,诸侯不期而会盟津者八百诸侯。诸侯皆曰:"纣可伐矣。"
>
> 誓已,诸侯兵会者车四千乘,陈师牧野。帝纣闻武王来,亦发兵七十万人距武王。武王使师尚父与百夫致师,以大卒驰帝纣师。纣师虽众,皆无战之心,心欲武王亟入。纣师皆倒兵以战,以开武王。武王驰之,纣兵皆崩畔纣。纣走,反入登于鹿台之上,蒙衣其珠玉,自燔于火而死。

因而殷商便在社会经济崩溃与外族侵袭之下灭亡了。同时,周朝则在其氏族的富有封建主义种子的军队组织下,乘着殷商社会经济矛盾尖锐化的时候,使之加速灭亡,而建立了其封建的国家。这正和世界社会史上一般封建社会之形成有着共通性。于此,我们不妨引几句名文以作本文的结束。

恩格斯说:"封建主义完全不是以现成的形态,由日耳曼转移过来的,它的发生根源于胜利时之野蛮军队的军事组织,仅在胜利以后……才发展到现在的封建主义。"(《马恩全集》第四卷)因"日耳曼人的进攻罗马帝国,得到罗马社会的各级人等,首先为奴隶、农民、手工业者,尤其是殖民之大大的同情"(前揭《政治经济学教程》)。本来,"胜利本身不能产生任何生产方法。它只强化或阻止包含于这种或那种生产方法中——在该种情形下,系包含于奴隶生产方法中的趋势。日耳曼人战胜罗马帝国的事实,很速的发展了封建的趋势。这种趋势原已发生于而且发展于日就衰落的罗马帝国的胎胞内,与日耳曼民族的胎胞内"。"这样,军队组织的本身带着封建主义的种子,且以其助力加速了早已存在于罗马社会的胎胞内与日耳曼民族之胎胞内的趋势。奴隶革命与日耳曼人战胜罗马帝国的结果,遂强度的发展了封建主义的生产方法"(前揭书)。

由此,我们可以晓得文王的三分天下有其二,以及武王的灭殷究竟是怎么一回事了吧?

关于周代封建国家形成后,其社会经济的构造如何,即土地所有诸关系,阶级构成及阶级剥削诸关系,以及政治权力之分散等等,只有俟诸异日再来论究。

(第117—118期,1936年12月24日—1936年12月31日,第7版)

论封建社会的起源
——给王宜昌先生的一封信

傅安华

宜昌兄：

关于封建社会起源的问题，我们曾经非正式的谈过两次，一次是在中南海散步的时候，一次是在前天的座谈会上；不过，因为彼此意见发表的都不很充分，所以始终未能接近。我是才开始学研究社会史的人，对于自己的意见，很希望有人给予指导。现在我想在信纸上重新和你谈一谈这个问题，想你一定乐于赐教罢。

我认为我们意见出入的地方，大部是在方法论上，也即是在于我们对于唯物辩证法的理解不十分相同。方法论是我们治学最基本的东西，如果在方法论上发生了错误，大者即可以影响到终身的学业。所以，我总不希望我们任何人有方法论上的错误，如果有不同的见解，一定要相互讨论一下。

你以为奴隶社会可以自己死亡，却不能够自己孕育出新的社会形态，封建社会之所以继奴隶社会而产生，乃是异族侵略的结果。由于异族的侵略，才给没落的奴隶社会加入新的因素，使社会转变为另一个更高级的阶段，即封建社会阶段。并且你以为假设在奴隶社会没落时没有异族侵略，那末这个社会便不会更向前发展成为封建社会。不过，世界各国的历史上，却都有异族侵略，所以大都可以过渡到封建社会。你以为这种发展方式，与辩证法的法则并不冲突。两个社会互相冲突生出新社会来，这从整个社会发展上看，也是对立物的运动，即内的矛盾的运动。这是你的见解大纲，不知我说的对不对？

关于你的见解,我不很同意,现在将我不同意的地方分作两方面来说:第一是关于方法论方面,第二是关于史事方面。

你在社会史的研究上,一向是好先谈方法论的,这是很有卓见的,现在我们对于这个问题,也应当先谈一谈方法论。

事物内部的矛盾是"自己运动的源泉",这正是伊里奇在他的《哲学笔记》中所说的"在自己运动中,在自生的发展中去认识世界的一切过程"。马克思在《资本论》中分析资本主义的发展时,即是完全应用这种方法,他指摘出资本主义的生产之社会性与私有形式是资本主义生产上的内部的矛盾,也即是资本主义运动的源泉。马克思不仅是对资本主义社会如此分析法,即是对于任何社会,他都是如此的分析法。例如,大家所熟知的,他在《政治经济学批判》的序文里,曾经给一切社会发展定立过一个公式,他说:"到了发展中之某一阶段上,社会之物质的生产力与向来于其中所活动着的既成的生产诸关系,如单依法律表现时则为财产关系,陷入于矛盾。这些关系由生产力之发展形态一变而为生产力之桎梏,于是遂有一社会革命之时期出现。"这很明显的是说,社会的发展是由于生产方法内部的矛盾。

我们在此,对于由事物内部矛盾所引起的自发的运动,决不能限于死亡方面,实在在旧事物的死亡中,也就包含着新事物的生长。在物理的现象中观察,旧事物的死灭过程,同时也即是新事物生长的过程,如水之化气即是。不过,在社会的现象中,并不与物理现象完全相同。因为社会现象比较复杂,它的转变决不像物理现象那样整齐,它的运动有时是要发生屈折。不过,我们可以这样说:旧社会的死亡过程也就是新社会的孕育过程。固然新社会的诞生,还需要一种暴力,但这种孕育是必然的。所谓孕育,即是说在旧社会的没落过程中,同时又成长了新社会构成的许多基本的条件,如马克思所说:"在有产者社会之母胎中所发展着的生产力,同时也在制造着物质的条件以解决有产者社会之阶级的对抗。"(《政经批判》序言)明白说来,即是资本主义生产之社会性,实在即是新社会产生的基本条件。另外我们再看,资本主义社会中的机械生产方法是由封建社会末期工厂手工业的发展所准备的。由此我们可以说,新社会构成的许多基本条件,即是直接由旧社会转化来的,并不是来于第三个社会。换言之,即是新"质"的产生与旧"质"的死亡,都是旧质本身之内在矛盾发展的结果。

但,我们并不能否认了外的矛盾的力量,"马克思及伊里奇的辩证法并不否定外的矛盾的作用,即某种过程对于其他过程的作用;反之,毋宁说是从现实的一切过程之不可分的联结那种观念出发,而要求认识过程之相互作用,过程之相互影响,及相互渗透。马克思及伊里奇的辩证法,其主要的注意在于曝露内的矛盾,确定对立的同一性,认识过程中之自己运动的源泉。外的矛盾,只有通过过程之发展的内的规律性才影响于过程的发展"(《辩证法唯物论教程》,李达译本,三一八页)。拉里察维基关于此,说的更清楚一点,他说:"外的条件的作用要通过已知事物的内在构造,并且从这里受到曲折。只有了解了客观实在性的内的发动力以后,才能理解(当作自然和社会诸现象的自己运动看的。)发展的真正本质。所谓运动,是事物的物质内在源泉引起的,并且依着事物本身的固有法则而发生事物本身的运动,是一事物因了内的冲击而向其他事物的推移。"(《新哲学大纲》,艾思奇译本,第二三二页)

综括以上所述,我们可以把握住三个要点：第一,事物的运动是由于事物内部的矛盾所引起的;第二,事物运动的过程,一方面是旧事物死亡的过程,另一方面也就是新事物孕育成长的过程;第三,外的矛盾只有在透过内的矛盾时才能影响到发展过程上,并且也只限于是相互影响,并没有决定的作用。

现在我们可以把你的意见用上述三个要点论证一下,看它是不是和辩证法相符合。

罗马社会的发展是一个单独的发展过程,是一种单独的生产方法;日耳曼社会的发展又另是一个单独的发展过程,又另是一种单独的生产方法。这是谁也不能否认的事。这两种生产方法只能相互影响,并且这种影响须为它们各个内部发展的条件所制约,即是罗马社会内必须具备了某些条件,才能接受日耳曼的影响,同时在日耳曼方面也必须具备了某些条件,才能影响罗马。就事实来说,罗马社会奴隶生产方法已经没落了,小农生产已经成为唯一有利的生产方法,并且已经相当的发展起来,为人所采用了,换言之,即是封建化的条件已经相当成熟了。

在日耳曼方面呢，社会也是在发展，在野蛮上期，生产力已经进步了，而氏族的形骸尚被维持着。因此，罗马社会与日耳曼社会发展的阶段虽然不相同，但在他们之间却存在着一个共同的条件，即小农生产。所以，在日耳曼侵入罗马以后，它两个便很快的混合起来。如此说来，它两个的综合是在彼此内在的矛盾发展已经成熟了以后，才互相作用。所以我们只能说这是两个过程的影响，而不能说是一个过程中两个要素的运动。

单就罗马方面讲，它之过渡到封建社会，是它内部的运动，是集约生产（即小农生产）与集团私有形态的矛盾，前者规定着封建生产方法的成长，后者规定着奴隶生产的保护。可是此二者在罗马社会中是统一着的。

你的意见则不是这样，你以为罗马社会只是一个死灭过程，并不同时是生长的过程，这便与我前述三个要点中第二个要点不相合。

因为你只承认罗马社会是单纯的死灭，而并没同时孕育着新社会发展的条件，那么，新社会怎样发展起来呢？于是你不得不再拿一个另外的东西，同这个死社会拼合一下，合在这种拼之下，就产生出新的社会来。这个另外的东西，就是异族的氏族制度。照这样说来，异族侵略，便不仅是影响罗马社会，而是罗马社会转变为封建社会的唯一的条件了。这样，封建社会的产生，并不是由于奴隶生产方法内部的矛盾发展出来的，而是由奴隶生产方法与民族生产方法（姑名之为生产方法）两个外部的矛盾发展出来的了。

你这种说法，在方法论上显然与前面所述的第一、第三两要点不符合。所以，我说你这种说法的哲学根据，不是马伊辩证法，而是考茨基的机械论，布哈林的均衡论。爱森堡曾说："考茨基在所著《唯物史观》之中，攻击基于物质的自己运动之辩证法的否定。他说，在物质之中，没有任何的自己运动。这完全是从那说精神的自己运动的黑格尔那里借来的神秘主义，自己运动，甚么也没有说明。反之，运动的源泉乃是两个外力的互相作用。"（《辩证法唯物论教程》，三三二页）至于布哈林的均衡论，是我们一向都知道的。他是从力学的运动来解释社会的运动，他忽视了内的矛盾，他以为运动的源泉即是两个力的反拨。考、布这种理论的错误，是大家共知的,我们研究社会史,当然不能以他们的理论为根据。

以上是我在方法论上对你的意见不敢同意之点。

其次,我们再谈到历史事实方面。

当然你的说法,在马恩文献中,也有其相当的根据。据我所知道的,在马恩文献中,同你的说法在表面上看来相近似的,有两处:一处是马氏《政治经济学批判导言》中,另一处是恩氏《家族、私有财产及国家之起源》的第八章。此外,再有同你的说法相同的,即是考茨基的《基督教之基础》。不过,考氏在方法论是已经犯了错误的人,我们不必注意他,现在我们单就马恩二氏的文献加以考察。据我所知道的在前述二书中,马恩二氏的见解,好像都与你的意见不相同。

在《政治经济学批判导言》中,马氏的话,有两处可以注意。第一,他说:"在一般的征服上有三样的可能:征服民族使被征服民族降服于自己的生产方法;(例如本世纪中英格兰人之于爱尔兰,部分的之于印度。)其次,是旧有的生产方法依然维持着,而征纳赋贡;(例如土耳其人与罗马人。)又其次,出现一种相互作用,由之而成立一种新的综合。(例如日耳曼人的征服罗马。)"(郭译本《导言》,二一页)马氏所说的第三种征服方法好像与你的意见相似。其实,并不相同。马氏的意思,只是承认日耳曼因素与罗马因素之相互作用、相互影响,决不是说在一般社会形式发展史上的封建社会都是这样综合起来的。在欧洲的封建社会是由日耳曼与罗马社会互相作用而来,这是任何人都承认的。不过,他们两个在什么条件下互相作用,互相作用到了什么程度,此中大有讨论的余地。关于这个问题,我们暂且放在后边去说。

其次,马氏在该书《导言》中(二二页)又说:"在日耳曼的野蛮民族,农奴的耕稼是传统的生产,他们的生活是局限于乡村,所以他们更容易使罗马的省份适应于这种条件,因为罗马当时已经有地权之集中,把以前旧式的农业完全改变了。"这种话,据我的看法,也是指日耳曼与罗马社会的相互影响而言。不过,此处更明显的指出日耳曼是在社会组织上(或说生产关系上)曾给与了罗马社会相当的影响这一点。

恩格斯在《家族、私有财产及国家之起源》中,所说的关于日耳曼影响罗马的话很多,我们不能一一细举,现在只举他几句最明显的话作例证,他说:"日耳曼人所用以扶植罗马社会的每种生命力与生产力,莫不归于野蛮。实际上得以苏生那呻吟于垂死的文明之世界者,仅只有野蛮人为有这能力。而日耳曼人在移民之前所谋到达的野蛮上期,恰正好预备他们做这个工作,所以这件事就可说明一切。"关于这一段话,骤然看来,好像是他承认罗马社会如果没有日耳曼因素加入,便不能转变为封建社会似的。其实我们再拿恩氏在别处所说的话一对证,则知道他这段话,原来是专就日耳曼区域而言,是一种特殊的说法,并不是一般的说法,他对一般社会史的说法并不是如此。

以下,我再提出我的意见以及我所有的马克思文献的根据。同时也可以反证,你所引以为根据的文句,是误解了马恩原来的意思。在陈述我的意见之先,我要先提出两个注意点。

第一,曾记得你说过,研究春秋战国的历史,应当分别地域来研究,因为各地的地理条件不同,社会发展的阶段也不同,这话是很正确的。不过,我觉得我们不仅研究春秋战国是如此,即是我们研究欧洲的社会史亦应如此,尤其是研究到封建社会的起源这个问题。我主张把当时的欧洲大体上分为两个区域:一个是罗马本部,如意大利;一个是野蛮区。前者是指奴隶社会的地带,后者是指氏族社会地带。在这两个地带中,封建化的过程很不相同,这是我们应注意的第一点。

第二,我认为由旧社会到新社会的突变过程,可以分两个阶段来看:第一个阶段是旧社会的崩溃,第二个阶段是新社会的组成。这两个阶段都是指表面的现象而言。在旧社会崩溃的阶段里,发生主要作用的即是一种暴力,这种暴力本身是异常单纯,无论它是异族的侵略或是匪寇的暴乱,或是阶级的革命,都没有重要关系。(自然,阶级革命多少与前二者有些区别,不过,在旧社会之崩溃一点上说,是没有决定作用的。)诚如恩格斯在《反杜林》中所说"暴力仅是一种工具"而已。至于暴力怎样才成为工具,怎样才能发生作用,那与暴力本身无关,却要看社会的发展条件是否需要暴力而定。这正是马克斯所说的:"一种的社会结构,在其生产关系尚有充分的余地足让一切的生产力发展之前,决不会溃灭。而新的更高级的社会关系,在其物质的各种存在条件在旧社会之母胎中尚未完全成熟时,也不会出现。"(《政经批判》序言)如果,社会的发展条件已经成熟，则暴力仅仅是尽一次产婆的作用便完了，它对于新社会的构成上并没有关系。所以，暴力既然是一种极单纯的工具，则当然不限那一种暴力了。依一般情形说，匪盗的暴乱是比较最有可能。因为在社会将要崩溃的时候，匪盗的暴乱是当然有的现象，无论在中国或在罗马都是如此。

第二个阶段，即是新社会的组成。这种组织也是一种表面的东西，也同暴力是一样，组织的本身与组织者对于社会发展并没有决定的作用。（这话并不是完全否定了组织者及组织本身的力量，我的意思是说，不是在整个社会发展的趋势下，组织者及组织本身是没有力量的，即是不曾认识必然，不会得到自由。）操决定作用的，仍然是社会发展的条件。无论组织的形式如何，它总得要求社会条件的容纳。换言之，即是新的社会组织，必须要与社会中所发展的一切条件相合，它才能同社会统一起来，构成一个新的社会整体。所以，新社会的成立，不决定于组织的形式如何，或组织者如何，而是决定于社会自身所具备的条件如何。（自然，组织也可以影响社会条件。）日耳曼人入罗马后，他可以用他们固有的氏族组织来组织新的封建社会，但在此我们要注意的即是日耳曼的氏族组织在以小农生产为基础的这一点上是与罗马社会发展条件相适应的。所以，我们不能说封建社会是罗马社会适应日耳曼的社会形式而构成；反之，我们应当说，日耳曼人是以他们自己的组织加在罗马社会中已经发展了的社会条件上才构成封建社会。恩格斯在《反杜林》中曾说："更野蛮的民族之侵略，自然中止经济发展，破坏许多生产力，但在长期征服的时候，文明程度较低的征服者，在大多数的场合上，是不得不在征服后的情况之下，与被征服国家的更高的'经济情形'相适应。他们为被征服的土人同化，而且极大部分还引用了土人的言语。"（吴黎平译本，第三三八页）讲到社会发展，恩氏更明白的说："封建主义决不能认为是由日耳曼发展出来的，而是在征服者中，于征服的期间，即已经有了这样一种军队制的战斗组织。这种战斗组织在征服完了之后，受了被征服国之社会生产力的影响，乃发展出本来的封建制度。这种形态无论如何总是受着生产力的制约的，观乎以后屡次恢复古罗马社会形态之失败（如查理曼大帝及其他），即可明白。"（《德意志意识形态论》，日本岩波文库本，一二三页）恩氏这一段话的意思，即是说日耳曼的军队组织因为适合于罗马社会发展的条件，所以才能形成封建社会。由这两段话我们也可以反证，恩氏在《家族、私有财产及国家之起源》中所说的话，只是说罗马在它的社会发展条件上，接受了日耳曼的组织，并不是没有日耳曼的组织，封建社会便不能形成。

由此看来，新社会之组成，主要的成分是由旧社会中所发展来的条件，并不是组织的形式。因为新社会的规模当在其母体内发展时，即已经具备了，到组织的时候，只是拿一种与它相通应的形式加上便完成。Guizot 在《法兰西史论》中，曾有这样几句天才的话："制度在成为原因之前已经是结果，社会在被制度改革之前已经形成制度。"用这话来说明日耳曼与罗马的关系是很恰当的。封建社会之组织形式的来源既如此简单，则当然不会是只有野蛮人才有这种形式，才会按这个形式来组织封建社会。此外，如地主大族，也一样可以用其素已具有的隶属形式来组织封建社会。欧洲是采用前一种方式，中国却是采用后一种方式。总之，这种组织形式是不关重要的，重要的是要看社会发展的条件是否已经具备了封建社会的实质。这是我们应当注意的第二点。

以下我们再从具体的历史事实上考察封建社会的起源。

讲到具体的历史发展，我第一个要提出来的，即是说罗马社会在日耳曼人未侵入以前，已经具有了封建社会发展的条件。现在即开始证明我这句话的正确。

在此，我还要插入几句应当注意的话。即是我们分析一个社会发展过程的运动法则，必须先把握住这一个过程的"最初的规定性"，即它的"质"，我们决不能单把这一个过程的标帜一齐数出来就算了。因为如果只是列举一个过程中的所有的标帜，那还不能够探出那个过程的发展法则。所以我们分析封建社会的发展，应当先把握住封建生产方法的最初的规定性，其余的标帜，暂且舍弃了去。

封建生产方法之最初的规定性，即是自然经济性的，农业与手工业结合的小农生产。这一个规定性，在罗马末期，奴隶生产方法没落的时候，它已经成长出来，并且成为逐渐占优势的东西。恩格斯说："以奴隶劳动为基础的 Latifundia 经济再也不能获利，然在当时，它是大农业唯一可能的形态。不过,现在小农生产复成为唯一有利的形态。田庄依次区分为小的地面,租给缴纳一定租金的佃农,或者借给每年能得劳动生产额六分之一或仅九分之一的与其称作佃农毋宁称为管理人之帕替阿里(Partiarii)。但这些小农地,大概是分配给移民,他们是每年纳一定的款,且可与他们的农地一同出售的。这批移民虽不是奴隶,却仍非自由人。他们不能与自由人结婚,而且他们同类中的婚姻并不认为有效,仅同奴隶似的婚姻一样,当作偏房(Concubinage)看待。他们实是中世纪农奴之先驱者。"(《家族、私有财产及国家之起源》,李译本,第二四一页)恩氏又说:"帝国时代,罗马农业的发展,一方面扩大了畜牧事业的范围,减少国内的人民;另一方面则把土地细分为租借的小块,由'居民'耕耘。这一发展的结果,获得了罗马农民——即后来的农奴前身——的小经济之发展,更获得了在这种生产方法内部长育起来的而统治于中世纪的生产方法的胚胎。"(《法律上的社会主义》,日译《马恩全集》第十二卷,八五一页)此外,雷哈特也说:"佃农(Coloni)'是中世纪农奴的先行者'(恩格斯语),这话是正确的。我们知道在罗马初期的历史上,已经有过零星的佃农,不过,在当时并没有很大的作用。反之,在罗马经济危机的时代,大土地所有者开始由大规模经济向小农经营移动,'小农经济再度成为唯一的适合形态'(恩格斯语)。"(《前资本主义社会经济史〔论〕》,日译本,第二百九页)

由上面几段引文中,我们可以知道作为封建生产方法之最初的规定的小农生产,在罗马社会中已经是孕育着。

但这种小农生产并不是独立的,而全是依附于大地主之下。其依附的方式,有三种:第一种即是破产的自由农民与外来的移民,因为耕种大地主的土地,遂变成大地主的农奴。第二种是由奴隶而解放来的,此是因为地主鉴于奴隶生产方法之无利以及奴隶来源的断绝,而自动的将奴隶解放为农奴,单独耕种一小块土地。(以上两种,是根据汤姆逊〔Thompson〕在 *Economic and Social History of the Middle Ages* 四九页的说法。)第三种即是因为战乱及租税的压迫,自动依投于大地主门下作为农奴的,这种情形在当时意大利很流行。如 Dr. Knight 说:"在意大利小有自由的人民,亦往往觉得他们的赋税或地租过于苛重;

因此之故，有时又因战乱相寻，惴惴无以自保，他们有许多都自愿投身于僧院或委身于大地主，他们变成了附着于土地的农耕者了。关于农耕者附着于土地的最后正式法令，那是由君士坦丁大帝公布的。政府尽管制止，但承受保护的风习，依旧日益通行。保护者是操纵地方事务的人，他们保护其依附者，就是由政府所不赦的罪犯，他们亦居然保护；他们干涉司法行政，并一般的侵越国家的权威。"（《欧洲经济史》，王亚南译本，第六五页）

由此，我们可以看出，不单封建生产方法中最初的规定性的小农生产在罗马社会中已经发展了，并且封建生产方法中的基本生产关系，农奴与地主的对立，也逐渐发展起来了。这些基本的东西既已孕育起来，则封建生产方法中其余的标帜，当然也要随着建立起来了。如国家权力的分化，地方大地主势力的强大，他们干涉司法，侵害行政，截留地方赋税，擅增赋税。这种举动，俨然是中世纪的封建领主的行为。其次，即是都市经济之没落，大庄园（Fundus）的发达，这是中世纪自然经济化的开端。

根据这些具体的历史事实，我们可以说，在日耳曼未侵入以前，罗马社会已经由于自己的运动，发展了封建化的条件。所以安得列夫说："这样，在罗马帝国的境内，便形成了新社会的制度，这制度后来则名之曰封建制度。"（《西欧的封建社会》，《时事类编》第三卷第四期）日耳曼人侵入以后，仅只是给罗马社会加上一种暴力，促使旧社会崩溃，新社会建立起来。在新社会组织的时候，或者曾杂有日耳曼氏族制度的形式，不过这对于社会发展是没有决定作用的。如果不是日耳曼的侵略，由于国内的乱动，一样也可以达到这种目的。并且地主们一样也可以用他们已经具有的隶属形式去组织封建社会。

由这一段话，可以得到这样一个结论：社会的发展，是由于内在的矛盾所推动，它一方面是死灭过程，另一方面又是成长过程，外的矛盾只有通过内的矛盾才能作用于发展的过程上。这种结论是与我在前面所提出的方法论上的三要点完全相符合的。

在前面我曾主张分地域来研究欧洲封建社会的起源。以上所分析的，都是关于罗马本部的，即是奴隶社会存在的地方。我认为在此区域内所发展的封建社会是合乎法则的。

其次,我再考察一下日耳曼区域。在日耳曼未与罗马正式触蚀以前,日耳曼的社会是正发展在野蛮上期。此时,私有财产已经发生,奴隶的使用已经发展到家长制奴隶制度的阶段,以家族为单位的小农生产,正在通行着。这正是由无阶级社会过渡到阶级社会的中途,即农村共同体的阶段。"马克"共同体即是这个阶段的代表形态。因为环境的关系,日耳曼向南移动了,他们开始与罗马已经烂熟的奴隶社会接触。这两个社会都是发展到最后阶段,都孕育了转变的条件。在经过一个暴力之后,罗马是依其社会内在的法则转变为封建社会了,而日耳曼社会却脱离了历史法则走入歧途。他的所以走入歧途的原因,是因为他的社会内部刚刚发展到小农经营这阶段,与罗马一度接触后,因为在小农生产形态上,与罗马社会相似,所以很快的便接受了罗马的集约生产技术,使它的小农生产获得生产力的进步,因而一变而为封建化的条件。但这不是日耳曼社会原来所具备的,只是临时从罗马同化来的,所以,在形式上看,它的封建制度是直接从日耳曼固有的氏族组织及军队编制发展来的。如国王分赐土地给他的随臣,他的随臣又分赐给他的家臣,最后是掠夺原来的小自由农作他们的农奴。其实,这种制度是临时改编的,并不是正常的发展。表面上看,日耳曼区域(即今日西欧各国)的封建制度是完全来自日耳曼的因素,但如果它不接受罗马的集约生产技术以提高它的小农生产的本质,恐怕这种越级的发展是不会成功的。恩格斯在《家族、私有财产及国家之起源》的第八章中,研究欧洲中世纪封建制度之起源时,所以特别注重日耳曼的因素,即是因为他那一章书是专论"在日耳曼人间国家之形成",专就日耳曼区域而考察的。在他说到一般的封建社会起源时,则就不是如此的重视日耳曼的因素。我们不应该拿他专论某一地域的结论,来代替他论一般社会发展史的结论。

最后,说到中国社会是怎样呢? 我以为中国封建社会的起源是与罗马本部的情形一样,它是由奴隶社会内部的矛盾发展出来的。所不同的,即是罗马本部封建社会产生时所用的暴力工具,是异族侵略,因而新社会的组织者是野蛮人,他们在组织时所用的社会形式,多少杂有他们本来的军队的编制及氏族制度。而中国魏晋时封建社会的形成,所用的暴力工具是匪盗暴乱的黄巾之乱,(黄巾之乱原是一个自由农民的暴动。)因而新社会的组织者是地主大族,(社会乱动之后,取得政权者,只有素日已握有相当势力的地主大族。)他们用他们素已具有的隶属关系来组织新社会。在黄巾之乱前,我们可以看到许多封建化的社会条件,像罗马末期一样,如小农生产之占优势,佃客的发展,奴隶的解放,地主大族权力之膨胀,国家权力的削弱,大庄园及村落堡垒的组织,都市的衰落,自然经济化的进展。黄巾之乱以后,则自然便构成了封建社会,中央集权政府崩溃了,地方大族分别的掌握了政权。政治上是由许多大小领主(如坞主、垒主等)构成了金字塔式的封建阶层,(我曾写了一篇《三国时的封建阶层》,预备在《新中华》发表。)社会上也有了士庶的区分。农奴(客、部曲)生产已成为社会上主要的生产方法。

以你的意思,中国的封建社会必须等到五胡乱华以后才形成。其实,所谓五胡乱华,其性质仍然是一种匪盗的乱动。它所给与社会的作用,也只是暴力的破坏,在组织方面,实无作用。这决不能与欧洲的日耳曼侵略相比。关于此,前天史学座谈会上陶希圣先生已经讲的很清楚。

末了,我再提出一个问题,即是你不承认奴隶社会中,奴隶和自由人有暴动的可能。我认为这是不对的。我们即便抛掉中国的情形不讲,单就罗马而论,在罗马历史中也曾有过著名的斯巴达卡斯(Spartacus)的奴隶大暴动。此外破产的农民之匪盗式的乱动则更多。即是不承认这种乱动有作用的考茨基,也不得不承认"在共和国末期及帝国时代中的罗马社会,也有许多社会冲突,许多阶级仇恨的心理,和许多阶级斗争,暴动及内战"(《基督教之基础》,汤、叶合译本,第七七页)。至于渥斯洛维却洛夫则承认:"大生产与个人小生产的斗争(即大地主与小生产者的斗争。——安华)充满了古代世界的全部历史。"(《社会构成论》,日译本,二一五页)

拉杂写来,竟乱七八糟的写了这许多。我自己也不敢相信其中是否有一二点可取的地方,不过我敢信我的态度是诚挚的。我只是希望尽量拿出我胸中这些破砖换一些玉石回来。不知你老兄肯不肯换给?

(第 126—127 期,1937 年 3 月 4 日—1937 年 3 月 11 日,第 7 版)

论封建社会的起源
——答傅安华先生

王宜昌

安华兄：

　　长函奉悉……吾兄兹所提出，有由于当时未能充分说明者，亦有由兄误记者，再则有我以为兄见解略嫌狭隘者。兹以匆促之时间，一一说明于后。

　　第一，兄谓陶先生谓五胡为匪盗暴乱，与日耳曼入罗马不同。此实不能同意。须知日耳曼初时，亦多被雇佣或为奴于罗马，其后暴动，其后更致民族大迁徙。五胡乱华以至于隋，其情形亦正相同。五胡为奴为雇佣于汉族，正不妨碍其以氏族制度而组成与汉族相异的集团。待其后氐、羌、鲜卑等民族侵入，汉族南徙，而又征服江南诸半开化人，这是民族问题，不做单纯认为匪盗。

　　第二，兄谓我"不承认奴隶社会中自由民有暴动的可能"。我不是说没有暴动的可能，而是说不能"革命"以"建立新生产方法"。这是就社会条件分析的结果，奴隶和自由人的社会条件，不能产生改革生产方法的革命。这不是用"抽象的"辩证法之内在矛盾发展可以解说的，而是"实际的"事实的辩证法。宣言上曾指出个有时"两阶级并倒"，这就是矛盾无出路。

　　第三，我们由实际的历史走到理论的哲学。我以为哲学的抽象，只是某种典型的事实的抽象，而不能包括一切变异的具体事实。所谓内在矛盾发展的问题，是就宇宙全体说，或某些事实是对的。宇宙只有内的矛盾发展而无外因。某些事实只有内的矛盾便能发展，但某些事实则不然。如种子落于地面,不得其外因时必不能发芽。兄以抽象的辩证法来代替具体的内在、外在条件的分析,这对于辩证法之运用上是有害的。辩证法的诸规律,并不代替了具体事实的诸变异情形。它只不过告诉我们,观察任何事实时,在具备了一定条件之下,便须在其内在矛盾中去观察。否则要把外因与内因的观点重新改正过,把一定的外在条件重新建立之后,再来观察其内在矛盾。

第四,我说奴隶社会不能自己到封建社会,并不是说奴隶社会完全不孕育封建构成之一二因素。我只说封建构成的诸因素,单以奴隶社会发展不能构成,而必须有氏族社会的因素来构成。日耳曼与罗马的交互影响,在罗马故地加入了日耳曼因素,在日耳曼故地加了罗马因素,才构成封建。在黄河流域汉族故地加入五胡原素,在长江流域半开化中加入汉族原素,才构成封建。这是新生产方法,不是氏族社会末期的小农,也不是奴隶社会末期的小农。这是由小农中重新组织起来的"荫附"制度的庄园制度。兄用罗马与日耳曼的地域观点来驳我,其实,这地域观点已包含在我的抽象之内。

第五,兄所引文献,都在我的意见之中,而未出我的意见之外。但我引如下的文献,却要出于兄的意见之外了。《自然辩证法》中译本二七〔九〕页云:"一切停止在奴隶制上的生产,一切建立于这个基础上的社会……他的解决,往往是由另一较强的民族对此将死的社会加以暴力的征服,(希腊先被马其顿征服,后被罗马人征服。)而后来依然停顿在奴隶劳动上。这不过是一种中心的转移,而全部过程则在更高的程度中重演一番。最后(罗马)用新的生产方法代替奴隶制的民族,又把他征服了,事情才算了结。"这个意见自然于我有利,而于兄不利的,卡尔在其给恩氏的信里也说及他在《资本论》第一卷第八章第二节所述的Walachia 的农奴制度发生的情形云:"在这种场合,农奴制之成立,得有征服及人种二元论中间之环,而能在纯经济的途上指示出来。"但我们要注意,这种二元论也不过和《反杜林》中反对以暴力来解说奴隶制之起源一样,只是解说新制度成立之可能性,而不是解说新制度成立的现实条件,更不是解说新制度成立还需要新构成分子不需要。

第六,我并不以为封建制度只有唯一的一种起源。我还承认有多种"殊途同归"的东西。他们本来不是封建制度,但后来包含在封建制度中去了。他们本来不是由两种生产方法合成的,但因受封建制度的影响,也被同化了。前者如公社制度,后者如寺院制度等。由种种形式都可以发生农奴、庄园等等,但他们由殊途同归于一。在人的关系上是氏族的或家族的或僧侣的组织,而在物的关系上则是大土地所有上的农奴生产或公社人员生产。前者为氏族生产方法上的社会因素之遗留,而后者则为奴隶生产方法中技术因素的遗留。

第七,我不以为日耳曼人之移入只是一种暴力而已,他还有诸种因素加于奴隶社会所孕育的诸因素中,才构成封建制度。恩氏在《家族、私有财产及国家之起源》里说得很明白。兄和我的争执,如果只争执暴力由外来或由内来,这于我的意见并未能恰合。我不仅以为要外来暴力,而且还以为要外来诸因素,诸野蛮主义的力哩! 对于封建成立而言,外来蛮族并不是偶然,而且还是必然和必要的。

第八,兄以为罗马社会发展已准备好了条件,只借日耳曼的外来暴力,或只以其氏族组织来适应罗马的既成条件。这是片面的说法。如果有人反恩氏的话,说封建制度完全从日耳曼发展出来,(反兄引岩波文库《德意志观念形态》中恩氏语。)那也是片面的。单独有罗马,封建制度的诸因素是不完全的;单独有日耳曼,封建制度的诸因素也不完全。要二者相合,才成封建制度。恩氏的话,是反对任何片面的。兄以为"罗马在经过暴力之后,在其社会内存在的法则转变为封建社会,而日耳曼社会却脱离了历史法则走入歧途"。这是把抽象法则建立之后,转而以抽象法则来对其根据的史实。其实,把日耳曼和罗马"统一"起来看,他们二者才构成了世界史法则上的由奴隶社会到封建社会的"正常法则"。

第九,东汉和三国时代的扰乱,那只是奴隶社会的变化过程,在"更高的程度中重演"过程。自由民还正在无产化、流民化,还在准备封建因素的过程中,彼时所有的部曲、坞堡、屯田等等,是奴隶制中的 Latifundium 之诸形式,是唐时庄园的先驱,而不是封建庄园本身。兄试仔细注意罗马的 Latifundium 中之 Kolonus、villa urbana、villa rustica、villicus、Palicias(Patricius)等制度,则知此与中世纪封建庄园相似，而实被视为同一。盖因前者是奴隶或半奴隶下的产物，而后者则为农奴或半农奴制下之产物也。六朝时代，封建制度才渐成立，五胡不过其起源的划时代耳。如必太看重黄巾，则得多看重赤眉，以至陈胜吴广。否则只有如我意见，看黄巾、赤眉、陈吴等之变动，不过使奴隶制度在不同地域上由不同的人民（各地域的人民，也可说是某种意义上的民族。）来"重演"，来"加深"而已。所谓"客""奴"不是农奴，而是 Villicus、Kolonus 等。

第十，奴隶社会的氏族条件，虽然孕育了封建制度的一些因素，但因其阶级争斗决不能革命地创设新生产方法，故古代虽多无产者，然而没有无产者革命。反之，古代无产者以其生活条件的寄生性，没有把握生产力，所以只能转变为封建制度中的寄食僧侣。（后来此种僧侣仿照封建制度而经营起庄园来。）这种过程，在中国史上，是晋以后才演奏。而这乃是奴隶社会消灭，封建社会起源中的一重要过程。所以，我以为五胡以后中国才发生封建。

仍然是拉杂写覆，只就我注意的地方注意。不足的地方，容后再谈。颂安！

弟宜昌，十二月二十六日下午

（第 128 期，1937 年 3 月 18 日，第 7 版）

论封建社会的起源
——再致王宜昌先生

傅安华

宜昌兄：

读了您的信以后，本想立即到尊寓谈一谈，以便面聆教益。不过好几天过来，终因事繁，不得抽暇奉访，不得已，现在再就信纸上申述一下我的愚见，以求指教。

您的信上的第三点实在有点误会了我的意思。您以为我"是以抽象的辩证法来代替具体的内在、外在条件之分析"。我在前封信上，所以引了许多辩证法的抽象的理论，原因是因为抽象的理论在我们寻求社会的内在法则性的时候是必要的。当然，历史的发展是一个具体的、现实的，其中有许多的条件在互相作用着，这些条件都需要我们考虑，并且需要我们作全面的考虑。不过我们要寻求社会的法则性则不是仅仅具体的观察，或对于各条件作同等的分析可以作到的，我们应当进而寻出社会发展的"根据"和"条件"的区别来，我们只有在"根据"的发展中才能把握住社会发展的法则性。这种"根据"的发展是受抽象法则所支配的，是必然的，是具有决定作用的。这种根据即是社会本质的矛盾，亦即恩格斯所说的最基本的经济运动，他说："在一切这些因素的相互作用中，自然也有无数的偶然存在，但最基本的经济运动都是必然的，始终贯澈的必然的。把这种理论应用到任意一个历史时期上去，实在比解简单的一次方程式还容易。"（一八九零年九月二十一日给蒲乐和的信）

我们既把握住"根据"的发展以后，我们知道了根据的发展，是自发的，由内在的矛盾而运动的。同时，它一方面是死亡过程，另一方面还是孕育成长过程。这样,继续下去,我们再看条件与根据间的相互关系,(自然我们此处所谓条件与根据是指一定的社会发展阶段,即是奴隶社会末期。)条件的作用是偶然的。我们要看这种偶然有几种可能,怎样的转化为必然?譬如我们说,奴隶生产方法中孕育封建生产方法是必然的,是社会发展的"根据"。但在封建生产方法的构成上却需要暴力和社会组织者,这种暴力与社会组织者乃是"条件",而这种暴力是什么暴力,组织者是什么样人,却是偶然的。不过纵然他是偶然的,其任何一个偶然作用到"根据"的必然发展上,则即转化成必然。好像卡尔(?)在某一处曾举过这样一个例子,他说资本主义社会需要有无产者的革命,是必然的。但,某一个劳动无产者,他个人是否参加革命则是偶然的。无论任何一个无产者,在他偶然的参加革命以后,则即转化成必然。必然也就通过许多偶然而表现出来。又如以您所举的例子来说,种子落于地面必然要需外因才能发芽,这是必然的,但它的外因倒底是哪一个则是偶然的。我们决不能说它非靠某一种外因不能发芽。在这种偶然条件的分析中,我们才能把握住"具体事实的诸变异的情形"。即是我们要考察受了这一种外因的种子其所发的芽是怎样的情形,受了那一种外因的种子,其所发的芽是怎样的情形,这样才能见出它的"变异"的情形。如果我们只承认他的外因有一种,那就无所谓变异了。更直接的说,您以为封建社会成长的暴力必须是异族侵略,而社会组织又必须是氏族因素,这样,那里还有变异呢?

我在前一封信上还有一个意见,被您忽略了,即是:我以为由奴隶社会转变到封建社会的过程,可以分两段。一个是暴力,一个是新生产组织(或社会组织)者,这两个不一定要是同一个来源。并且这两个都是"条件",暴力的作用只是破坏旧社会的秩序,其破坏的结果,是生产停废,田地荒芜,商业衰微,国家权力削弱,其中最主要的结果,即是使劳动力脱离了生产手段而游离。在这种情形下,同时也就发生了生产的组织者,他们必然的以其可能的力量来再把游离的劳动力重新和生产手段结合起来,恢复社会的秩序。但他们所用的结合劳动力与生产手段的方式,必然要有一个条件,即是与当时生产力的发展相适应。这正是恩格斯所谓日耳曼军队编制、氏族制度之作用于罗马,而变成封建制度，总是受到当时生产力的制约的（前信所引《德意志意识形态》论文大意）。只要组织者所用的方式能合乎这一个条件，无论组织者是谁那倒是偶然的，是日耳曼人也可以，是本社会内的新兴地主也可以，这倒并不一定拘泥于氏族制度的日耳曼人。

由资本主义社会到社会主义社会，暴力和组织者都是无产阶级，他是斗争中的一个阶级。但这是无产阶级知识提高了的结果，是它由自存的阶级转变为自知的阶级的结果。至于奴隶社会末期则不是如此，甚至封建社会末期亦不是如此。在奴隶社会中奴隶和自由民虽发动阶级斗争，但因为他们知识水准很低，所以他们不会出来组织新社会，他们只是盲目的暴动，只尽了破坏旧社会秩序的作用。至于组织生产则让新兴地主作去了，新兴地主是指那些居住在庄园里，领有许多田地及佃农的人。他们在变乱初起时只是率族自保，同他的家族及佃农结成堡垒，抵抗匪盗，维持地方的秩序。逐渐有许多自由农民因为匪盗的劫掠或其他原因，又跑到他这里求保护，这样他对这些佃农不单握有经济权并且握有政治权。他自己同时也可以养军队，由自卫进而到侵略，强迫许多小的坞主、领主作他的附庸。并且在他势力所到的地方，更用这种生产组织去组织一些被破坏了的生产，这样便逐渐完成了封建生产方法、封建社会。这是中国的情形。

在欧洲则与此有些变异，在那里尽暴力作用的是日耳曼人和罗马内部的暴动，尽组织作用的是日耳曼人和罗马内部的新兴地主。所谓封建社会中所加入的日耳曼因素也只是在社会组织上，即是因为他的氏族组织、军队编制恰和罗马的生产力相适应。这正是恩格斯所谓"不得不在征服后的情况之下与被征服国家的更高的经济情形相适应"（前信所引《反杜林论》）。所以我说日耳曼所给罗马的，只是条件而不是根据。（固然这种条件在以后又转化为根据，但那是封建社会成立以后的事。）我们把握社会的发展法则，要在根据里边，而不能把根据与条件等量齐观。您："封建社会单以奴隶社会发展不能构成，而必要加入氏族社会的因素。"我并不否认在欧洲的封建社会构成上要有氏族社会的因素，但我以为氏族社会的因素仅是"条件"，不能够同"根据"同样的看待。它是具有偶性的。固然他在欧洲已经成为现实的，但在其他地方，它就不一定是现实的了。

我所说的将罗马与日耳曼的封建社会的构成，按地域分开来看，略与您所说的不同。您以为两个过程综合起来便是封建社会构成的正常法则，我倒以为在八九世纪以后，日耳曼区与罗马区虽然都变为封建社会，若单就他们每个的发展过程上看，两个所经过的历史是不同的：日耳曼是由氏族社会越级变来的，罗马本部是由奴隶社会正常的发展来的。日耳曼是一个特异的情形，这同现在的半殖民地国家可以自封建社会或未成熟的资本主义的社会直接变为社会主义社会一样。如果我们一定要说社会主义的构成必然要以封建社会或半资本主义社会与帝国主义相综合才能变成，那未免有些不妥当。

我前一信所说，日耳曼所以与罗马能互相发生影响，是因为他们经济性上有相同之点，同是小农生产占优势。此处所谓小农生产乃是指小农生产性，而这种小农生产性是封建生产方法一个基本规定性。固然在具体形态上看，新生产方法是"由此小农中重新组织起来的'荫附'制度的庄园制度"，但这并无碍于它是小农生产性。

您所引的《自然辩证法》的一段文，我在写前一封信时，本来也检出，所以没有引用的原因，即是我觉得恩氏那段话的意思并没有出乎"起源"上的意思之外。

您以为魏晋的客、部曲不是农奴，南北朝以后的客、部曲才是农奴，我不甚赞同。因为据我看，中国只有魏晋南北朝一段才是典型的封建社会，自南北朝末期以及隋唐，则是逐渐走上变态封建社会的路。魏晋的客、部曲实在与南北朝的没有什么不同，所不同的是魏晋的部曲、客与东汉的部曲、客。

我很希望您把您关于封建社会起源的意见写成一篇论文，交我们《史学周刊》发表。不知可以吗？

谨颂

新禧！

弟安华谨上，三十日下午

（第 128 期，1937 年 3 月 18 日，第 7 版）

论封建社会之起源
——再答傅安华先生

王宜昌

安华兄：

三十一夜得到来信，迟至今日作答，歉歉！

兄研索有素，何必过谦。与鄙意未合处，设不能以事理折衷至当，则正不能谓我意便佳，兄意便错也。兹于兄提出数点再申己见。

第一，关于误会问题。兄所提出的"根据"与"条件"的问题，即所谓"因"与"缘"，或"大故"与"小故"的问题。这种意见，我亦认为重要，但我和兄意参差处，正在对于因的认识与缘的认识，在历史事实上有着不同。兄以为奴隶社会内部矛盾孕育出封建社会，这是"因"；内部的暴力，或外来的暴力，这是"缘"。但我以为奴隶社会的内部矛盾未构成封建社会的"因"，奴隶社会内的暴力，也不是完全的"缘"。"因"又还存在于氏族的制度中，"缘"也又存在于异出的征服与同化过程中。奴隶社会的内部矛盾，不是有出路的矛盾，而是退步的趋于死灭的矛盾。这是现实的矛盾，而不是抽象的必然发展到他一阶段的矛盾。

第二，我说种子落生于地，不得其外因，便不能发芽，这一点，兄似误解了我的意思。我以为其不能发芽，便是表示内在矛盾也有不能发展到新阶段的时候。这是现实的辩证法，而不是抽象辩证法中一方是死亡过程，他方是成长过程的抽象。如果一定要抽象辩证法的话，则种子不能发芽腐败，只是说一方面死亡而腐败，他方成长了许多化学物质底泥土臭气等。这已不是由种子到植物的发展了。我说的变异，只是指此种辩证法的死灭，它并不同于抽象辩证法的"方死方生"的必然过程。

第三，我以为奴隶社会到封建社会的过渡，决无所谓征服是偶然存在的问题，而且"暴力是何种形式"，与"组织者是何种人物"，也决非偶然而是必然。因为从生产力的诸因素抑或从生产方法的构成因素上看来，劳动力或劳动组织，革命者或组织者也正是一个"因"而非"缘"。如果把它看成缘，便会陷于唯技术史观或唯经济史观去了。（又兄所谓"他们所用的结合劳动力与生产手段的方式，必然要有一个条件，即是与当时生产力的发展相适应"。这里，我以为是把劳动力从生产力里割掉了的看法。否则劳动力本身的情形，便是使生产力有着进步或退步的重要因素。——原信旁注）资本主义的变革是无产者的任务，这是必然而不是偶然。同样，奴隶社会的变革，不由奴隶与自由民无产者而由半开化人，这也是必然而不是偶然。兄谓"外因究竟是那个，这是偶然"，这也只是抽象而非现实的辩证法。对于一定事实之发展向一定方向而言，只有一定的外因而不能有偶然。如种子，如果一定要发芽的时候，必然是外因的热度与湿度，而决不能是水和冰。但要种子粉碎，则不能要热度与湿度，而是要猛烈强大的打击。奴隶社会要变革，决不是蒙昧人为外因可以的，决不是别一个奴隶社会的征服可以的，也决不是资本主义社会可以的。这些外因将会使奴隶社会走上别一形态，而不走上封建制度。

第四，兄把变革时的暴力和组织者分开，认为资本主义社会变革时，"暴力的执行者"和"生产的组织者"同由无产者执行。而奴隶社会变革时，则暴力为自由民与奴隶，组织者在中国为地主，在西欧为日耳曼民族。而且更指摘我的意见，以为可以推论到社会主义社会是帝国主义与半资本主义综合而生的新生产方法。兄在此处开的玩笑是误用类推法，而不是具体历史的分析。资本主义的生产方法中，必然孕育出社会主义社会的诸因素，生产的物质基础和精神基础。然而奴隶社会的生产方法，却未孕育出封建社会的诸因素来。奴隶社会只使奴隶和自由民的物质生活，由生产的贫困走到消费的共产主义；精神生活由地上的无望走到天上的王国。半开化人的氏族制度才再给文明人以公社的荫附生产，和温和的勇敢的精神。过渡期的小农，并非是封建制度的

"基本规定性"。封建的基本规定性是此小农之再分化为农奴与农奴主人的大庄园生产,虚伪的公社制度等。兄谓"小农生产性",其与大庄园的大生产将不相侔。

我很希望能得暇来写一篇论中国与西欧封建起源的较为详明的文章,但总一时不能如愿。答应兄的一篇文章,也未得应命,不胜抱歉。本礼拜把上海的忙完,下礼拜当可奉上一点。余下的看寒假中整理调查材料有暇否才能定夺。匆匆草来,满纸汗渍,幸勿见怪。祝安,并颂年禧!

弟宜昌,新正后三日之夜

(第 129 期,1937 年 3 月 25 日,第 7 版)

论封建社会之起源
——三致王宜昌先生

傅安华

宜昌兄：

您的信已收到一个礼拜，因为个人的工作很乱，所以一直搁到现在才得详细的读，读完之后觉得还有几处不能同意的地方，再提出来向您请教。

我觉得在思维的方法上，即唯物辩证法的运用上，您同我好像根本上有着不同。由这种不同，乃生出对于封建社会起源之见解的差异。

您在两封信中，屡次把抽象的辩证法与具体即现实的辩证法，区别起来。例如第一信上说："这不是用抽象的辩证法之内在矛盾发展可以了解的，而是实际的事实的辩证法。"第二信上说："奴隶社会内部的矛盾，不是有出路的矛盾，而是退步的趋于死灭的矛盾。这是现实的矛盾，而不是抽象的必然发展到他一阶段的矛盾。"您的思维方法是："观察任何事物时，在具备了一定条件之下，便须在其内在矛盾中去观察。"这种思维方法，骤然看来是很对的，但此中有一个错误的倾向，即是难免要陷于折衷主义，将外的条件与内的根据看成两个互相作用同等级的力量，而不能够在相互作用的背后，取出内的根据之指导的决定的作用。辩证法之所以区别于折衷主义，即在于它能在相互作用的背后，把握住内的根据之积极性。我们的思维方法，我觉得应当是这样：第一步，先从分析入手，透入事物的内部舍弃了一切外的条件，把握住内在矛盾之抽象的发展法则。第二步，再用综合方法，将在第一步所舍弃了的一切外的条件都加上，再根据内面外面的相互影响来考察一下，这样才可以决定具体事物之发展的现实倾向。但我们在考察其相互作用时,决不能忽视了内在矛盾之决定的、指导的、必然的作用。它具有征服一切外的条件和利用一切外的条件的能力。

把握住抽象的内在根据之积极性,才能解释一切事物的发展,不致为某一种假象所迷。事物的一切现象并不能代替事物本质的发展法则,本质与现象只是统一,而不是同一。同一个本质,因为受了外面条件的作用,可能表现为两种或数种不同的现象。如果我们只根据某一种现象而即认为它是事物发展的法则,那是错误的。我们要解释一切现象,要把握事物发展的法则,是非舍弃了这些现实的现象,再回到认识本质的路上不可。根据本质的运动法则再加以各种不同条件的作用,由这种本质与条件作用上,我们才可以断定:同一本质与甲种条件相作用所表现的现象是真象是正常,与乙种条件相作用所表现的现象是假象是反常。不如此,我们便没有方法判断数种同样的现实,到底那一个是真象那一个假象,更没有方法在假象的背后,寻出它的本质以及它所以表现为假象的原因。卡尔在《资本论》中分析商品的拜物性,即完全是由这种观点出发。我们现在用这种思维方法来看封建社会的起源,我们固然承认欧洲的奴隶社会受日耳曼的侵略而构成封建社会,这是一个现实的现象。但我们决不能承认这种现实便是法则,进而说世界的封建社会的起源都是这样。我们要在现实的现象之下,取出它的本质来分析一下,根据本质的抽象的发展法则,判断这种"现实"是不是法则。我觉得我们思维方法的差异便在这个地方表现出来。您是从现实出发,即是先从归纳方法出发,把归纳出来的结果,便认作是法则,虽然也承认抽象的东西即根据的发展,但您把根据与条件看成同样重要的东西。我是先在具体的现实中,舍弃了一切条件,把握住它的本质的发展法则,然后以这种抽象的法则为主体,再考察一切现实的变异。您在第一封信上指摘我:"是把抽象的法则建立之后,转而以抽象法则来反对其根据的史实。"我并不是以抽象的法则来反对史实,而是以抽象的法则来考察一切的史实即现实的现象。根据您那种思维方法,便断定:罗马的奴隶社会是由异族侵略而转变为封建社会,这是现实的发展,所以它是必然的,同时它也是法则。因为它是法则,所以世界一切的封建社会起源都必要是这样。我根据我的思维方法,便得出一个同您不同的结论：我承认罗马受日耳曼侵略变为封建社会，这是一个现实现象，不过我不承认它是法则。因为根据我对奴隶社会抽象分析的结果，由异族侵略变为封建社会，并不是它本质的发展上唯一的可能的现实。在本质的必然的发展途程中，接受了此种适合的条件它即表现为此种现实，接受了那种条件即转变为那种现实。本质的发展固然是必然的，但因为配合上许多偶然的条件，所以有表现为多种现实的可能。在这种看法上包含了一切变异情形，即是您说的"辩证法上的死灭"也在此包含着，我们还可以种子为例。以种子本质上的抽象法则来讲，种子内部是准备着新发展之一切可能的条件，它必然要需要外因，这是无疑义的。如果它的本质不遭破灭，即是如果所遇到的不是破灭的外因时，则它的新的发展只有一个必然的道路，即是发展为植物。在它的本质上讲，这种发展即是抽象的法则，但它在发展为植物的时候，需要外面的条件，热与湿这种需要是必然的。如同社会转变时需要暴力是一样。但这种热是那一种热，湿是那一种湿，则是偶然的，譬如受火焙的种子与受太阳热的种子都可以发芽，都可以转变为现实的东西。而由火焙成的植物与受太阳晒而成长的植物，总是两个不同的现实。我们决不能只认定一种现实是法则，而否定另一种现象。在此，我们只能说种子受热与湿能发展为植物，这是一个抽象的必然的发展法则，我们必须先把握住这个抽象法则，然后，才能解释一切植物的发展。

用同样的方法来看封建社会的起源，我们必要先把握奴隶社会到封建社会之本质的发展，这种本质的发展也即是奴隶社会内部矛盾的发展。它自身是抽象的辩证法，一方面是死灭过程，另一方面又是孕育过程。而其所孕育的东西，乃是受着奴隶社会内部生产力的制约。如果一个奴隶社会是正常的发展，它的生产力并没有受过外来的改变，则在它的制约下，只能孕育出封建社会的条件，就如同种子在正常发展下，只能孕育成植物的条件是一样。固然"奴隶社会也会走上别一个形态而不走上封建制度"，但这种变异，必须先使奴隶社会内部的基础即生产力、生产技术改变了才行。譬如半封建社会直接过渡为社会主义社会，必须是它在帝国主义的压迫下急剧的改变了他的生产技术才可能。不过，这种变态，同我上面的说法并不矛盾，我只是说我们分析一个社会，须先把握它内部本质的矛盾，然后再在这种本质矛盾之发展上配合上外的条件。如果一个社会在根本的本质上改换了，我们考察它们的时候仍然是如此，即是先把握住新本质的矛盾发展，然后再配合上外的条件来观察它的现实。无论如何，本质的发展总是主导的，外的条件总是适应的。即如半封建社会提高生产力以后，它仍然顺着必然的法则孕育出一定的条件，并且需要一种暴力作它的产生新社会的产婆。

奴隶社会在未接触了野蛮民族的场合，它有它本质的发展，孕育着它应当孕育的条件。在孕育成熟的时候，它必然会寻到任何一个适合的外的条件，来完成它到新社会的转变。它所需要的外的条件，主要的有两种，一个是破坏旧生产组织的暴力，一个是适应新生产力重新组织生产的组织。（此处所谓之组织，并不是把生产组织与生产力分开，后面说到。）如我前两信所说，这两个条件是可以由自由民暴动和新兴地主来执行的，因为当时的新兴地主的确已经具备了适应新生产力的生产组织（如庄园生产、隶属制度），他只在旧生产组织破坏后，推广他素日所用的而且有利的新生产组织便够了。

如果奴隶社会接触了异族的氏族制度，异族所给予奴隶社会的作用，也只是一种外的作用——用暴力破坏旧生产组织，用氏族制度、军队编制来组织已经破碎了的生产。这仅仅是在奴隶社会之本质的发展上配合上的一些外的条件，他并不同帝国主义之侵略半封建社会一样，可以提高其生产技术，以转变其本质的发展。我们由历史事实可以知道，在罗马与日耳曼接触后，不是日耳曼的氏族制度改变了罗马社会之本质的发展，反而是罗马之高级的生产技术提高了日耳曼社会的本质，使它完成由氏族制度直接到封建社会的飞跃。由此我们可以说奴隶社会之发展为封建社会的"根据"（即"因"）只存在于奴隶社会内部，并不是像您所说的"还存于异族的氏族制度中"。（因为氏族制度并未参入奴隶社会的本质中，而只是尽了条件的作用。）异族侵略只是配合于本质发展上的条件之一种可能。异族侵略与自由民暴动、大地主组织生产之作用于封建社会的起源上，即如同太阳热与火热之作用于植物的起源上是一样，他们能表现为两种不同的现实的发展，我们决不能承认一种现实是法则。因为现象不是法则，本质的发展才是法则。

此外,还有一个问题,即是您说:"暴力是何种形式与组织者是何种人物,也决非偶然而是必然。因为从生产力的诸因素抑或从生产方法的构成因素上看,劳动力或劳动组织,或革命者,或组织者也正是一个'因'而非'缘'。如果把它看成缘,便会陷于唯技术史观或经济史观去了。"这段话表示您是误会了我的意思,我并不是把生产组织看成"缘"(即条件),而是把"组织者是何等人物"看成缘。我承认生产组织与生产力是统一的东西,有新生产力必然会发生新的生产组织,生产组织必然要适合生产力才能存在,这是无疑的。我的意思是以为在奴隶社会中,已经孕育了封建的生产力,这即是集约生产的小农生产性。同时,部分的也发生了适合于此种生产力的生产组织,即是荫附的庄园生产。不过,在旧生产组织未破坏之前它并不占优势。但新生产力之要冲破旧生产组织而要求新生产组织普遍化,这是必然的,这是"因"即不是"缘"。至于组织者是谁,则是"缘"不是"因",是偶然不是必然。如果像您的说法,把它也看作必然的"因",则一定要陷入经验论及折衷主义,把现象误为法则。我说组织者是谁,这是偶然,就如同说种子生芽所受的是什么热,这是偶然一样。问题的要点,只在于谁具备组织生产的条件,谁便能作组织者。日耳曼民族之所以能作组织者,即是因为它的氏族制度及军队编制,具备了与新生产力相适合的条件。因此,日耳曼侵入罗马后,它的氏族生产组织便同罗马的新生产力相渗透而成为一个统一的生产方法。这种说法并不是把生产组织与生产力隔绝来看,而是说生产力的发展已经具备新生产组织的规模,外来的生产组织因为适合这种规模,所以便同生产力结合在一起。当然外来生产组织与生产力结合以后,它也可以影响生产力的发展。譬如日耳曼氏族制度作用于罗马社会,也可以使新生的社会,多少带有日耳曼的特色。这是无疑义的。不过,在此我们决不能因为它有反作用,便认为它与生产力有同等的重要,因而忘掉生产力的积极性。

您说组织者是谁这是必然而不是偶然,并以资本主义社会的变革为例。是的,资本主义的变革是无产阶级的任务,这是必然而不是偶然。但我觉得您在此所用的方法也是抛掉了具体历史的发展而误用类推法。如果仍用您的类推法推上去,则奴隶社会的变革应当是奴隶及自由民的任务。这个推论,当然我们都不会承认的。因为无产阶级是一个自知的阶级，他们有较高的阶级意识。新生产力所需要的新生产组织即是在他们的工作下出现着。他们有能力破坏了旧生产组织而配合上新生产组织。他们不必把这种任务交给另一个阶级，更不必交给外来民族。奴隶社会之组织的工作所以要交给新兴地主，这是因为自由民和奴隶自身还没有组织生产的能力。组织者是谁固然是偶然，但如果他自身的必然条件优越于其他，则他也会以必然的姿态表现出来。现代的无产阶级具有这种优越的条件，而古代的野蛮人与自由民、地主等都没有这种特出优越的现象。这是历史发展使然，即如同科学愈发达，宇宙间偶然的现象愈减少是一样。

您说奴隶社会"并未孕育出封建社会的诸因素"，这未免有些故意歪曲史实罢。庄园的荫附生产，我们总不能否认它是在奴隶社会中即已经成长了罢？

您更说"小农生产性与大庄园的大生产并不相侔"，这也是歪曲事实。我们看中世纪的庄园生产，固然是大的，但这种大，并不是生产上的大而是所有上的大。庄园中的生产性，仍然是耕种小块土地的较为集约的生产。所以我说封建生产的最初规定性是自然化的小农生产性，我想这并没有大的错误。

您又说"奴隶社会内部的矛盾是没有出路的矛盾"，我以为这话不十分对。我疑惑你说这话只是根据欧洲历史的现实现象，而不是根据奴隶社会之本质的分析。罗马的奴隶社会并不是没有出路，而是在他内部的出路尚未酝酿成熟时，便受了蛮族的侵略，而完成了它的另一条出路。据我们对罗马社会各种构成分析的结果，认为自由民有大规模暴动的可能，乡村的新兴地主也有出而组织生产的可能，决没有一个社会的人类会完全自等死灭的。

拉杂写来，难免有许多谬陋的地方。倘蒙不弃，能予启导，幸甚！

即颂

大安！

弟安华上，十二日

（第 130 期，1937 年 4 月 1 日，第 7 版）

论封建社会的起源
——三复傅安华先生

王宜昌

安华兄：

　　我和你对于哲学的理解，有着根本的相异。而且对于古代社会、封建社会之本质与现象的理解，亦有不同。我以为我们的不同意见，便根据于此。许多论争，都是从名词概念的不同而来。所以我赞成倍根的话，先要打破诸种偶像，而对于许多不同意的反驳，不从其结果去说，而举证其第一原理的错误。

　　兄所论的辩证法，我还以为是抽象的而非具体的或现实的。因为兄所把握的本质与现象，还是抽象的，甚至是绝对分离的。（旁注：特别是内的本质与外的条件是分离的，没有看见他们的颠倒变化。）在我以为我们争论的问题，不是现象与本质间的关系，即是什么是正常，什么是变例的问题。我们争论的是什么才是真的本质的问题。

　　我试举一个例子：如科学法则中所谓"热涨冷缩"的公例，这应该对一切事物说都是本质的法则。但现实却有例外：蒸馏水在摄氏四度以下至冰点间，则恰相反，是"热缩冷涨"；锑的液态与固态间，亦是"热缩冷涨"。如果我们固执着说热涨冷缩是一切事物的本质法则，则将看摄氏四度至冰点的水及锑的热缩冷涨为现象形态之一种，为非本质的东西。但实际却是错了。不论就"一切"事物或"个别"事物的水与锑看来，均是错了。因为水与锑的热缩冷涨，正是"一切"事物中的某个别的本质形态，而不是现象形态。科学法则成立时，是舍弃了此种热缩冷涨的稀少事例的本质形态，而就一切事例的热涨冷缩来规定。在此热缩冷涨的事实，并不违反而是包含于热涨冷缩一规定之中的。

哲学上的矛盾统一与运动发展法则之成立，亦是如此。他在"一切"事物中为本质的法则，也不妨害其在某一"个别"事物中为非本质的法则。（旁注：抽象辩证法由一般下降到个别；具体辩证法则由个别上升到一般。）他只在某一"个别"事物中为本质的法则，也并不推翻在"一切"事物中为本质的法则。因为在"一切"事物中为本质的法则之成立，是舍弃去了只在某一"个别"事物中为本质的法则而在他"一切"事物中为非本质的法则的。这种本质与非本质的问题，不是正常与反常的问题，而是对于某一"个别"事物便是正常，对于"一切"事物便是反常的问题。

我们看见金属，在一般说来，说他是"热涨冷缩"，不为错。但已有人考验过锑，说它是"热缩冷涨"了。我们还要说他是"热涨冷缩"，那是陷于观念论否认实际而注重意象上的抽象理论去了。如果我们还要说他"热涨冷缩"是正常，"热缩冷涨"是反常，也只有陷于诡辩了。

论古代社会正是如此。我和你的分歧点在于：我以恩氏和马氏已断定古代社会不能自然发展到封建社会，因为古代社会的发展法则，是另有其本质，与一般的辩证法内在矛盾自然发展在形式上相矛盾。你则以为他没作如是断定，要根据辩证法来再考察古代社会到封建社会的过渡。你指出的分歧点，说我"把根据和条件看成同样重要的东西"，"从现实归纳出发，把归纳的结果，便认作法则"。对于我，我以为又是又不是的。因为我对于抽象法则固然也和你一样，常常把它当作"主体"，从而"考察一切现实的变异"。不过，在某些时候，我却减少了这些初步的工作，直接走到现实的本来的"本质"上去。看这个别事实的本质的法则，而不论它是否一切事物的本质的法则。我这种思维方法，中间是有着飞跃或省略的过程。此种过程，在熟极巧生的时候，是必要走到此地步的。

你根据你的思维方法，"承认罗马受日耳曼的侵略变为封建社会，是一个现实现象，不过不承认它是法则"。这是我和你对于古代社会的本质法则理解不同，对于封建社会的本质法则理解不同，因而对于这过渡期的本质法则的理解也不同之故。你只承认外来的"力"，我则在

"力"之外承认有"构造"有"因素"。你只承认"能",我并承认"能"之外的"质"。你只承认"偶然",我则承认"必然"。你承认的是古代社会内在矛盾发展已准备好了封建社会的诸因素,我则承认古代社会的内部发展决不能准备好封建社会的诸因素。

你的逻辑使你走到宿命论的观点,所谓"奴隶社会在未接触了野蛮民族的场合,它有它本质的发展,孕育着它应当孕育的条件。在孕育成熟的时候,它必然会寻到任何一个适合的外的条件来完成它到新社会的转变"。这是观念论和宿命论,是抽象的理想,而不是现实的抽绎。你完全忽视了氏族制度遗存在封建制度中的诸因素、诸结构。你说"氏族制度并未参入奴隶社会的本质中",但你却不注意氏族制度却构成了"封建社会本质"之一部分。

问题正在于生产力的劳力组织者及其组织方法与形式上面。于此,我和你对于生产力的理解又不同。你只注意生产力的一种表示"生产性",但这是不够的。我以为还须注意诸个具体的生产力。这些生产力之中,劳动阶级也算是一个最大的生产力。社会主义革命中无产阶级之所以把暴力的组织者的任务担起,不是因为你所说的他们是"自知的阶级",而是说他们是一个社会的根本的、巨大的生产力,他们可以改变生产组织和增进生产性而成立社会主义社会。奴隶社会中的奴隶与自由民,则在生产力中是渐次无力的,所以不能革命,不能组织生产。地主虽能,但当时大经营也不可能,有只有小农。但小农独立是不能生活下去的。氏族制度的公社制度,维持了独立小农,把奴隶改为温和的农奴。氏族制度也有生产力加于封建社会起源之中,生产力不单是奴隶社会准备好的。你太偏爱于奴隶社会的发展,因而忽视了氏族社会给与封建社会的生产力了。

再以种子为例说过渡期,种子不仅因不得外因而死灭,且又因内在条件未备而死灭。不仅因外因而发芽,并且因外因之异而使发芽变异。奴隶社会衰亡时如没有氏族社会相加时,则她便会像机能有缺的种子,将不发芽而死。如果他得到的外因是资本主义社会,决不会走到封建社会,她便像因外因之异而发芽也变异。他要得氏族制度,才成封建社会,正如种子正常的发芽一样。你把外因比热能与热质分开,正如我们不能把资本主义与氏族制度所加于奴隶社会的作用看成一样,同样是不大适当的。你说热是阳光呢是火呢等喻,只可以和氏族制度是鲜卑族呢是匈奴呢等相比,不能够说他是外力呢内力呢等。

再说庄园大生产与小生产性。我以为庄园是大生产的。因为他是独立小农生产,再有阶级分化的结果,是优于独立小农的生产。庄园固然有不少的小农场,但他的中心却正是大农生产。

最后说罗马或欧洲史现象与中国史现象同异。你以为我把欧洲史现象太看重了,罗马奴隶社会发展不及中国等。其实因格兰姆的《奴隶史》里正和你有同样的主张,说罗马也发展了封建诸因素,封建社会几全没有氏族制度的事(中译本,七二页)。由此说来,中国和西欧倒正相同的。

说来我还是固执己见,你不会见怪吧!颂安!

宜昌,一月十五夜

(第 131 期,1937 年 4 月 8 日,第 7 版)

读《论封建社会的起源》

范振兴

在《史学周刊》连续地读了傅、王二位先生关于封建社会起源的讨论,心头发热起来,一时的冲动,就这样地来写了,还望傅、王二位先生及读者有以教之。

关于封建社会的起源,傅、王二位先生有两种不同的意见。傅先生的意思说:由原始共产社会而奴隶社会、封建社会、资本主义社会以至未来社会,乃是人类社会发展的自然程序,这些社会前后继起,依其自在矛盾的展开,具有合则的必然性。王先生的意见则不然,他相信由原始社会的发展必然要归结于奴隶社会(此见于王先生向来的著作中),但发展至奴隶社会之后,如若不是有外族的侵入,那么这社会便没有出路而只有归于覆灭:"奴隶社会内部的矛盾,不是有出路的矛盾,而是退步的趋于死灭的矛盾。""并未孕育出封建社会的诸因素来。奴隶社会只使奴隶和自由民的物质生活,由生产的贫困走到消费的共产主义;精神生活由地上的无望走到天上的王国。半开化人的氏族制度才再给文明人以公社的荫附生产,和温和的勇敢的精神。"

我个人是同意于傅先生的意见的。在这里我写出几点,请教于王先生:

(一)暴力的战争或征服,对于社会有很大的反作用,而暴力是新社会的助产婆,有时他更为由这一社会向那社会转变的必要条件。但是,战争对社会有多大及有何种性质的影响,则决定于当时的生产方法:"在一般的征服上有三样的可能:征服民族使被征服民族降服于自己的生产方法;(例如本世纪中英格兰人之于爱尔兰,部分的之于印度。)其次,是旧有的生产方法依然维持着,而征纳赋贡;(例如土耳其人与罗马人。)又其次,出现一种相互作用,由之而成立一种新的综合。(例如日耳曼人的征服罗马。)"但我们知道:社会的发展是由于生产力的发展,生产力没有发展,新的社会是绝难产生的,这读过中国或俄国革命史的人都可以知道。在罗马未被日耳曼民族征服以前,罗马内部曾有过多次的战争,但却并未造成任何的社会的转变。而日耳曼民族的征服,却使罗马社会走上一个新的阶段,这显然地证明了罗马社会内部已有生产力发展的事实,这生产力已快发展到倾覆旧社会的阶段。我们相信:即使没有日耳曼民族的征服,罗马社会亦要走上一个新的阶段的。不然,如若不是生产力发展到倾覆旧社会的阶段,即给社会的转变预备下了物质的条件,那社会的转变即根本缺乏可能性,如何能实现那伟大的社会转变? 在中国已往历史上,有许多次的变乱与战争,但是因了生产力没有达到质量变化的发展,所以不能造成任何社会的转变,而只能循环地(当然其中有变异与发展)造成朝代的更迭,这是再明显不过的事情。

(二) 除了前面推理上的证明之外,我们更有事实的证明,即罗马末期,已有中世纪农奴制生产形式的发生。"以奴隶劳动为基础的 Latifundia 经济再也不能获利,然在当时,它是大农业唯一可能的形态。不过,现在小农生产复成为唯一有利的形态。田庄依次区分为小的地面,租给缴纳一定租金的佃农,或者供给每年能得劳动生产额六分之一或仅九分之一的与其称作佃农毋宁称为管理人之 Partiarii。但这些小农地,大概是分配给移民,他们是每年纳一定的款,且可与他们的农地一同出售的。这批移民虽不是奴隶,却仍非自由人。他们不能与自由人结婚,而且他们同类中的婚姻并不认为有效,仅同奴隶似的婚姻一样,当作偏房(Concubinage)看待。他们实是中世纪农奴之先驱者。""帝国时代,罗马农业的发展,一方面扩大了畜牧事业的范围,减少国内的人民;另一方面则把土地细分为租借的小块,由'居民'耕耘,这一发展的结果,获得了罗马农民——即后来的农奴前身——的小经济之发展,更获得了在这种生产方法内部长育起来的而统治于中世纪的生产方法的胚胎。"恩氏这些话,已由傅先生引证过了,这在在都说明着奴隶社会自发地向封建社会转化的必然性与合则性。而依据山川均氏的记述："地方离罗马太远，不能充分地监视奴隶。……曾禁止奴隶离开耕地，并禁止出卖奴隶。所以，我们在这里开始看见到中世纪农奴的模样。"（《前资本主义经济史》页五八，此段引文根据笔记，文句容有出入。）所以依照罗马末期社会的事实，我们可以断定：即使没有日耳曼民族的侵入，罗马社会亦可自发地转化为中世纪的农奴社会。王先生能否认这历史的事变吗？

（三）王先生为了证明他二元论的理论，又引卡尔的话来证明："在这种场合，农奴制之成立，得有征服及人种二元论中间之环，而能在纯经济的途上指示出来。"王先生说这段话出在《资本论》第一卷第二节，我手头有的只是潘冬舟先生的译本，但经我查过，那一节并没有这样一段话，不知是怎么一回事？后来靠着我个人底记忆，我去翻读《中国经济》三卷十二期上司米柔诺夫氏《封建—农奴制社会》一文，结果找到司氏引卡尔的原句，是："农奴制度之成立，没有征服及人种二元论中间之环，而能在纯经济的途径上指示出来。"一个是"得有"，一个是"没有"，前者的意思是"必须有"，后者则是"不必有"，意义恰恰相反，"差之毫厘，谬之千里"，不知这错误是自那里来的？真假老包，孰是孰非也？

（四）又依照王先生底意思，好像封建社会底起源，是由于一个胜利的民族君临于被征服者之上，令其纳贡以进行超经济的剥削，先有这种由征服而发生的封建制度，然后才有封建社会的形成。这显然是与事实不符。马氏说得好："那些存在着徭役劳动的地方，很少是由于农奴制度所形成的；相反的，而农奴制度之成立，普通却是由于徭役劳动上而发生的。"（《资本论》第一卷第二分册，潘译本，页二〇八）事实上，都是先有了某种的社会事实，然后法令给以承认以形成制度。封建社会的起源，绝不如王先生理解得那样是先政治形态而后社会的经济事实。"制度在成为原因之先已经是结果，社会在被制度改革之前已经形成制度。"王先生应对此加以深思！

（五）印度的历史，足以推翻王先生底立论。纪元前千五百年的前后，与希腊及罗马人同属白种的亚利安人，以游牧的方式经由波斯而侵入印度的五河流域（现在的般遮布地方），征服土著的民族 Dravida 与

Kalarià 两族以后,便开始经营农业的定居生活。这次的征服,被征服者成了被剥削的受压迫阶级。但这次构成的社会,却是奴隶社会而非封建社会,这由遗留到现在的最早典籍中可以看出。这最早的典籍,主要的是赞祷神祇的颂歌的四部 Veda 经,《梵书》(Brāhmana)和《奥义书》(Upanisad)都是后来附加的。(许多人说在印度不曾发生过奴隶制度,这是对印度的历史太外行了!)在此时代,征服的亚利安族内部还未发生阶级分裂,社会仍是公社的组织。全族分为五个氏族,每个氏族又分为几个 vis,每个 vis 又分为几个 Grāma。土地、林地、牧场、房屋以及器具,仍然属于氏族公有。族长是大众的公仆,由氏族议会选举,保护全族、对外抗战、祭祀等事,都是族长的职务。

亚利安人继续向恒河流域发展,因为那里土地肥沃雨水充足,造成了生产力的提高,(这自然首要的还是由于社会技术的进步。)商业也就随之而发达起来了。至纪元前五百年前后,已有不少的商业都市发生,如 Magadha 的 Rajagrha,Kosala 的 Savatthi,Vamsa 的 Kasambi,以及 Kasse 的罗奈城,都是非常有名的。这时的商业,根据 Herzfeld: *Commercial History of the Jews in Antiquity*,可知已经过波斯、巴比仑或亚拉伯可以直达地中海沿岸。当时城市的工业,主要的是棉织、象牙及宝石业,都也有很繁荣的发展。

随着这工商业的繁荣,兴起了一个新阶级,这新阶级包含商人、新兴地主、高利贷者及小手工工厂主,起初他们多是受剥削的平民,Brahman 君临于他们之上,常常要加他们以重税或劳役。随着他们在经济上力量的发展,他们对于自己的低微与不平等的社会地位不满起来。因了 Brahman 骄奢淫逸的横行剥削,当时社会上又出现了许多破产的农民与手工业者,奴隶的痛苦也一天比一天加深,这些人都是要倾覆旧的社会的。

结果,伟大的变革在刹地利阶级领导之下发生了,这便造成了后世的印度的封建社会。

而读俄国的历史,似乎封建社会也是由奴隶社会自发地发展出来的,不过这点尚待研究,此处暂且存疑。

(六)日本在历史上并未受过外族的征服,但却发生了封建社会,如依照王先生底理论，这是解释不通的。

（七）奴隶社会自发地发展为封建社会是人类的自然史，这是我们的结论。但"事之如此必有其因"，客观的事实是如此，理论上我们怎样给它以说明呢？这是末了我们要附带一说的。

奴隶社会是不是每个民族都要经过的历史阶段？这是年来聚讼不清的一个问题。依着我们的意见，是认为奴隶社会的存在乃是世界的，即原始共产社会的发展至于其否定，必然要归结于奴隶社会而不能归结于封建社会。

为什么如此呢？我们可就两方面来说：

第一，紧密地继原始共产社会而起的新社会，有大量前代社会势力的残存，这首先表现于公有土地的公社上。在这生产手段公有的势力尚十分浓重的处境下，战争的俘虏作为被榨取者而使用，绝对不容许他作农奴式的小独立经营，他必然地要被当作主人的财产，为主人所直接领有。

关于此点，司米柔诺夫氏说得很好，他说："奴隶的榨取形态，在原始共产主义的遗物尚强固地保持的条件下，在团体的土地所有形态占着支配地位的条件下，是可能的惟一榨取形态，所以他就是最初的榨取形态。……在另一方面，这种社会成员的大部分还站在榨取关系之外，这就是团体共同体的土地所有为其独立经济基础的自由的共同体成员。然而，就在这种社会中，阶级的对立，已经演着主导的作用。"（《封建—农奴制度社会》，引文根据笔记，文句容有出入。）

关于此点应该注意的是：这原始土地公有制的残余，随着奴隶社会的发展，是一天比一天的没落了，它在社会中的比重，是一天比一天不重要起来了；而随着小自由农民的受兼并，更一天天使社会成了奴隶所有主的天下。但是，虽然如此，这仍不妨其原始共社底势力，对奴隶社会底发生有其制限性。

第二，原始共产社会底没落，虽然是由于生产力发展的结果，但该阶段内的社会生产力，仍旧是非常低的。在这生产力非常低的社会中，虽然可以有剩余劳动的存在，但那是非施用极残酷的榨取不可的。这时，持有生产手段的剥削者，如若像封建社会那样，让劳动者领有小部的生产手段去作独立的生产，那么榨取是极其难能的。只有奴隶劳动，才给那时代的榨取以可能。奴隶主强迫奴隶作过度的劳动,而给他以仅能延续生命的生活资料,这样才可使榨取有很多所获。而在事实上,却也正是如此:"有时竟将黑奴之整个生命耗费于七年之间,过度劳动遂成为最通行的制度。"(《资本论》第一卷第二分册,潘译本,页二○五)

另外还有一点,亦是使奴隶社会必然成为第一次的榨取形态的,那便是大规模奴隶生产制下的单纯协作,可以提高劳动的效能。这由协作而产生的新的生产力,非但给那时的榨取以可能性,而且有时在那建基于拙劣的生产工具上的生产过程中,又是必不可免的生产形态。

但奴隶社会怎样又转变成农奴制的生产了呢?

在奴隶社会中,劳动工具必然是非常窳败的。奴隶是失去了理性的"人性牲畜"(Human cattle),不能细心操作以发展技巧,他们与奴隶主处在敌对的地位,更没有一点责任心。他们对于奴隶主的敌视,常常迁怒到牲畜或器具上,器物的损坏是常事,所以进步的工作用具绝对不能使用;而据一个历史家说:较为不耐折磨的马匹,也是不能使用的。

但社会却仍然不断地向前进化,进步的生产用具仍继续地被发明。这些进步的用具虽然不能被大奴隶主所引用,却为散在的自由小农生〔产〕所引用。这样,使"小农生产复成为唯一有利的形态",便启开了向农奴制社会转化的大门。

农奴直接领有生产手段作独立的经营,更多的收获是于他有益的,所以农奴制较奴隶制能促成劳动者努力的程度及责任心。(卡尔在《资本论》第三卷中曾如此地指示过。)这样,奴隶、无产者、新兴地主、自由民所结合的大的暴动,更倾覆了奴隶社会,使农奴制的集约的小经营,代奴隶制的粗放大经营而起。

我们觉得,只有如此从生产力发展上理解奴隶社会向封建社会的转变,才是正确地把握到了客观的真理。

起初提笔时,本只打算简单地写二三点,但不知觉间却写得多了。中国社会史上的奴隶与封建社会问题,我们以后再谈吧!

一九三七,四,一

关于封建社会之起源的问题

——评傅安华先生和王宜昌先生

刘亚生

在本刊前几期,曾连续的发表了许多傅先生和王先生关于"封建社会之起源"的讨论文章。傅、王二先生对于这一课题的讨论,确曾引起了我的莫大兴趣,在我于兴奋之下,很想立即写出我对此问题的一点浅薄的意见来,就正于傅、王二先生和读者;虽然如此,但终因个人自身工作的纷繁,而致事与愿违。而今,承蒙本刊编者傅先生的督促,似不应再行拖延。现在,我谨愿于检讨傅、王二先生之关于"封建社会的起源"的主张中,提供出我自己的意见来。

实在说,"封建社会之起源"的课题,是社会形式发展史上的重要问题,而且是理解中国社会经济发展史的关键。如能确切的把握住这一课题的话,我相信:在一般社会经济史上成为重要问题的奴隶社会有无的问题以及亚细亚生产方式和专制主义社会等等问题,自可迎刃而解,了然掌上,从而在中国社会经济史上直到现在还众议纷纭着的社会形式发展阶段的问题,也自然而自然的由于依据着正确的科学理论,一般从事中国社会史的研究者将获得出一个确切的共同的结论来,这是可以断言的。但是,我深切的了解我自己,我只是一个"正在"从事研究社会形式发展史和中国社会经济史的初学者,我并没有充分的圆满的处理上述切要而重大的课题之能力。不过,我却相信,理论和实践是交互辩证的发展体,真理常常能借助于热烈的争辩与讨究而更加鲜明起来,更加显示出来。这样说来,我的意见纵然肤浅,不能对读者提供出什么可贵的意见来,但从我这浅薄的意见中,或许可以作为启发读者对此问题之更进一步的理解的酵母吧？

现在，在检讨傅、王二先生的意见之前，首先，我们应该对傅、王二先生的意见，各作一个概括的叙述。

先说傅先生的主张：

本来，我们对一切事物的理解是否正确，这完全系于我们是否正确的运用着方法论。那末，作为一切事物中之一部的社会史的问题之理解，亦自不能例外。因而傅、王二先生对封建社会起源的问题之不同点，也便在于方法论的参差。正由于哲学观点的不同，因而在傅、王二先生对封建社会起源问题的理解上，便有着不可调和的对立。

在傅先生认为：宇宙间一切事物是不断的运动着的，这运动的源泉，是事物自身内部的矛盾，即"事物内部的矛盾是'自己运动的源泉'"（见傅先生给王先生的第一信），因而"社会的发展是由于生产方法内部的矛盾"（同上），但"事物内部矛盾所引起的自发的运动，决不能限于死亡方面，实在在旧事物的死亡中，也就包含着新事物的生长。在事物的现象中观察，旧事物的死灭过程，同时也即是新事物生长的过程……我们可以这样说：旧社会的死亡过程也就是新社会的孕育过程。固然新社会的诞生，还需要一种暴力，但这种孕育是必然的"。（同上，点是我加的。——亚）"新社会构成的许多基本条件，即是直接由旧社会转化来的，并不是来于第三个社会。换言之，即是新'质'的产生与旧'质'的死亡，都是旧质本身之内在矛盾发展的结果。""但是，我们并不能否认了外的矛盾的力量。"（同上）即是说，外的力量也能对事物发生影响作用，但是"外的矛盾只有通过过程之发展的内的规律性才影响于过程的发展"（《辩证法唯物论教程》李达译本，傅先生引）。

综括起来说，傅先生的意见是："第一，事物的运动是由于事物内部的矛盾所引起的；第二，事物运动的过程，一方面是旧事物死亡的过程，另一方面也就是新事物孕育成长的过程；第三，外的矛盾只有在透过内的矛盾时才能影响到发展过程上。"（同上）

基于此，而且也是具体历史的发展，"罗马社会在日耳曼人未侵入以前，已经具有了封建社会发展的条件"，即"封建生产方法之最初的规定性"，"在罗马末期，奴隶生产方法没落的时候，它已经成长出来，并且成为逐渐占优势的东西"，即"作为封建生产方法之最初的规定的小农生产,在罗马社会中已经是孕育着"(见傅先生给王先生第一信)。因而傅先生说:"在日耳曼未侵入以前,罗马社会已经由于自己的运动,发展了封建化的条件。""日耳曼人侵入以后,仅只是给罗马社会加上一种暴力,促使旧社会崩溃,新社会建立起来。在新社会组织的时候,或者曾杂有日耳曼氏族制度的形式,不过这对于社会发展是没有决定作用的。如果不是日耳曼的侵略,由于国内的动乱,一样也可以达到这种目的。并且地主们一样也可以用他们已经具有的隶属形式去组织封建社会。"(同上,点是我加的。——亚)

就中,傅先生还提出了两个应该注意之点:第一,研究封建社会的起源问题,不应把各地域一律看待,而应就各个特殊的地理条件下的地带,从该社会是独立发展抑与外族相互征服而考察。第二,"由旧社会到新社会的突变过程,可以分为两个阶段来看:第一个阶段是旧社会的崩溃,第二个阶段是新社会的组成。……在旧社会崩溃的阶段里,发生主要作用的,即是一种暴力,这种暴力本身是异常单纯,无论它是异族的侵略或是匪寇的暴乱,或是阶级的革命,都没有重要关系。(自然,阶级革命多少与前二者有些区别,不过,在旧社会之崩溃一点上说,是没有决定作用的。)""所以,暴力既然是一种极单纯的工具,则常不限那一种暴力了。"(同上,点是我加的。——亚)"第二个阶段,即是新社会的组织。组织的本身与组织者对于社会发展并没有决定的作用。……操决定作用的,仍然是社会发展的条件。无论组织的形式如何,它总得要求社会条件的容纳,换言之,即是新的社会组织,必须要与社会中所发展的一切条件相合,它才能同社会统一起来,构成一个新的社会整体。""日耳曼的军队组织因为适合于罗马社会发展的条件,所以才能形成封建社会。"(同上)

其次,我们要来看一看王宜昌先生的主张:

王宜昌先生认为:"所谓内在矛盾发展的问题,是就宇宙全体说,或某些事实是对的。宇宙只有内的矛盾发展而无外因。某些事实只有内的矛盾便能发展,但某些事实则不然,如种子落于地面,不得其外因时,必不能发展。"(一复傅先生的信)"其不能发展,便是表示内在矛盾也有不能发展到新阶段的时候。"（再复傅先生的信,点都是我加的。——亚）因而王先生谓:"辩证法的诸规律,并不代替了具体事实的诸变异情形。它只不过告诉我们,观察任何事实时,在具备了一定条件之下,便须在其内在矛盾中去观察。否则要把外因与内因的观点重新改正过,把一定的外在条件重建定之后,再来观察其内在矛盾。"（一复傅先生信,点是我加的。——亚）基于此,王先生认为从奴隶社会到封建社会之转化,即封建社会之起源,没有具备了一定的条件,因而要把奴隶社会崩溃的外因与内因的观点重新改正过。所以王先生说:"奴隶社会不能自己到封建社会,并不是说奴隶社会完全不孕育封建构成之一二因素。我只说封建构成的诸因素,单以奴隶社会发展不能构成,而必须有氏族社会的因素来构成。日耳曼与罗马的交互影响,在罗马故地加入了日耳曼因素,在日耳曼故地加入了罗马因素,才构成封建。"这是什么原因呢？王先生以为奴隶社会中的自由民虽有暴动的可能,但"不能革命以建立新生产方法","奴隶和自由人的社会条件,不能产生改革生产方法的革命"。封建社会这种新生产方法的产生,是"两种生产方法合成的",即谓"日耳曼人之移入"不"只是一种暴力而已","他还有诸种因素加于奴隶社会所孕育的诸因素中,才构成封建制度"。"对于封建成立而言,外来蛮族并不是偶然,而且还是必然和必要的。"即是说"单独有罗马,封建制度的诸因素是不完全的;单独有日耳曼,封建制度的诸因素也不完全。要二者相合,才成封建制度",即二者缺一不可。

以上我们对傅、王二先生的各自的见解,作了一个概括的叙述,不觉之中,费去了许多的宝贵篇幅。不过我觉到:为了对此问题加以阐明,以及判别傅、王二先生的意见孰是孰非起见,确乎有作一个较详细之叙述的必要。

根据着我们对傅、王二先生的意见之个别的叙述,我们可以显然的看出:在他俩之间,确乎存有一个根本不同之点。这一根本不同之点的根源在那里？干脆的说来,便是在于哲学观点的差异。王宜昌先生对傅安华先生所说的下列的话很对:"我和你对于哲学的理解,有着根本的相异。而且对于古代社会、封建社会之本质与现象的理解,亦有不同。"（见王先生三复傅先生信）

那末,他们两人之间,毕竟谁是谁非呢? 在这里,我们应该加以进一步的检讨与批判。

客观的说来,傅先生的意见是正确的,王先生的主张是违背了马恩列的哲学基础的。因而我对傅先生的哲学见解完全同意,进而对傅先生关于封建社会之起源问题的理解,我认为在大体上也是正确的。不过,就中傅先生在封建社会之起源的理解上,不免隐然含有一个错误之点,而且这一错误之点,便给予了王宜昌先生得以进攻的间隙——虽然王先生是站在更误错的立场上的。(以下在批判王先生的意见时再详述。)在这里,我们要指出的是:傅先生的全部正确意见中的一点错误处是什么?

我们再来看一下傅先生所说的话吧。傅先生在给王先生的第一封信里(本刊第一二七期),曾提出的两个注意之点说:"在旧社会崩溃的阶段里,发生主要作用的,即是一种暴力,这种暴力本身是异常单纯,无论它是异族的侵略或是匪寇的暴乱,或是阶级的革命,都没有重要关系。(自然,阶级的革命,多少与前二者有些区别,不过,在旧社会之崩溃一点说,是没有决定作用的。)"(点是我加的。——亚)由此,我们显然的可以看出:傅先生把两个经济集团间的斗争同化于暴力,因而遂把"异族的侵略或匪寇的暴乱,或阶级的革命"都一般化起来,被认为彼此"都没有重要关系",即是说,彼此没有本质的不同。

关于此,无疑的是一个不很小的错误,我觉得恩格斯在《反杜林论》里批判杜林的暴力论中所指摘的"暴力",是属于事物自身之外的外力,恩氏说:"私有财产在历史上的出现,绝不是抢夺或暴力的结果。""在克兰顿、日耳曼及印度的五河流域,贵族根据于农村公社的土地所有制而发生……最切近的也不是依靠于暴力而是依靠于自愿的基础及习惯之上。在任何地方,私有财产的形成,都因生产及交换条件的变更而发生,它是为着提高生产发展商业,所以它是根据于经济的原因之上的。在这上面,暴力没有任何作用。显然,在掠夺者占有别人的财富时,这个私有财产,先应该存在;所以暴力虽然能够变更所有者的面目,可是它不能造成私有财产的本身。"只此,便可以明白的看出,恩格斯所谓暴力,只是事物本身之外的外力而已。因而我们绝不能把事物本身之外在的力量——暴力,和事物本身内在的力量——经济集团间的斗争混为一谈,而把两者一般化起来,即把事物本身的矛盾化而为事物本身之外的单纯外力。正因为事物之外的暴力和事物之内在的经济集团间的斗争,有着本质的不同,所以恩氏才说出下面的话,即"暴力只是一种工具"。同时,正因为这样,傅先生所说的下列的一段话——"至于暴力怎样才能成为工具,怎样才能发生作用,那与暴力本身无关,却要看社会的发展条件是否需要暴力而定"(见傅先生给王先生的第一信),才能有其正确性。

如果依傅先生的意见说来,暴力本身果真是"异常单纯,无论它是异族的侵略或是匪寇的暴乱,或是阶级的革命,都没有重要关系"的话,而且纵然"阶级的革命,多少与前二者有些区别,不过,在旧社会之崩溃一点上,是没有决定作用"的话,那末,傅先生对自己所提出的哲学原则——"对于由事物内部矛盾所引起的自发的运动,决不能限于死亡的方面,实在在旧事物的死亡中,也就包含着新事物的生长"(见前引),以及其引《辩证法唯物论教程》中的话——"马克斯及伊里奇的辩证法并不否定外的矛盾的作用,即某种过程对于其他过程的作用。……马伊的辩证法,其主要的注意在于曝露内的矛盾,确定对立的同一性,认识过程中之自己运动的源泉。外的矛盾,只有通过过程之发展的内的规律性才影响于过程的发展",将何以解释?岂不是傅先生自己违背了自己的哲学原则吗?

傅先生由于上述对暴力内含的理解之不正确,即对事物之内在矛盾与外在力量的相互渗透与作用的关系把握的不够,因而遂对西欧封建社会的理解上,便陷于错误中了。如傅先生说:"日耳曼人侵入以后,仅只是给罗马社会加上一种暴力,促使旧社会崩溃,新社会建立起来。"更明白的说:"罗马本部封建社会产生时,所用的暴力工具,是异族侵略,因而组织者是野蛮人。"(见傅先生给王先生的第一信,点是我加的。——亚)这,无异是说,西欧封建社会的产生,是异族侵略。换句话说,就是外力侵略的结果,和事物自身矛盾的发展没有丝毫的关系。这显然是违背了上述的正确方法论的理解,而走到了机械论的泥坑。我们晓得:异族侵略的这种外在力量,只能通过事物之内在的矛盾才能发挥它的作用。如果在罗马奴隶制末期，其本身内部的矛盾——经济集团间的斗争不成熟，同时在奴隶社会体制内部封建因素不相当成熟的话，那末异族侵略纵然征服了罗马国家，恐怕也绝不会改变它的生产方法的吧？所以恩格斯曾说："一切停止在奴隶制上的生产，一切建立于这个基础上的社会，都因这个矛盾而死灭。他的解决往往是由另一较强的民族对此将死的社会加以暴力的征服，(希腊先被马奇顿征服，后被罗马人征服。)而后来依然停顿在奴隶劳动上。这不过是一种中心的转移，而全部过程则在更高的程度中重演一遍。最后(罗马)用新的生产方法代替奴隶制的民族又把他征服了，事情才算了结。"(《自然辩证法》二七九页，点是我加的。——亚。王宜昌先生也曾引此话批评傅安华先生，但王先生是完全曲解了恩氏的原意。关于此，以后再说。)这完全道破了：外在的暴力——异族的侵略，虽然"往往"征服了奴隶社会，如希腊之被马其顿和罗马人的征服。但如果其本身矛盾不成熟的话，它——异族的征服，也只能作为"一种中心的转移，其全部过程在更高的程度中重演一遍而已"，原来的奴隶社会，将"仍然停顿在奴隶劳动上"，而不会改变其自身的生产方法的。只有在奴隶社会自身矛盾中发展出来的封建的生产方法相当具备了，同时在奴隶社会中发展出来的经济集团间的斗争相当成熟了之后，这时，"用新的生产方法代替奴隶制的民族"，才能把它征服，"事情才算了结"。

关于此，乌斯洛维却洛夫曾说："在奴隶生产方法的内部，产生了封建关系的胚胎。但这封建关系的胚胎自己不能转变到更高的社会经济形式——封建制度。""使奴隶制小生产破坏的重要原素，是奴隶革命。奴隶联合农民、手工业者和'居民'的暴动，日益扩大。农民在这种暴动中起着辅助的作用，他们结成了统一战线跟所谓'野蛮人'的进攻联合起来。""侵略本身是决不能产生任何生产方法的，它只能帮助或制止某一社会形式内成长的生产方法的发展。只有在当一方面奴隶制的生产方法已经失效，另一方面，在它分解的结果，开始产生了封建制度的倾向，而奴隶革命掘毁了罗马帝国存在的根基——只有在这些条件之下，获得奴隶和〔被〕压迫者同情的'野蛮人'的进攻，才能加速罗马帝国的灭亡，加速在它的废墟上产生封建制的生产方法。"(日译《社会构成

论》,点是我加的。——亚)

雷哈德说:"基本的阶级之敌对,是自由民和奴隶之间的矛盾和斗争。但是,及到奴隶所有者的经济之内在的矛盾到达其最高点时,自由人对奴隶便形成了统一战线。""形成奴隶所有者的秩序之危机,而且创造出那为着奴隶(中删去数字)有利的诸条件的基本因素,如下:(a) 商品诸关系及资本之最初形态的发展——这并未创造出从奴隶所有者的生产方法中的出路,而使其矛盾更加发展和深化。(b) 不动产私有的发展——它驱逐了那形成'国民力'(马克斯)之基础的小规模农业,使农业转化为牧畜而使一国荒废。(c) 其结果,侵略的可能性涸竭——即奴隶诸关系的扩大再生产的可能性涸竭。(d) 奴隶暴动(有×的两字是我补出的,或为革命二字。——亚)成为为了粉碎旧的榨取形态的决定因素。"雷氏更说:"奴隶……的特质,在于下列一点……的基本的原动力,不是新的较前进的生产方法之担当者。但是,奴隶革命(有×的两字是我补上的。——亚),是在和野蛮人的运动相结合而且采用着半隶农和佃农的小规模生产的诸条件下勃发,而为着形成生产方法清扫了道路。"(《前资本主义社会经济史论》,日译本)

由上所述,可知在奴隶社会末期,其内在矛盾完全激化,一方面封建制生产方法已相当具备;别方面,作为和奴隶主立于主要斗争地位的奴隶已联合着"居民",到处坚决的与奴隶主相斗争,虽然奴隶和居民都不是创造新的生产方法之担当者,但他们为新生产方法拓清了道路。显然的,基于事物自身矛盾的发展,即基于奴隶社会自身的发展,纵然无外力的影响,即异族的侵略和征服,它也一定要发展到封建社会的。异族的征服,只不过使罗马奴隶社会之转化到封建社会加速了而已。

此外,关于中国封建社会之起源的问题,我和傅先生的意见,也有点不同。不过,这只有以后再谈。

以上是我对傅先生的意见之意见,不过话又说回来了,在原则上,特别是在哲学的理解上,我是完全同意傅先生的意见的,所不同的只是关于社会之内在矛盾与外在力量的相互渗透与作用的这一重要问题。我的意见,不知傅先生以为如何?更不知读者以为如何?为了真理的探究,我希望傅先生和读者不吝指教。

以下我们要来检讨一下王宜昌先生的主张：

不客气的说，王先生理解封建社会之起源这一问题的方法论已经错误了，(其实，王先生对于其他问题的理解上，其所使用的方法论都是错误的——恕于此，不能一一指摘出来。)因而其对封建社会之起源问题的处理上，完全达到于错误的结论，这并不足使我们惊奇的。试看王先生所说的话吧——"我们由实际的历史走到理论的哲学。我以为哲学的抽象，只是某种典型的事实的抽象，不能包括一切变异的具体事实"(见王先生一答傅先生的信)。这显然的是，王先生以为哲学的原则是抽象的观念的东西，它只是适应于宇宙间少数的某些事物，而不能应于宇宙间一切事物。事实果真是如此的吗？我们知道，马恩之唯物辩证法的完成，绝不是只归纳了宇宙间的少数的某种典型的事实，而是根据着宇宙间诸多的具体事实——自然现象、社会现象和人类意识——而抽出来的一种普遍的共同的原则，因而这一哲学原则是适应着宇宙间任何事物的。因为唯物辩证法这一哲学的最高原则，只是宇宙间一切事物的普遍的一般的发展法则。因而，当然我们不能否认，宇宙间一切事物于其一般的普遍性之中，还有其特殊性存在。但是，事物间的这种特殊性，仍然是被包含于一般的普遍性之中的，而且也只有在事物间的普遍性之中，才能表现出其独自的特殊性来。由此，可知王先生所谓"哲学的抽象，只是某种典型的事实的抽象，不能包括一切变异的具体事实"，这完全是一种不可饶恕的错误。这种错误，在于他根本否认了辩证法唯物论这一哲学的最高原则。

(第142—143期，1937年6月24日—1937年7月8日，第7版)

略论封建社会之起源问题
——致傅安华先生书

刘兴唐

安华兄：

示悉，尊著略已拜读，甚佩。兄暑假是否他往？如能在平畅谈，是所至望。

我很愿意参加你们这一次热烈的论辩，但是总没有时间，而且所有参考书过少，不敷使用，只该作为罢论。

关于宜昌兄的意见，我在答复丁道谦君的文章中多少提及（前寄交《食货》），现在我们在书面上不妨略微谈谈。

宜昌兄的错误主要的是在方法论上。他误释了人类社会内在的矛盾，只把人类和自然对立起来。固然我们不能说人类和自然没有矛盾，可是人类和自然的矛盾，从原始一直到现在都存在，这不是人类社会发展的一种主要动力。人类社会虽然是自然的产物，而人类的生产却又改变了自身，人类另有他的社会生活。所以人类和自然的关系，是辩证的、发展的，一个阶段一个阶段的在克服自然，和其他动植物等对自然之适应不同，我们如何能把自然对植物关系机械的拿来在人类和自然关系中应用？从前我们在通讯中曾多少论到这点，宜昌兄对弟言似未能十分了解。恩格斯关于婚姻问题曾说不能以一穴类的一夫一妻制来证明脊椎动物也是一夫一妻制，我们如何能以自然对植物的影响，应用到自然对人的身上？

人和自然脱离不开关系，这是正确的，因为现在并不能离开地球而生活，和植物之不能离开自然而生活一样。而无论如何我们也不能把野蛮民族当做自然看待。氏族社会对奴隶社会之侵略行为，我们似不得称之为自然，因为他们很早已创造了他们自身，他们过的是他们自己创造的人类社会生活。他们之侵略罗马，很明显的是社会的原因不是自然的原因，和自然的原因，和自然界所有之风雨绝不相同。如果把民族对民族的侵略当人类社会进化的原则，这不显然陷入于历史科学所批判、所反对的社会斗争论（是否是这个名词记不清了）了末？把民族对民族的征服作为社会进化的原则，显然是陷入了惟心论的漩涡。

无论是氏族社会也好，无论是封建社会也好，总之，都是在人类从自然形态脱离以后，也就是说：在人类生产自身之后，自己所创造的社会。更无论奴隶社会之掠取奴隶，或氏族成员征服者把奴隶社会中人固缚于土地之上，都必然的以人类劳动之有剩余可榨取为先决条件，亦更必须征服者从实践中了解了榨取之后才有可能。这些条件我们将如何把他一概归之于自然？如果我们把他勉强列之于自然，那末现代的帝国主义对殖民地之侵略不也成自然了吗？

在我看来，人类社会之进化的矛盾发展，是不能把他解释为人类对自然的矛盾，主要的我们应该解释为人类社会内部结构上的矛盾发展。自然，我们并不是否认自然对人类社会所起的作用。

第二，他把辩证唯物论的基本观念闹错了。这话看来我似乎说得有些过火，其实这是很明显的。依马氏的意见，历史上各阶段的划分，以及由此一时代进展到彼一时代，都应该从他经济基础上着手。社会之所以要革命要进化，是因为旧的生产关系成为新的生产力之桎梏。无论王先生怎样的来解释生产力和生产方法，然而这总是指的一个社会内部之生产基础。很明显的，原始社会有原始社会的生产基础，奴隶社会有奴隶社会的生产基础。只要我们承认日耳曼人和罗马人不是同一民族，那末他们之非同一社会和中国现在和大不列颠之非同一社会同样明显。那么我们就可以知道氏族社会之生产力与奴隶社会之生产关系的矛盾，并不是奴隶社会之基本矛盾。奴隶社会之基本矛盾，我们还须在奴隶社会的自身中求得，寻求他内在的生产力与生产关系之矛盾。

事情是很明白的，罗马人的法律，经济上的财产关系束缚不了日耳曼人,而日耳曼人的生产力,也冲破不了罗马人的生产关系。自然宜昌兄会说日耳曼人已有侵入罗马社会中去的。那末我们知道奴隶社会中的奴隶大多数不也是自外俘掳来的吗!不也有氏族社会中的人吗!奴隶社会是由氏族社会进化来的,为什么他们不自然的摩仿接受奴隶社会的文化呢?此颂

撰祺!

弟刘兴唐,五月二十三日

(第143期,1937年7月8日,第7版)

奴隶社会

中国奴隶发生之原因

冈田巧著，善甫译

世界任何国家，当其上古时代，伴随于其经济发达过程每有时代之副产物焉，即奴隶制度之出现是也。此与当时之社会经济现象不无多少之影响。① 希腊罗马姑置勿论，征之日本亦甚显然。奴隶之种种名称，散见于中国古书者如：奴、臣妾、臣仆、童仆、臧、获、竖、厮、役、扈、养等，即此可知奴隶制度于中国古代即亦存在。惟是中国奴隶制度之发生，事实上已极久远。对于其发生之时期与原因，而为适确之叙述殊非易易。而各时代发生事情彼此互异，欲为综合之叙述尤感困难。但就大体观察，奴隶发生之原因可得而言者，约有四端：一曰犯罪，二曰俘虏，三曰买卖，四曰奴籍。兹分别说明如左：

（一）由于犯罪之奴婢——即奴婢之发生基因于犯罪者。良民一旦犯罪，则本人与其家族之良民资格即被剥夺，而为没入奴婢。《说文》有曰："男人罪曰奴，女人罪曰婢。"又曰："奴婢皆古之罪人。"《风俗通》有："古制本无奴婢，即犯事者原之。臧者被臧罪，没入为官奴。获者逃亡，复得为婢。"凡此皆系奴隶事情之记述。往昔关于奴隶尚无一定制度存在时，因伴随于经济发展人口增加之结果，违反社会的行为者逐渐增加，在惩罚伊辈之意义上，终不得不承认自然奴隶制度也。此犯罪惩罚而被官没之奴婢，对于后世发生之私奴，特称之为官奴。官奴之出现先于私奴，且系基因于犯罪。欲知其发生之时期，须征之于古代文献中。记述奴隶之文字，中国古代文献中最早者厥惟《尚书》。《尚书·甘誓》之一节中有曰："用命赏于祖，弗用命戮于社，予则孥戮汝。"又《汤

---

① 本庄博士《日本社会史》，四八页。

誓》篇曰："尔不从誓言,予则孥戮汝,罔有攸赦。"此皆叙述违反夏启王、商汤王之誓言者,须受孥戮惩罚之意。关于孥戮之意义其说不一:《尚书注疏》有曰:"孥,子也。非但只汝身,辱及汝子,言耻累也。"违反君命者,不独诛戮其身,罪且及于子孙,并诛杀之,所谓"缘坐"之说是。或谓孥者奴也,戮者辱也,即违反君命者使之为奴,以示辱没之意,此又一说也。由于"缘坐"之奴婢,在奴隶制度成立后为奴隶发生之一原因,固甚显然;但在唐虞三代圣王之世,王道大行,仁爱为怀,而能以罪及妻子之非仁爱的严刑主义临于人民,殊觉费解。因而《尚书》所谓孥戮当以后说为足征信。①

《论语》及《史记》中,亦有记述奴隶之文字。即《论语·微子》篇有曰:"微子去之,箕子为之奴,比干谏而死。"《史记·殷本纪》有:"纣愈淫乱不止。微子数谏不听,乃与大师、少师谋,遂去。比干曰:'为人臣者,不得不以死争。'乃强谏纣。纣怒曰:'吾闻圣人之心有七窍。'剖比干,观其心。箕子惧,乃佯狂为奴,纣又囚之。"微子既去,比干被戮,箕子惧祸之渐及己身也,遂佯狂为奴。由此种纪事观之,由于犯罪之奴婢之例证,不难想像。而《史记》注中又云:"古之奴婢皆以罪人为之。箕子因谏得罪,而为奴。"故依注文之解释,奴又系基因于犯罪而来也。

其次则为《周礼·秋官·司厉》章有曰:"其奴,男子入于罪隶,女子入于舂槁。"此亦记载奴系由于犯罪。郑玄注云:"今之奴婢,古之罪人也。"秋官之属以司厉处理关于奴婢之一般事务,即男子犯罪入于罪隶,使服劳务;女子犯罪入于舂槁,使从事劳役是也。

综观上述关于奴婢之文献,以惩罚犯罪之结果而视编入奴婢阶级之一事,已甚了然。惟关于箕子之记事殊难认为史实,《尚书》《周礼》在文献中之价值尚未确定,以上记事遽认为当时史实,不免武断之嫌。惟《论语》《史记》等正确文献,既有同一内容之记载,则《周礼》所述纵非周代记录,亦系周末汉初间事,关于此点学者意见大略一致。又最近河南安阳县附近发掘殷墟甲骨文中,亦有关于奴隶之文字。由此诸点观之,中国古代由于犯罪之奴隶制度确曾存在,已无疑问。《周礼·司厉》章郑玄注云:"奴,罪隶也,男女同名。"古时男女罪人均称曰奴,并无男女

---

① 《经济大辞书》,三一七九页。

名称之区别。前揭诸文献中，所以只有"奴"字之理由，可以了解；同时古代罪隶之奴婢均已存在之事实，亦可证明。

对于此犯罪起源说亦有持反对之论者，其说曰：佃猎时代奴隶制度尚未存在，当时人类只知屠戮仇敌，奴隶仇敌之事殆未思及。直至放畜时代，此种情形犹未稍变。迨至农业时代，劳动力之必要大为增加，同时发觉奴隶之生产量，较诸蓄奴所要之消费量远为庞大，而从来之战争习惯依然继续，此时始俘虏仇敌，以之供农作上之诸种劳役。因而谓一切人类于农业始兴时期，奴隶制度尚未发生，而主张所谓俘虏起源者有之。惟此说过于蔑视文献史料，直不啻主观的武断。以此说而否定犯罪起源说，最低限度关于中国奴隶制度未见其可信也。

以上所述奴婢，系就犯罪者本身之惩罚而言；此外与此相关联而与犯罪者本人无关系者，即因系犯罪者之亲属而被官没为奴婢者是：关于此所谓"缘坐"者亦有一言之必要。唐虞三代圣王之世，从未施行罪及九族之非仁道的严罚主义，已如前述。迨至周末汉初，奴隶制度已备，而犯罪者终至递增。犯罪者固不待言，犯罪者之亲属亦被官没为奴婢，一变而为此等严罚主义。《周礼·天官·酒人》注云："古者从坐男女没入县官为奴。"由于缘坐之奴婢，通说谓始于秦之商鞅；由上述以观，秦以前殆已有之。由于缘坐之奴婢，以汉代为最盛，当时之律文及事实俱有可征。律文方面如程树德《汉律考》云："罪人妻子得没为奴婢而黥面，罪人父兄得没入为奴。"又《魏志·毛玠传》之汉律云："罪人妻子没为奴婢，黥面。今真奴婢祖先有罪，虽历百世，犹有黥面供官。"事实方面则有吴楚七国叛乱时，首事者妻子便皆没为官奴婢。[①] 由于缘坐而被投入奴婢阶级者，殊非鲜少，是以汉室诸帝屡屡下诏，务期废除此种积弊。如文帝元年之"尽除收帑相坐律令"，武帝建元元年之"赦吴楚七国帑输在官者"等，不过其中之一例而已。不惟终汉之世废除未举实绩；自唐迄清，对于谋反大逆之罪，且依然承认缘坐之律。唐律中对于谋反大逆之犯罪，尚有"诸谋反及大逆者皆斩，父子年十六以上皆绞，十五以下及母〔女〕、妻妾、祖孙、兄弟、姊妹若部曲、资财、田宅并没官；男

---

① 《文献通考·户口二》。

夫年八十及笃疾,妇人年六十及废疾者并免"①之规定。宋、元、明律大体因袭此项律文,清朝亦完全因袭明律。迨至清朝末年修改《大清律例》时,始将缘坐法除去,数千年来非文明的律文,终于删削。由是以观,由于犯罪之奴婢与由于缘坐之奴婢,在中国奴隶制度之发生发达上,均占重要之地位,固甚显然也。

（二）由于俘虏之奴婢——俘虏亦为奴婢发生之一原因。其考证有二说:自《说文解字》上观察之,"奴"之一字,由"女"之象形与"手"之象形相合而成,盖"奴"者以手捕获之女子也。又中国古时"臧获"一语与"奴隶"同其意义,考其语源亦为捕获者之意。《汉书·司马迁传》晋灼注曰:"臧获,败敌所被掳获为奴隶者。"引用此等语句而谓奴婢系捕获者之意,此一说也。② "奴婢"亦称"臣妾"、"臣仆",臣之一字《说文》曰:"牵也,象屈服之形也。"又《庄子》有云:"擎跽曲拳,人臣之礼也;稽颡,服之甚也;肉袒,服之尽也。"引用此等语句而谓最初俘虏奴隶,悉称曰臣,此又一说也。③ 以上二说何者为是,暂置勿论。总之,中国当部落时代,部落间互相攻斗之际,顽强抵抗者则杀戮之,忠顺驯服者则奴隶之驱使之:此殆为不可否认之事实。自役使部落间之俘虏以为奴婢以来,此种奴隶制度之形态,渐次发达,而尤以在狩猎或牧畜时代之蛮族与进至农业经济之中国民族相接触时为最甚。此种场合,文化较高之中国民族每为文化较低之蛮族所征服,中国士民被俘为奴者甚夥。观于中国历代兴亡之历史便可了然。及至北魏、辽、金、元、清入主中国时,俘获中国人役为奴婢,数量之众,虐待之惨,实属惊人。除蛮族侵入场合外,当内乱或改朝易姓时,亦或捕获敌兵役为奴隶,捕取战地人民为奴隶者,亦屡见不鲜,惟其程度较之蛮族入主中国时,则相差远甚。

（三）由于买卖之奴婢——以上所述由于犯罪之奴婢,由于俘虏之奴婢,为中国奴隶制度成立之主要形态;此外更须考察者厥为由于买卖之奴婢。两者虽同为奴婢发生之原因,然奴婢本身之性质则互有差异。

---

① 《唐律疏义》卷十七《贼盗》篇。
② 泷川政次郎氏《日本奴隶经济史》,四〇八页—四一二页。
③ 西山荣久氏《中国奴隶制度概说上》,《东亚经济研究》,六一二页。

即前者系官奴婢，后者系私奴婢。官奴婢供公家役用，私奴婢供私人役用。不独其所有者不同，其发生之原因与时期亦各异。官奴婢之发生先于私奴婢，由于官奴婢之奴隶制度具备后，私奴婢始发生：此不独于理论上为妥当，即实际上征之中国关于奴隶制度之古文献，亦当首肯。关于奴婢之记事散见于周以前古文献者，大抵为官奴，买卖私奴之事直无记载。从而周室以前奴婢悉为官奴，私奴婢系以后发生者盖可断言。诚以周室以前，人口稀少，经济的欲望尚属低微，国民生活自然容易。然当时为农本主义确立时期，只以农业生产最重要要素——土地，系依井田法分配，严禁私有与买卖。财富均分，私奴婢尚无发生之必要。且奴婢在法律上的人格，既经丧失，同时天赋之自由亦被拘束，与牛马财货直无二致。三代王道博爱仁政下，否定此种反人道的制度，亦当然之结果也。禁止买卖私奴之根本方针，虽春秋战国以后，犹复努力实行，惟以社会状态显著变化，实行上不无困难，而由于买卖之私奴终至盛行一时也。

春秋战国以后，社会变迁实甚显著。洎乎周末，文化增高，国民经济生活亦有急遽之发展；同时从来之农业中心渐次转向商业方面，背本趋末之结果，商业有显著之发展。商业发展而私有权之思想，因以育成。此种思想终于将井田法与夫圣王制度崩坏无余。社会上财富之均衡既破，贫富之悬隔殊甚，终至分为大地主、大商贾所谓富者阶级，与从来之农家丧失耕地，生活陷于穷困之贫者阶级。既遭遇此等险恶之世相，私奴制度之发生，盖为极自然的现象。贫者阶级为保障生活计，不得已而卖身于富者，甘为富者之奴婢；他方则拥巨万之财富，畜多数之奴婢。以奴婢之劳力，富者阶级益举货殖之实。因为奴婢之供给者与需要者同时并存，而此种需要供给关系又复圆滑进行，故从来未有之私奴形态，在春秋战国以后急激增加。春秋战国时代，生产货殖如何需要奴婢，《史记·货殖传》所载甚明。《货殖传》有曰："白圭，周人也。……能薄饮食，忍嗜欲，节衣服，与用事僮仆同苦乐。"又曰："齐俗贱奴虏，而刁间独爱贵之。桀黠奴，人之所患也，唯刁间收取，使之逐渔盐商贾之利。或连车骑，交守相，然愈益任之，终得其力起富数千万。故曰'宁爵毋刁'，言其能使豪奴自饶而尽其力。"此不过其例而已，其他一般情况，亦可推测而得，富豪以奴婢为蓄产，增加所有之倾向，愈益加甚。秦汉时以奴婢之数量评人之财富。关于当时富豪所有奴婢之数，《史记·吕不韦列传》有"不韦家僮万人，嫪毐家僮数千人"之记载，《留侯世家》中有"良家僮三百人"，又《货殖列传》中有"蜀卓氏富至僮千人"，《汉书·司马相如传》有"临邛多富人，卓王孙僮客八百人，程郑亦数百人"，又《王商传》有"私奴以千数"。可知当时富豪之奴婢，有达数百千乃至数万之惊人数目者。即此可见买卖私奴流行之盛。历代帝王下诏禁止，不啻三令五申，历代刑律对此亦持严禁主义，无奈抑制之实，终不克举，流弊所届，直迄今日犹未消除。此种由于买卖之奴婢在中国奴隶制度上占如何重要地位，亦可想像矣。

买卖私奴盛行之原因，已如前述，即财富之均衡打破，社会分裂为贫富两阶级之结果。然贫民卖身而投入奴隶阶级者，各人情形决非同一：迫于饥饿自行出卖，父母卖其子女，夫卖其妻，亲属间相出卖而为奴婢者有之；良民为恶徒略卖为奴者有之；遭豪家强占，该地方良民悉数为奴婢者亦有之。更有以特殊事故，自鬻其身，甘愿为奴婢者。或以子女质于人，期限内未能赎回，因而为奴者。迨与边疆蛮族接触后，更有被掠卖为奴者。种种情形，显然互异。① 但一旦投入奴籍，则不问其为奴之远因如何，服所有主所命之劳务而为私奴婢则毫无二致；或则更被转卖。转卖时有以个人契约为之者。《汉书·贾谊传》："今民卖僮者，为之绣衣丝履偏诸缘，纳之闲中。"如上所述，奴婢公卖于公开市场之场合亦有之矣。

（四）由于奴籍之奴婢——由于奴籍之奴婢，即所谓承继父母奴籍之奴婢是也，此亦为奴婢发生之一原因。希腊、罗马时代，不惟奴隶之子女，必然的承袭父母之奴籍；即奴隶与自由民结合而生之子女，亦不得脱离奴籍。惟在中国以时代关系，多少异其旨趣。元来当古代封建制度之社会，一切阶级全系世袭。《左传·昭公二十六年》晏子之言曰："民不迁，农不移，工商不变，士不滥，官不滔。"又《左传·襄公九年》子囊之语曰："庶人力于农穑，商工皂隶不知迁业。"皆为记述当时事情者。所谓阶级者即天子、诸侯、卿大夫、士、庶人、工、商及奴隶。其间有严格

---

① 梁启超《中国奴隶制度》，《清华学报》第二卷第二期，五三〇页。

之区别,奴隶身分因系世袭,故良民与奴隶实未混同。因而两阶级间之婚姻,以不准许为原则。但在两阶级者相婚之场合,《方言》:"凡民男婿婢谓之臧,女而妇奴谓之获。"如上所述,实丧失良民身分。其所生子女,《文选·报任安书》注中,引韦昭之说曰:"善人以婢为妻,生子曰获;奴以善人为妻,生子曰臧。"如上所述,既不能取得良民身分,则与古代希腊、罗马之先例,如出一辙。秦汉时代即实行此种制度。唐代则绝对禁止奴隶与良民通婚,犯者处以严罚。观于《唐律·户婚律》有"奴娶良人为妻"之条,及"杂户不得娶良人"之条便可了然。洎乎元代,情形稍稍缓和,男女之一方系良人者,所生子女亦为良人,元《刑法志·奸非》篇:"诸奴有女已许嫁为良人妻,即为良人。"又:"诸良民窃奴隶生子,子随母还主;奴窃良民生子,子随母为良。"皆为此种情事之记述。降及清朝,受满洲风俗之影响,主奴之分又复森严。盖以满洲风俗,主奴之分远较汉人为严,洎乎满族入主中国,严定主奴之名分。《皇朝文献通考·户口考二》及《户部则例》卷三《户口三》"民人奴隶"条:"凡汉人家奴,若家生,若印契买,若雍正十三年以前白契所买,以及投靠养育年久,或婢女招配生子者,俱照八旗之例,子孙永远服役。"盖一返秦汉时代矣。

要之如前所述,由于奴籍之奴婢,因历朝政策之不同,所赋与奴隶制度之影响,时有消长。然由于奴籍之奴婢,为奴隶发生之一原因,则不可否认。

关于奴隶制度发生之原因,除上述犯罪、俘虏、买卖、奴籍四者而外,仍有其他原因,如:官吏豪强掠取良民以为奴婢,私人以子女赠人为奴婢,良民自愿为奴婢等是。此等原因虽不属于上述任何渊源范围,然系特殊发生原因,比较的不甚重要,兹故从略。

二十三,九,二十二日完

(第 12 期,1934 年 11 月 29 日,第 7 版)

奴隶社会史论

傅安华

一、前　　言

中国社会形式发展史到现在还没有一个定论，原因固然很多，但其中最大的一个症结，便是秦汉的奴隶社会问题。主张秦汉是奴隶社会的最早一人，是陶希圣先生，反对这种说法的人则非常之多。我个人是站在赞成方面的，并且我以为如果不承认秦汉是奴隶社会，整个的中国社会形式发展史便不会解决。因为我们知道秦汉时代的社会经济，表面上是呈现着异常繁荣的状态，国内外的商业都非常发达。这种现象用什么来解释呢？有的人说它是封建社会，但是，我们所知道的典型的封建社会，其经济状态决不会这样繁荣。并且，如果承认秦汉是封建社会，那末三国到清一大段是什么呢？也是封建社会吗？若肯定是，则无论从那方面来看，都未免有些时代过长，中间有许许多多社会经济的变革不得解释，若想解释，只有乞怜于循环论。另外有的人感觉到秦汉的社会经济与封建社会确不相同，于是便放弃封建社会的说法，而别寻途径。结果便有许多奇异的理论出来：如商业资本主义社会、亚细亚社会，以及最近广东陈啸江独家发明的佃佣社会等等。不过，这些说法在理论上根本全不能成立，用来解释中国社会更有些无稽了。关于秦汉的经济繁荣，唯一的解释，就是奴隶社会。就史料上讲，有许多史料确证明是如此。即就世界史的比较上讲，秦汉社会上的一切现象，与希腊、罗马并无二致，魏晋南北朝时代也恰合于欧洲黑暗的封建时代的情形。

但为什么大家都不承认奴隶社会的说法呢？主要的原因还是对奴隶社会的理论认识不足。前几年史学研究者所见到的奴隶社会的理论，都是散在马恩文献中的片段材料，因而所得到的概念，也只是一个不完整的奴隶社会的轮廓。至于奴隶社会中生产方法的特质，矛盾的构成及发展，都没有详细的认识。近几年来，苏俄的史学界，对于奴隶社会之理论的探讨，颇为努力。最著名者如《古代社会史》的作者柯瓦列夫，《前资本主义社会〔经济〕史论》的作者拉哈德，以及列宁格勒国立物质文化史学会的导师沃斯托罗瓦卡诺夫、研究员朴里科金等等。他们都是根据马恩二氏及伊里奇的文献，将奴隶社会的理论整理出一个新的系统。这种工作，对于社会史的研究自然是一个极重要的贡献。他们中间的意见虽然有的地方不甚一致，但在承认奴隶社会之必然的存在上则是相同的。此后，若再继续研究下去，奴隶社会的一切疑问，自然都会迎刃而解。同时，中国的奴隶社会问题，也就顺便解决了。

这篇小文，是以我个人的见解为主体，另外又参照上述几位苏俄学者的意见，针对目前中国史学界对奴隶社会几点错误的认识，作一番新的申述。

二、从历史发展的过程中考察奴隶社会的出现

奴隶生产方法，是社会发展过程中的产物。我们若想理解他的本质，必须在历史的过程中去把握它。抽象的界说，并不能满足我们的要求。

人类最初所结成的社会是原始共产主义社会。现在的学者，将这个社会分为三大段：第一段是前氏族制度，即是原始群的时代；第二段是氏族制度，即是畜牧经济及初期农业经济时代；第三段是农业共同体，即发达的农业时代。在第二段氏族制度时代，因为人类所经营的尚是游荡不定的畜牧经济，到处与自然及猛兽斗争，所以在生产上以及消费上仍然是集团的、公共的。生产手段及一切财产都属于整个氏族所有，氏族中的各个成员间并没有贫富的悬殊，更没有阶级的区分。卡尔

在他给萨斯里奇的信中曾说：

> 共同体（即指氏族。——安华）的基础即是氏族成员间的血缘关系，不是血族或亲族的人是不能加入进去的。这种组织体的构成，恰如树枝树干的样式。……它仍然同畜牧及农业以前的时代一样，有共同的家室，由各个成员集团的住居，并且以此作为共同体的经济基础。……劳动是共同的，其共同的生产物除了为再生产而保存的一部分外，都按必要的消费量分配给各个成员。（《马克思·恩格斯·阿尔比夫》第二卷，自《前资本主义社会经济史〔论〕》转引）

由于生产力的进展，社会上开始有了剩余生产物，由剩余生产物更发生了两种重要的现象：第一个便是奴隶的使用，第二个便是社会的分工。最初的奴隶是由战争发生的。在氏族的生产力尚不能够产生剩余生产品的时候，由战争掠夺来的俘虏，大半都是被杀掉或吃掉。及至生产力发展后，一方面，因氏族中生产事业发达，需要增添新的劳动力；他方面，因氏族中已有剩余生产品可以维持奴隶的生活。所以，奴隶便适应社会的需要而产生。但此时奴隶是属于氏族中共有的，同其他的财产一样。

随着奴隶及社会分工的发生，氏族组织乃呈现出分裂的现象。最重要的现象，便是劳动与分配的不平等。如氏族领袖与氏族成员的不平等，自由人与奴隶的不平等，男女间的不平等。（由于农业的发展，男子在生产上渐次占了重要地位，女子则渐次隶属于男子支配之下。）由这几种关系逐渐发展所形成的结果，便是家族关系日益扩大，渐次代替了氏族而成为社会的单位，氏族仅仅是残余着一个形骸。其次，便是父系氏族代替了母系氏族，更进而形成了父家长制的家族。

氏族分裂为许多父家长制以后，血缘组织即渐次薄弱，社会的关系渐次加重。由这许多家长制家族所结成的集团，便是农村共同体，而已不是典型的氏族。

在农村共同体中，已有私有财产的萌芽。耕地虽然依旧是公有的，但劳动手段是可以属于私有的。在耕作的时候，则将公有的耕地分配于各个家族，由各家族自己计划着去耕耘。所得的收获大部归自家私有。于此，我们可以看到农村共同体包含着一种重要的矛盾，即是原始共产社会的遗制，与劳动手段及收获品的私有之矛盾。这两种倾向互相斗争，结果是原始共产社会的遗制日趋崩溃，而私有财产制度日益发展。所以卡尔说：

> 农村共同体是社会第一次构造的最后阶段，同时又是到第二次构造的过渡阶段。换言之，即是从以共同财产为基础的社会到以私有财产为基础的社会之过渡阶段。（《马克思・恩格斯・阿尔比夫》第二卷）

在农村共同体发展的过程中，结束了原始共产主义社会，同时又孕育了新的阶级社会。我们若想明了这个社会究竟是什么，当然要先从分析农村共同体下手。

在农村共同体的构成中，首先要注意的，即是父家〔长〕制的奴隶制度。

在原始社会中，生产技术异常幼稚，在与自然斗争的劳动过程中，除了个人及家族成员外，并不知道用其他的动力。（利用畜力是较后的事情。）但在氏族制度发展以后，社会生产上却有了增加新原动力的需要。以原始人的智力讲，他们所能发现的新动力，仍然不外是与他们自身具有同样条件的战争俘虏，以俘虏作为奴隶来使用。但此时，奴隶仅是一种补助的原动力，是主人的助力者。主人自己仍然要参加生产过程，除了很苦的劳动他可以不作，其余一般的劳动，他仍不能免除。及至社会从氏族制转变到农村共同体时代，奴隶便同其他用具一样，归于各个家族所私有。因为奴隶是当时唯一的新动力，所以使用奴隶便成为生产上极有利的事项。使用奴隶较多的家族，逐渐富裕起来。因而，社会上的奴隶数量便开始增加。同时，因为奴隶使用的普遍化，在家庭组织上也渐渐起了变化：家族中家长的地位日渐提高，他可以从劳动过程中退出来，变为一家生产的指挥者；而家族中其他的成员，地位反日渐下降，同奴隶一样的在家长指挥下去工作。典型的家长制奴隶制度即自此成立。

家长制奴隶制度是以小农经济的姿态出现。在希腊罗马的初期，奴隶社会未兴起以前，及奴隶社会时代，都有许多小农经济存在。过去,中国许多史学研究者,惑于这些小农经济而不得解释,甚至把奴隶社会未成立时代的小农经济与奴隶社会将崩溃时的小农经济作为同质的东西看待。这是极严重的错误。

家长制奴隶制度之所以以小农经济的姿态出现,乃是因为进步的农业生产,在技术上是较牲畜及初期农业精细的多。在原动力上,已经有牲畜的使用。在工具上则已有犁的使用。在农业生产的过程中,已不需要全体成员集团去耕作,一个家族的力量,即可将一切生产事情完全担负起来。自此,氏族中各个家族间的生产联系逐渐消失,社会上便形成许多以家族为单位的小农经营。库斯聂曾说:

> 氏族分化的过程,自农业中采取了耕犁后,更加迅速。如果在锄耕农业的时候,参加劳动的人数愈多,则土地的出产愈丰富。到了发展的阶段(采用犁头),则农业上所需要的劳动力就有一定的数量。自农业采用家畜之后,需要的劳动力更为之缩小。以犁头耕土的农业经济随着技术的进展,日渐缩小。因此,当利用犁头以耕耘土地的时候,没有统一的氏族经济,一般的都是大家庭的经济。(《社会形式发展史》第四章)

由这些家族所结合的集团,便是农村共同体。不过,我们在此要注意:此时的小农经济与封建初期的小农经济绝对不同。这两者都是在当时代生产力的束缚下,形成两个特定的形态。农村共同体时代的小农经济,是对氏族成员集团的生产相对而言。事实上,在每一个家族的生产过程中,仍然是需要四五个人来合作,因为当时的生产技术比起氏族时代来虽然是较为进步,但比起封建初期仍然是幼稚的多。譬如,以耕田的技术来讲,在氏族初期,还是用木制的或青铜制的锄头大家一同去掘地,这样的耕作方法,是非需要全体氏族成员都作同一的工作不可。到了农村共同体的初期,则已经有了铁制的犁,以人力推犁以耕地,中国的耦耕即是如此。这种耕作方法所用的人力已较前时代为少。及至发明了利用畜力以后,又可减少一部的人力。不过,此时用牛驾犁耕田仍然不是一两个人所能作的。中国汉武帝时,用二牛三人驾一犁,已经觉得是极巧便耕作方法了。若往上推溯,在二牛三人驾一犁的方法未发明以前,其利用畜力当然还需要更多的人数。由此可知,农村共同体的小农经济,仍然不是单纯的一夫一妻的家族来耕营,而是在家族成员之外,还需奴隶来协助。这正是家长奴隶制的特质。至奴隶社会将崩溃及封建初期的小农经济则不是如此,那时,因生产技术的发展,在生产上确实是由一夫一妻的家族作单位,使用奴隶反倒是极不利的事。

由此看来,农村共同体的发展,必然的要形成许多小农经济,但此时的小农经济是指包含有生产奴隶的父家长的家族经济。在低下的生产力的限制中,自成一个特殊的范畴。

我们综合以上所述,即可看出农村共同体崩溃后社会发展的必然途径。农村共同体发展的基本动力,是奴隶劳动与幼稚生产技术的结合。生产技术既然幼稚,当然没有推动生产力加大的力量,家族中的家长及社会的统治者,若想扩大其生产,唯一的有利方法,只有增加奴隶数量,用极残忍的手段,加大对奴隶的榨取。况且在当时奴隶的掳取非常容易,这种膨胀奴隶数量的欲望,当然很容易达到。但奴隶的数量增加以后,奴隶生产便改换了本质。在最初,奴隶生产不过是为了满足一家人的需要而单纯的创造使用价值,到了奴隶数量增加以后,其所生产的物品,便有一部分送入交换过程而成为商品。这种生产亦即变质为部分的商品生产。经过这一个转变的阶段,家长制的奴隶经济,便开始过渡到奴隶社会的奴隶经济。

由农村共同体发展为奴隶社会,在历史上是一个巨大的变革。在这个时期,社会上所表现出来的事实,即是耕地公有制度与私有财产的斗争,大奴隶主与自由民(或拥有少数奴隶者)的斗争。希腊罗马初年的历史上关于此两种斗争,曾有很明显的纪载。即在中国历史上也表现的很清楚:战国时代正是这个大变革的阶段。农村共同体的遗迹——井田制度已为私有财产的浪潮所击碎,"富者田连阡陌,贫者无立锥之地"的土地兼并也已经成为普遍存在的现象。收拾这种纷乱局面的,则是秦汉的奴隶社会。

农村共同体除了顺着正常的道路发展为奴隶社会外,尚有一个途径:即是以农村共同体的形态继续存在下去。其所以继续存在的原因,即是由于特殊的地理环境或历史原因,如埃及、印度都是因为在水利灌溉上,公共经营的联系非常有力。这种公共经营便形成农村共同体长期存在的支柱。日耳曼民族的农村共同体存在的时期也相当长久,直到与罗马接触后,才以奴隶社会的生产方法将它击碎。但此时的罗马奴隶社会已经走上封建化的道路,所以,在日耳曼农村共同体崩溃后,直接便跃入封建社会。但这种发展都是历史进化过程中的例外,并不足以破坏社会经济发展的合法则性。

三、从奴隶社会生产方法的本质及矛盾上考察它的去路

为了要了解某一种生产方法的发展法则及其历史的倾向,必先解明这种生产方法的本质及基本的矛盾。卡尔在《资本论》第一卷中,便是从商品及价值上考察资本主义生产方法的本质及其基本矛盾,以此确定资本主义生产方法的倾向。我们若想考察奴隶社会之历史的必然倾向是不是封建社会,也必要循着这个方式进行。

所谓生产方法,即是劳动力与劳动手段的结合方式,以及由这种结合方式而连带发生的人与人之间的社会关系。前者即构成社会的生产力,后者即构成社会的生产关系,两者综合起来即形成生产方法的本质。

生产方法的发展,即是由于生产力与生产关系之辩证的运动。生产力与生产关系是一个统一体,同时又是两个对立物。生产力在某一个水准上是与生产关系相适应,但它再向前发展到另一个水准时,生产关系便成了它的桎梏,两者就要斗争起来,但这种斗争是早已包含于统一体内的。生产方法的基本矛盾便应当在这种运动过程中去把握。既把握着生产方法的基本矛盾之后,便可从这矛盾之运动的轨迹上确定生产方法之历史的倾向。

奴隶社会的生产方法是怎样构成的呢? 先说它的生产力方面。

奴隶社会的主要生产力,乃是由两种因素所构成,即是:奴隶劳动的低生产性与简单协业的劳动编制。奴隶本身只是一种会说话的工具,他们在暴力压迫下作着很艰苦的工作。榨取上到了最大的限度,而生活条件则被消减到最低的限度,在这种情形下,当然会消灭了他们的

智力与理性。在劳动过程中，他们同牲畜一样，只是毫无理性的而且极单纯的工作着。除了利用他们的劳力作原动〔力〕外，决不能希望他们对工作有什么改进。并且，失去理性的人常常要在牲畜及工具上发泄其毒恨，无理由的摧残牲畜，故意的破坏工具。这都是奴隶社会中很普遍的现象。如此，奴隶主不但不能希望奴隶自己去改良生产，即是有了新工具新技术，在奴隶生产上也往往不能够接受。但这种低生产性的奴隶劳动自然不能满足奴隶主对于财富的欲望。他们为了增大其生产利润，唯一的方法便是增多奴隶的数量，以简单协业的方式进行生产。奴隶劳动的低生产性与简单协业综合起来，便构成奴隶生产方法中的主要生产力。有奴隶劳动的低生产性，才能使奴隶生产方法形成社会发展史中一个必然的阶段：上承原始社会的生产方法，下启封建社会的生产方法。有简单协业的劳动编制，才能使奴隶社会的生产力膨胀一时，完成由家长奴隶制度到奴隶社会的转变。此二者综错的发展，就把奴隶生产方法作成一个特定的范畴。

在历史上的奴隶社会中，勿论工业或农业，都是采用着大规模或小规模的简单协业，分工的生产乃是偶然的事情。

其次，再说到奴隶社会生产关系的方面。

奴隶社会的主要生产关系即是集团的财产占有形态。不过，此处所谓集团的财产占有，乃是相对奴隶阶级而言。在农村共同体没落的时候，原是以家族私有财产形态代替了氏族的集团财产形态。但在这个转变中间，共同体的财产虽是被各个家族分割了，而共同体的形骸却遗留下来。即是各个奴隶主为了统御奴隶，支配生产，仍旧相互结合起来，成为新的共同体，进而成为国家。在共同体或国家之内，私有财产固然是存在，但在保障奴隶生产与分剥奴隶劳动价值这几点上，却是奴隶主与自由民的公共事务。所以，私有财产在这个阶段上是受着限制的。从被压迫者的奴隶看来，一切财产都是共同体或国家的所有；但在压迫者看来，则是他们各家族私的所有。并且，除此以外，尚有真实的共同体或国家的共有财产，如牧场、国有土地等。这些都能说明奴隶社会的财产形态（即占有形态）是私有财产中的一个特殊范畴。卡尔对此也曾说过：

> 公民只限于在共同制（即共同体或国家）之内，才能有支配奴隶的力量。所以，他们的私有财产也是拘束于共同体或国家财产的形态。共同体或国家财产是主动的公民之共同的私有财产。这是他们在对付奴隶上必然要发生的联合方法。（《德意志意识形态论》，日本河上肇译本，第二二四页）

在希腊与罗马都曾出现过这种财产形态，最先出现的是都市共同体阶段，其后即转化为都市的国家。共同体或国家的占有形态（即财产形态）即是奴隶生产方法之主要生产关系。

但是，以上所述的生产力与生产关系怎样由统一中而形成对立，更由对立而发生运动呢？下面我们即开始谈这个问题。

奴隶劳动的生产性，一般讲来都是很低下。奴隶主为了扩大生产的利润，唯一的方法即是实行简单协业。但是，简单协业施行的结果，却破坏了维持奴隶社会秩序的生产关系。因为在奴隶社会开始时候，国家占有形态（即财产形态）是最有力的一个支柱。换言之，即是以国家占有形态来维持奴隶生产。而奴隶生产更进一步发展成为普遍的简单协业以后，国家占有形态却又成了生产力发展的桎梏。大奴隶主以大规模的简单协业压迫小生产者，使小生产者失去生产手段，变为流氓无产者或奴隶。等到小生产者纷纷破产之后，国家占有形态便开始动摇。一方面，因为小生产者受兼并，统治阶级内部发生矛盾，国家的权力日益削弱；他方面，因为国家权力衰落，遂逐渐失去统治奴隶及掠夺奴隶的力量。掠夺奴隶既不能继续，则贱价奴隶的供给即告断绝。奴隶主为维持原来的生产利润，只得更深一层榨取奴隶，可是此时国家统治奴隶的力量既已薄弱，更深一层的榨取只有惹起大规模的奴隶暴动。小生产者与大奴隶主的斗争，奴隶与奴隶主的斗争，便构成奴隶社会崩溃的基本动力。

同时，小生产者在艰苦的长期挣扎中，却促成了集约生产技术的发展，在奴隶的供给减少及奴隶暴动暴发以后，小生产者的集约生产倒成为最有利的生产方法。于是，正在没落途中的大奴隶主便乘机转变，将自己所有的奴隶都解放成为半自由的农奴，将自己所有的土地也分割与他们耕种。这样，一方面既可以消减奴隶暴动的力量，他方面又可以仿照小生产者的生产方法进行新的剥削。此外,对于破产者的小生产者也极力抚辑,分与他们农具及田地,使其在自己的隶属之下略得安息。这两种转变的过程,即是奴隶的解放过程与流民的抚辑过程,在罗马的末期及中国的东汉魏晋时代都是普遍的进行着。其结果便是将社会的生产方法另导入一个新的阶段,奴隶社会崩溃,封建社会一步一步的完成。

在此我们又要提出一个应当特别注意的问题:即是奴隶社会之过渡到封建社会,乃是生产技术向前发展的结果。在社会发展过程上看,它是一种进步而不是退步,更不是循环。以前有许多史学研究者否认奴隶社会是社会形式发展史中一个必要阶段,其一部分理由是以为奴隶社会到封建社会不是正常的发展,而是历史的退化。其实这种看法完全错误了。我们考察社会之进化与退化,应当在社会经济基础,即生产方法上着眼,这是任何人都承认的。不过,生产方法是一个极复杂的构成,虽然它的发展也是循着历史的法则性,但我们若想更单纯的、更明显的把握住社会之进化的线索,必须深进一步在生产方法的构成中再抓住它的基本因素。这种因素即是生产工具与生产技术。所以,我们若想断定社会之是否进化,只有在生产工具及生产技术的发展上看得最清楚。假设社会生产工具是进化的,那末,即使有的社会上层构造是退化的,我们对于这整个社会仍然可以说它是进化的。依这种观点来观察奴隶社会到封建社会这件事,自然可以明白:在商业文化各方面看,封建社会固然是衰退的;但在生产工具及技术上看,封建社会却是进步的。所以,我们断定由奴隶社会到封建社会是历史的进化而不是退化。并且,我们更可进一步推论:历史只有进化和停滞,决没有退化和循环。退化论者及循环论者不但是歪曲了历史的事质,并且也违反了史的唯物论之进化的观点。

四、奴隶社会的商业资本

在原始社会的末期,因为社会分工的发展及生产力的增高,乃使社会上一部分的生产品变为商品,因而专以生产物的交换为业的商人也即随之而出现。商业发展更刺激商品生产的扩大,辗转相因,于是形成奴隶社会中庞大的协业生产与繁荣的商业资本。商业资本既经繁荣以后,一般的社会生活程度及文化程度也都随之提高。希腊罗马的社会,中国西汉的社会,都是这样的繁盛起来。正因为这种关系,乃有一部分的史学研究者被商业资本迷了眼睛,以为它的力量是超越一切,它可以创造新生产方法,同时也可以消灭旧生产方法,奴隶社会便是它一手建造起来。譬如"库斯聂主义者"李立中君在他的大作《奴隶社会研究》里边说:

> 氏族社会过渡到封建制度,与氏族社会过渡到奴隶社会,其中经过的发展过程,并无二致。封建制度的形成,同样是因了剩余生产品的增加,私有财产制度的建立等等社会关系的发展,而促成氏族社会的崩溃,遂而完成了封建化的经济过程。不过,完成封建制度的发展过程与完成奴隶社会的发展过程,却有一个主要的分歧点,便是商业资本发展的强度如何?如果商业资本是极强度的发展,那么所形成的社会即是奴隶社会。反之,若商业资本发展力是弱小的,那么,所建筑起来的社会,即是封建社会。
>
> 当然,我们也不能抹杀历史因素、地理条件、种族特性等等的重要作用。地理环境的便利于贸易,种族性质强悍的易于从事抢掠,历史背景的养成战争风气,这些,都是奴隶社会形成的重要条件。然而这些条件在形成的过程中,却不能发生决定的作用。这主要的决定作用,则是商业资本的发展。(《中国经济》月刊第三卷第六期,文旁点是我加的。——安华)

这种说法不仅止承继了库斯聂调合三段论与四段论的骑墙见解,并且更进一步把商业资本肯定为三段论与四段论区分的枢纽。卡尔说:"在从前,流行的一般见解,对于亚细亚的、古代的,及中世的商业范围及意义,评价过低。而现在恰巧相反,一般流行的见解对它又有些评价过高了。"(《资本论》第三卷上册,日本高畠译本,第二九一页)李立中君可以说是后一种人中最极端的代表了。

商业资本原是一个很单纯的东西,即是 M—C—M'。不过,因为它所寄生的基础不同,其具体的形态亦发生差异。譬如,寄生在奴隶社上的商业资本与寄生在封建社会末期的商业资本即大不相同。因而，它在各种形态下所发挥的力量亦不相同。奴隶社会的商业资本为什么在奴隶生产方法崩溃后便会完全消灭？封建社会末期以后的商业资本为什么便会日益繁盛？假设认为商业资本可以孕育新生产方法的话，为什么原始社会末期的商业资本导出了奴隶生产方法，而封建社会末期的商业资本便导出了资本主义生产方法？关于这些问题，任何人都必要这样答复：即是因为商业资本的基础不同。换言之，也即是因为生产方法的结构不同。在历史的发展过程中，只有社会的经济基础——生产工具和生产技术的发展，能够成为一完整的有次序的系统，其余的许多上层构造（商业资本亦包括在内），则往往因生产方法以外的因素的影响而发生曲折。所以，我们若考察社会的发展，只有在前者着眼，才能见出历史的法则性，不然，则考察所得的，只是许多片断的毫无次序的印象。根据这些片断的印象而枉加解释，更是无理之至了。

现在，我们可以开始考察奴隶社会的商业资本。

奴隶社会之发展，商业资本的确尽了很大的作用，这是任何人都不能否认的事实。不过，在奴隶社会的发生上，他决不是尽了像李立中所说的"决定的作用"。演决定作用的，乃是生产方法本身。我们前面已经说过，在原始社会的发展过程中，使用奴隶是必然的趋势。而奴隶的使用既被发现了以后，又必然的产生了大量剩余生产品。这些剩余生产品，便逐渐被作为商品流通到市场上，刺激了商业资本的发展。同时，商业的利润又驱使着奴隶主增加奴隶数量，进行简单协业的生产。而简单协业生产的结果，更使商业资本向前发展。这种进行的方式，骤然看来，很容易被误会为是"鸡生卵，卵生鸡"的说法。其实不然。第一，我们曾经明白的指出，奴隶制度之发生，是由于生产方法本身的需要，与商业资本无关。反之，商业资本却是在奴隶生产的基础上发展起来。其后，虽然商业资本也曾尽了促使奴隶制度发展的作用，但归根结底，其决定作用还得属于生产方法，而不能属于商业资本。第二，商业资本刺激奴隶社会发展，而奴隶的简单协业又促使商业资本发展，这种相互作用并不是永远不尽止的循环。奴隶生产方法发展到简单协业便到了尽头,而商业资本的发展也即至此而止。因为,奴隶社会的生产技术异常低下,虽然在简单协业的生产下,生产力曾增高到很可观的程度,但简单协业的扩张是有限制的,并且,发达的简单协业,也并不能促进生产技术的改良。所以,奴隶社会的生产力也就被限制住,不能再向前发展。同时,简单协业普遍发展以后,奴隶社会的基本矛盾也就滋长成熟,等到这种基本矛盾暴发起来,奴隶社会便开始崩溃,寄生于奴隶生产上的商业资本,当然也要随之消灭了。

奴隶社会的商业资本,与封建社会末期的商业资本不相同之点,即是:前者是以奴隶的简单协业为基础,其生产技术是极幼稚的。其生产力发展的唯一支柱便是贱价的奴隶和简单协业的劳动编制。而贱价奴隶和简单协业的存在基础,都是异常薄弱,一旦奴隶供给断绝,简单协业破坏,则幼稚生产技术的真实形态,便会暴露出来,生产力亦必随之骤然低落。自此商业资本失掉基础,不得不跟随消灭。所以,在由奴隶社会过渡到封建社会的时代,商业是呈突然跌落的状态。一般流俗的学者便根据这种状态,硬说奴隶社会到封建社会是历史的退化。真是流俗到万分!

封建社会末期的商业资本则与此不同。它的基础,乃是进步的生产技术而不是空洞的劳动编制。并且,在封建社会的发展过程中,生产力与生产技术总是相符合的,生产技术既然不会有退化,则出产自然不会呈骤然低落的现象。因之,商业资本也不会突然的衰落。所以,由封建社会过渡到资本主义社会,商业资本是继续向上发展的。虽然在工业资本主义兴起以后,它又转到附属的地位,但这种变化是自然进行的。

奴隶社会的商业资本虽然发达,但并不能改移奴隶社会自然经济的性质。关于这个问题,拉哈德在《前资本主义社会经济史论》第十四章《古代生产方法的自然基础》里面,及沃斯托罗瓦卡诺夫在《前资本主义构成之发展的合法则性问题》第二章《奴隶所有制》内面,都有详细的正确的解说。我在此勿须重述,仅介绍沃氏的一些简要的意见:他证明奴隶社会是自然经济,有三点:"第一,奴隶社会是依据经济外的强制。第二,奴隶经济所生产的生产物,大部分是经济内的消费。第三,奴隶经济最基本的特质,即是不生产的消费。在奴隶社会中所转变为商品的,只是剩余生产品的一部,决不像资本主义社会一样是剩余生产物的全部。"(《社会构成论》,日本永住道雄译本,第二一九页)这样,便把奴隶社会的自然经济性规定出来。由这种经济性质上看,我们也可知道由奴隶社会到封建社会是历史的进化而不是退化。

结　　语

最后,我可以总括一下上述的意见,以结束本文:

(一)从历史的发展的观点来看,由原始社会到奴隶社会是必然的法则。而由长期停滞的农村共同体一跃而为封建社会,乃是历史法则的例外。

(二)从奴隶社会生产方法的构成及运动上看,由奴隶社会到封建社会也是历史的必然法则,并且是历史的进化而不是退化。

(三)奴隶社会的商业资本是以贱价的奴隶和简单协业为基础。其时的生产技术是很幼稚的,一旦贱价的奴隶缺乏,简单协业破坏,则幼稚的生产力立刻便暴露出来,商业资本亦因之跌降。

(四)奴隶社会虽然有商业,但它仍然是自然经济,在历史发展的过程中正与封建社会的自然经济相衔接。

一九三六,九,二三,北平

(第118—120期,1936年12月31日—1937年1月14日,第7版)

论奴隶社会与封建社会的生产方法
——给傅安华先生的一封信

杨中一

靖五兄：

　　大札又已收到十余天了，承殷殷见教，不胜感怀！本拟早将拙见粗略的写出，就正我兄，惟以琐事缠身，又无书籍可供参考，以致秃笔屡握屡停，未克成草，有愧雅意实深且多！现又读兄在《食货》第五卷第六期所发表之《关于奴隶社会理论的几个问题》一文，深佩我兄潜研之深，但我仍有一点疑义，不吐深觉不快，愿提出于我兄之前，请求教正。

　　兄对奴隶社会的研究，使我得到许多的启发，惟有二事，似有商榷余地：一为奴隶社会与农奴社会的生产方法到底是质的差别？抑是量的差别？一为社会只有停滞进化的现象而没有后退的现象吗？这两个问题横亘胸中，愿将鄙见写出，以求指正。现在先说第一个问题。

　　关于奴隶社会与农奴社会生产方法的差别，兄信中说：

　　　　奴隶社会与农奴社会无论任何方面均有大的区别。以生产方法之本质言之，奴隶生产技术是粗放的，农奴生产技术是集约的。此种差别，只可于比较中得之。技术粗放即是工具构造简单，使用方法亦拙笨，如西汉时小犁，犁刃窄，第一须多借人力，第二每次所耕之面积较小。农业自有其季节性，如耕种过缓，常致搁误，故农家为维持其高的生产力起见，必须采用单纯协作的方法，即数人共用一犁，或数犁并耕。单纯协作之本质，即在于数人或数十人同时作同样之工作也。此种耕作方法之特色有二：第一，须维持相当多的人数；第二，只需要粗放的劳动力，并不需要娴熟精细的技术。

此二者亦即奴隶生产之特色。至于农奴生产则不如是。在奴隶社会中，奴隶并不能改进生产技术。有此能力者，则为困苦奋斗中之小农。小农在与大奴（地？）主斗争时，往往能致力于生产技术的改进，其改进之趋势，即是使生产技术逐渐变为集约化，以适合其小农的规模。集约生产之本质，即是工具较为精细，使用方法亦较为进步，少数人即可耕作相当数目之土地。换言之，即是在同样的生产过程中，少数的农奴即可代替多数的奴隶。其生产量相同，而消费量减少，地主之收入反相当的增加。此种生产方法的特色有二：第一，较精细的生产技术非粗野而无理性的奴隶所能为；第二，不适于大农场的协作生产，而适于分散的集约生产。适应此二种特色者即为农奴生产。奴隶生产与农奴生产之为质的差别，或于此可明。

在讨论奴隶生产与农奴生产是否为质的差别以前，似须先说一说奴隶、农奴、小农的差别。奴隶是会说话的工具，没有人格，完全是奴隶主的财产。农奴则是半自由的耕种者，只附着于土地之上而已。不过，奴隶与农奴虽有这种差别，而在生活上说，农奴却不比奴隶好多少，有的场合，农奴生活的困苦，且在奴隶之上。（记得波格达诺夫在《经济科学大纲》中说过，手边无书，不能征引。）因为奴隶主爱护奴隶，即是保护自己的财产，而地主对农奴的榨取，有时甚至使农奴连生活几不能维持的。农奴在人格上虽有一些解放，但仍没有脱离奴隶的生活。和奴隶相似的农奴，怎能有改进生产方法的可能呢？这是我们应注意的第一点。其次，我们应注意的是小农。小农是自由的，是独立经营其生产的。不过，小农不止存在于农奴社会中，奴隶社会中也有小农的存在。如果生产技术的改进由于小农，那末，奴隶社会中的小农也会使生产集约化，不必到农奴社会中始有集约生产的发生。这样看来，凡以农奴社会中生产方法能够改进的原因，似已去了一大半了。我所以没有完全抹杀农奴社会中生产方法较能改进的原因，一是它承受奴隶社会中的生产方法，自应在使用的技术上有些进步；一是农奴对地主的服纳租役是有一定的规定，除规定的租役以外，即可私有，此种私有，可以刺戟农奴，使之竭尽智能的。而奴隶社会中的奴隶，无论如何不能有私有财产，农奴比起奴隶来，总算有点改进生产技术的可能的缘故。但此种可能，其作用亦甚微小，因地主对农奴的榨取，除规定的租役以外，还有高利贷及其他种种的盘剥，不会使农奴有较好的生活，地主们常利用种种机会和方法，使农奴永远逃不出奴隶的生活的！

现在，我们再来讨论奴隶社会与农奴社会的生产方法到底是量的差别还是质的差别。

兄以奴隶社会耕作的特色是：1. 须维持相当多的人数；2. 只需要粗放的劳动力，并不需要娴熟精巧的技术。农奴生产方法的特色是：1. 精细的生产技术非奴隶所能为；2. 不适于大农场的协作生产，而适于分散的集约生产。兄之此种说法，我们且不按照史实去考察其是否如此，即就此意见的本身言之，似亦为量的改变而非质的改变。因从兄之意见看来，奴隶社会与农奴社会的生产方法的差异，只注重于使用技术，而生产工具则无什么改变的。生产方法的改变，由于生产工具的改变，此点当为兄所同意。那末，同样生产工具的使用，（如犁刃的宽窄，关系于生产者甚小，在同一时代中，即有这些差异的。）在使用技术上虽有粗放与精细之别，但非生产方法有何改变，则是很显然的事。因粗放与精细只是量的改变，并非质的改变的。况且农奴的生活不见得比奴隶的生活较为好些，无甚改进生产技术的可能，而能够使生产集约化的小农，又是通过奴隶社会与农奴社会都存在的呢。这就是我认为奴隶社会与农奴社会生产方法的差别是量的而非质的原因了。

我的意见是这样：封建社会的生产方法是农业与手工业的直接结合。在农业与手工业直接结合的生产方法之下，自是自给自足的自然经济了。此种自足自给的自然经济，是封建社会的经济结构的典型形态。可是，每一社会都有其发生、发展及崩溃的过程，所以，那自然经济的封建社会也有其没落的阶段——商业资本时期。因之，我认为古代商业资本的发展时期（希腊罗马的后期，中国的汉代），是奴隶社会的没落期，犹之近世商业资本发展时期（西洋之十六七世纪，中国之宋明），是农奴社会之没落期是一样的。关于古代和中世的生产方法并无若干差别，记得《唯物史观经济史》中曾经说过，惜手头无书，难以查引，现在只引几句毕滴列夫斯基的话罢：（这几句话也是由以前的札记抄下的！）

> 假使要说明奴隶制或农奴制之下,物质生产力发展的阶段怎样,那么,不管那一方面,我们都要说到手工业(就这字的广义来说)。就是说,由于手作的劳动工具之明显的占优势,在农业经济中或产业中,同样的应用奴隶的或农奴的劳动。在古代希腊所存在的制造所,我们以为依技术的制作来说,与存在于法国卡尔大王的领地中之制造所,是没有一些差别的。(严译《历史唯物论入门》页一六二,圈是我加的)

因为生产方法无何改变,所以我以前曾这样主张过:

> 农奴制与奴隶制是同一生产方式下之两种变形……这两种变形都是封建社会下的产物……在同一生产方式下所以有这两种变形,乃是社会进化上的重复现象。由原始共产社会发展出来的封建社会,常是奴隶劳动;由游牧种族征服农业国家所产生的封建社会,则常是农奴劳动,而这农奴劳动又常是在被征服国家内孕育着的。

由于我离开了读书的环境已将近二年,耳目蔽塞,不敢再来坚持此说,但无有力的证明,即奴隶社会与农奴社会的生产方法有质的差别的证明以前,我还有些恋恋不舍,因我在这上面曾费了一点摸索工夫的缘故。

关于奴隶生产与农奴生产到底是量的差别还是质的差别的问题,为了参考书的限制,现在我只能写出这些来。但因此又引起了另一问题——社会只有停滞进化而没有后退的现象吗?这,我也要略述拙见,请我兄教正。

对于这一问题——社会有没有后退的现象,我的看法是这样:社会不仅有停滞进化的现象,在停滞进化(进化是社会进化的正常法则)的现象之外,还有飞跃、后退及死灭的现象。不过,这里所说的社会是指某一民族的社会说的而已。

在过去,因为环境及交通种种的关系,各民族文化的发展,或速或缓的并不相同,有的进步,有的落后,即在世界大通的现在,各地文化程度也有许多的差异的。因为各民族的文化程度不同,所以在两个或两个以上的民族互相竞争调和的结果,常使社会不能正常的向前发展,而有停滞、后退、死灭及飞跃等现象的发生。如两个民族相争的结果,破坏得不甚利害(内乱亦是如此),那么,社会就发生停滞的现象,如辽金之中国北部;如果破坏得利害的话,那就有后退的现象发生。所谓后退,是就文化程度高的民族说的,若就文化程度低的民族看来,却又是进化了。如五胡乱华以后,就中国说是后退,(从生产量看来,北朝较汉为低。)就北朝的鲜卑族说,则是进化了。以上是就游牧民族与农业民族相遇的场合说的,若就文化程度更高的民族相遇,则有的场合是死灭,如美洲土人;有的场合是飞跃,如中亚的基尔基次,他们由游牧人一跃而为苏联的一部分,越过了私有社会的阶段。

这样看来,社会发展似不仅有停滞进化两个状态了罢。

总之,拙见以为:人类社会有一正常的进化法则,但各民族却不一定能按照进化法则发展。因为各民族文化发展的迟速不同,互相冲突竞争的结果,常使一个民族不能依照进化正轨前进的。这样,我们在历史上便看到停滞、后退、死灭及飞跃等现象了。不过,这些现象却无害于人类社会有一正常的发展法则的,这与冰之体积膨大无害于热涨冷缩的法则是一样。因此,我觉得(只是觉得)我们不宜以社会进化的法则的关系来否认后退、死灭、飞跃等现象,同时也不能因有后退、死灭及飞跃的现象而忽略了社会的正常进化法则。尊见如何?请不客气的予以批正!

将近二年,未曾读书,更不用说执笔了,草草不通之处,请勿见哂为幸!此颂

撰安!

弟中一上,四月十一日

(第139期,1937年6月3日,第7版)

论奴隶社会与封建社会的生产方法
—— 答杨中一先生

傅安华

中一兄：

您的信早已接到。因为我曾去陕西两周，归来后又忙于杂物，致迟迟未复，歉甚！

读过尊函以后，很钦佩您见解之精辟与夫学识之博雅。不过，尚有一二处，我的意见仍不与尊见相同。——陈述于下，请您指教。

第一，您以为奴隶社会与封建社会在生产方法上并无质的差别，只是量的不同。并指摘我前函所说的协作生产与集约生产为量的改变而非质的改变。更说："从兄之意见看来，奴隶社会与农奴社会的生产方法的差异，只注重于使用技术，而生产工具则无什么改变的。生产方法的改变，由于生产工具的改变，此点当为兄所同意。那末，同样生产工具的使用，（如犁刃的宽窄，关系于生产者甚小，在同一时代中，即有这些差异的。）在使用技术上虽有粗放与精细之别，但非生产方法有何改变，则是很显然的事。因粗放与精细只是量的改变，并非质的改变的。"此种意见，我实不敢苟同。我们所谓之生产方法，原来包括有两部分，一即生产技术（或谓生产力），一即生产关系。生产技术中又包括有生产手段与劳动力。生产手段中又包括有生产工具与劳动对象。生产方法之最基本的东西，便是生产工具与劳动对象。不过，劳动对象的变化较少，所以，大多数的经济学者都这样说：生产方法的改变，乃是由于生产工具的改变。在抽象的理论上，这种说法是正确的。但是，如果我们现实的考察生产方法的变化，则不能只是机械的应用上述的法则。

因为现实的生产方法是一个具体的东西,它是由生产关系与生产工具各种原素有机的结构而成,我们决不能割裂掉生产关系甚至割裂掉生产技术,而专就生产工具来考察生产方法。我们必须把握住生产关系与生产技术的统一性,从统一的结构上来考察生产方法的变化。假如依照您的意见,单把生产工具抽出来看它的变化如何,这不唯不能决定生产方法的本质,而且是一件很难作到的事。我们试想:历史上生产工具之"质"的变化,一共不过三次,最早为石器,次为铜器,再次为钢铁器。生产工具除了这三次"质"的变化以外,几乎都是微细的变化。专以犁而论,自发明铁犁以至现在,虽然社会的生产方法经过几次的变化,但犁的变化仍然是一点一点的。如果只就犁本身发展的来讲,实在没有突变,都是渐变。并且这种渐变是时时刻刻的进行着:在同一时代中,它固然不断有小的变化,即在社会变型期中,它仍然是继续着这种小的变化。如果我们把生产工具的细微变化抛掉不管,而只注意它的巨大的变化,那只有上述三种原质的变化。可是这三种原质的变化,并不曾与社会生产方法的变化相配合。很显然的,奴隶社会使用铁器,封建社会使用铁器,资本主义社会还使用铁器。单就这些铁器本身讲,除了资本社会在铁器之上另装有蒸汽机或电力以外,其形式的变化都很微小。但是,在生产工具没有显著的变化中,生产方法确实是变过几次本质了。这种现实的历史,好像与前面所说"生产工具决定生产方法"的法则相背缪了。这是比较困难的一个问题。你我见解的差异,便以此为起始。依照您的见解,奴隶社会与封建社会都是铁器,而且铁器的形式大致相似,所以您的结论是:"农奴制与奴隶制是同一生产方式下之两种变形……这两种变形都是封建社会下的产物……在同一生产方法下所以有这两种变形,乃是社会进化上的重复现象。由原始共产社会发展出来所产生的封建社会,则常是农奴劳动,而这农奴劳动又常是在被征服国家内孕育着的。"您在这个结论中,似乎犯了一个主要错误,即是把生产关系与生产技术等要素都从生产方法中割裂了去,只余下一个生产工具的要素,乃以生产工具来决定生产方法,甚至您还有以生产工具代替生产方法的嫌疑。农奴社会与奴隶社会在生产关系上有着很显著的差别,这是大家公认的。即使我们暂且抛掉生产工具的变化不管，单就生产关系而论，我们也应当把这两种绝不相同的生产关系放在两个生产方法里边。可是，在您的结论中却把他们称为一个生产方法。这也许是我们对于生产方法的理解不同。关于上述那个困难问题，依照我的见解是这样：在抽象的理论上讲，生产工具是生产方法的基础，后者的变化是受前者的决定，这是毫无疑义的。不过，在现实的事实上，因为生产工具与生产关系是很紧密的结合着，我们很难把生产工具抽出来作单独的研究。如果想现实的考察某一个生产方法的变化，必须把生产工具与生产关系、生产技术等统一看。在生产关系和生产技术都已发生巨大的变化时，纵然生产工具的变化很微，我们也必须承认整个生产方法确已发生了质的变化。并且根据我们已知的理论作这样的断定：此种生产方法之变质乃是由于生产工具已发展到适当的阶段而引起的。至于一定要问：生产工具到底发展到何种状态才能引起生产方法的变质？这必须根据现实的事实来答复，即是：何时在生产关系及生产技术上已经表现出"质"的差别，何时便是生产工具已发展到适当的阶段。生产关系与生产技术可以说是生产工具变化的测量器，因为它们原是一体的东西，只是生产关系的变化较为明显罢了。这种情形，顶好以吃安眠药水为例。普通吃安眠药水可以安眠，如果多吃则可以致命。安眠药水本身只是极微细的量的增加，而人的身体却发生了大的变化。假如有人一定问要安眠药水增加到多少克兰姆，便可以变成毒药致人的死命，那必须根据现实的试验作答复。事实上，安眠药水与毒药之间，所差极微。这极微的数量，在安眠药本身固然不是巨大的变化，但把它同人身的各种构造统一起来看，却构成很巨大的"质"的变化。所以，我关于这个问题的结论是如此：农奴社会与奴隶社会是两个本质不同的生产方法。因为两者的生产关系、生产技术、生产工具（虽然变化很小）都有着很显著的不同。

第二，就奴隶与农奴本身来比较，固然有时是奴隶比农奴的环境更好些，而两者所差的也只是自由的程度上。不过，两者的差别虽微，但终因它们有这样一些差别，便引起各种社会关系的不同：如生产手段占有方式的不同，剥削关系的不同，劳动编制的不同。由此而更引起了政治组织的不同，意识形态的不同。如果我们把这些上层社会关系与农奴、奴隶本身的差别统一起来考察，便可以知道：农奴与奴隶本身虽然差别很小，但由他们建筑成的农奴生产方法与奴隶生产方法却是不同本质的两物。这或者也可以应用由量变质的法则来解释吧！

第三，我所谓生产技术的改进是在小农手中完成的，乃是指奴隶社会中的小农。在奴隶社会内，小农和大奴隶主斗争的过程中，很可能促使小农走上改良生产技术的道途。并且，初期的农奴（即农奴前身）也有改进生产技术的可能。这正与您的见解是一样。至于您前信所说："如果生产技术的改进是由于小农，那末，奴隶社会中的小农也会使生产集约化，不必到农奴社会中始有集约生产的发生。"我的意思正是以为生产集约化是发生于奴隶社会的小农之手，经过长期发展，到最后才颠覆了奴隶生产方法而普遍化。您的意思好像以为我的主张是说集约生产乃发生于封建社会的小农，这或是误会了我的意思。因为封建社会的基础是集约生产，那能够先有封建社会后有集约生产呢？我在我写的那篇《奴隶社会论》中，便是这种意见。

第四，关于社会发展的进化、停滞、后退以及飞跃、死灭等问题，我很赞同您的说法，您所说："我们不宜以社会进化的法则的关系来否认后退、死灭、飞跃等现象，同时也不能因为有后退、死灭及飞跃的现象而忽略了社会的正常进化法则。"这话是很有道理的。

不客气的讲，我对于社会史，现在还正在学习的期间，见解谬误，实不能免。我很希望找机会求助于书籍和师友以补充自己。像你这样的殷殷示教，对于我真是求之不得呢！

即颂

著祺！

弟安华上

（第 140 期，1937 年 6 月 10 日，第 7 版）

奴隶社会"当真""没有出路"吗？

范振兴

奴隶社会的存在与发展的问题，是社会史争论中的难题之一，关于他有好多的问题，至少在目前尚是纷纭莫衷一是的：

（一）奴隶社会与封建社会是一种社会还是两种社会？他们之间存有不容混合的质的不同吗？一般的说法是说他们之间有着不容混合的质的不同，但却也很有人在否认他们这种差别，如陈啸江先生便是（见所著《三国经济史》）。

（二）假如奴隶社会与封建社会是不同的社会，那么依照社会发展的自然史，他是每个民族都要必然经过的阶段呢？还是某几个民族历史发展的例外情形呢？即奴隶社会的存在是不是世界的呢？这便构成了"三段论"与"四段论"之争，在已往曾热闹的闹过一阵。

（三）假如奴隶社会的存在是世界的，那么他究竟是先行于封建社会还是后行于封建社会呢？一般人都认为奴隶社会是先行于封建社会的，但却也颇不乏别开生面的人，认为奴隶社会之前也有封建社会的存在，如陈啸江先生便是（见所著《三国经济史》）。

（四）假如奴隶社会的存在是世界的且是先行于封建社会的，那么他是如何向封建社会转变的呢？这便发生了"内因论"与"外因论"之争，在最近的将来我们或者要掀起这样的一个论战。

对于以上这些问题的我个人的意见，是一贯的站在肯定方面，即把那些假定认为真实的。其他的姑置不论，今天就专讨论这最末的一个问题。

有好多人认为奴隶社会是没有出路的。他们认为，凡是以奴隶制度作主要生产形态的地方,因为劳动皆由奴隶去从事,榨取阶级的奴隶所有主便对劳动漠不关心,终日只纸醉金迷的沉湎于物质的享乐,骄奢淫逸流于非常堕落的地步;而从事劳动的被榨取者之奴隶,又因为受了非人的恶劣待遇,体格与精神皆陷于非常可惨的状态:失去了理性的他们,虽俱有人形,然而却无异是与兽类相同的"人性牲畜"(Human cattle),丝毫没有人格,只不过是主人的能言的生产工具罢了。因为生产的所得完全为主人得了去,于他们一点没有好处,他们自然对生产是没有一点责任心的;而且恰恰相反,他们为了表示他们内心的愤怒和发泄对于主人的愤恨,常常迁怒于劳动工具上,加以恨命的摧残与破坏,这样反而使生产处于非常窳败的地步。而站在这直接的榨取关系之外的自由民,亦因为奴隶主大经营的排挤使自己的独立的小生产陷于贫困无望的境遇。然而在奴隶社会中却造成一种意识形态,认为劳动只是奴隶的下贱事业,自由人如去从事便是一种难堪的耻辱,因而这些贫困失所的自由民,虽贫困仍不肯去从事生产,他们只到处流浪乞食,依恃国家的救济去生活。流氓式的他们,道德陷于悲惨的堕落状态,他们不肯从事生产,因而也不能为奴隶社会开辟一条出路,造成一种为社会延续的基础的生产方法。因之,无论就那方面看来,奴隶社会的前途都是非常悲惨的,这样的一个社会,生产上陷于停滞与衰落,只有宿命的等待着崩溃与死亡。不过奴隶社会虽不能自动的转化为更高阶段的社会,但当此时期,常有征服现象的发生:不景气的奴隶社会,常常被一个野蛮民族征服,这样便为他开辟一条生路,不致陷于死灭。而考之各系列的历史的发展的事实,在奴隶时代都有征服现象的发生,所以在事实上还没有一个完全死灭的奴隶社会,即奴隶社会都能完成向更高级的社会的发展。

这种理论的主持者,很多很多。而据我所知,这种理论的导源与根据,是由于恩格思在《家族、私有财产及国家之起源》和《自然辩证法》两书中关于奴隶社会之描写。最先把这种描写作为理论加以发挥的,要算是山川均氏,他在《前资本主义经济史》中,虽然说是就史实方面承认了在奴隶社会中发生的构成封建社会的因素,但却又根据了恩氏的片言只语,说奴隶社会是没有出路的,日耳曼对罗马的征服才是历史发展的必然法则。该书译成中文之后，我国的许多学者读了，便崇拜而不追究，信以为真，也跟随在山川氏之后，坚决的认定奴隶社会是没出路的。他们引经据典，断章取义的征引恩氏片言只句，便以为自己的理论是铁打钢炼，真金不怕火样的推不翻。

其实只要我们细读恩氏原文，便可知道恩氏原意绝不如一般断章取义者所理解的那样，恰恰相反，恩氏的原意却正是他们的死对头。这般人主要的理论根据既是恩氏，那我们便把恩氏原文拿来细细研究一下吧——误解是必须辩正的：

> 凡是以奴隶制度作主要生产形态的地方，都以劳动为奴隶的行动，以为是自由人的羞辱。因此，这种生产方法便没有出路；并且在另一方面却需要肃清这种生产方法，因为奴隶制是生产发展的障碍。一切停止在奴隶制上的生产，一切建立于这个基础上的社会都因这个矛盾而死灭。他的解决往往是由另一较强的民族对此将死的社会加以暴力的征服，（希腊先为马奇顿征服，后被罗马人征服。）而后来依然停顿在奴隶劳动上，这不过是一种中心的转移，而全部过程则在更高的程度中重演一遍，最后（罗马）用新的生产方法代替奴隶制的民族又把他征服了，事情才算了结。不论是用暴力或是自愿地取消了奴隶制，这时旧的生产方法必然死灭。例如在美国，客户（Squatter）的小农经济就代替了大规模的耕作。还有一层，希腊之亡，亡于奴隶制，亚里士多德说过，同奴隶来往交游使市民的道德沦丧了，奴隶制之剥夺了市民的工作更是不用说了。东方的家庭奴隶……（《自然辩证法》，杜畏之译本，页二七九）
>
> 为社会的及政治的制度之基础的阶级对立，已不复是贵族与平民，而是奴隶与自由民，保护民与市民。……故对于一个成年的男子市民，至少总有十八个奴隶与二人以上的保护民。奴隶人数之多，是多数的奴隶在大工厂中于监督之下一起工作之故。然因商业及工业的发达，发生了少数的富之积聚与集中。自由市民的大众遂趋于穷困，他们所能走的路只有二条：一是靠自己的手工劳动以与奴隶劳动相竞争；（奴隶劳动在他们是认为耻辱、卑贱，而且前途没有什么希望的。）一是破灭以尽。在当时的情境之下，他

们是必然地走后面的一条路,且因他们是大众,就把全雅典国家崩坏了。故雅典之所以覆灭,并不如谄媚王侯的欧罗巴炫学者所主张,是由民主主义所引起,却是由驱逐自由市民之劳动的奴隶所招致的。(《家族、私有财产及国家之起源》,李膺扬译本,页一八七——一八八)

全部罗马共和国的历史即在这一制度(奴隶制度。——振兴)的内部进行:贵族与平民为就官职与分配国有土地而不断地斗争,贵族阶级终于发达。为大土地及货币所有者的新阶级,这一新阶级逐渐吸收因兵役而致荒废的小农的土地,役使奴隶去耕种这些广大的新的所有地;因此减少了意大利的人口,不仅为帝国的暴君作先导,而且为他们的后继者日耳曼蛮人开门路。(同上,页二〇七)

罗马国家已成为一架异常复杂的机器,专用为榨取臣民的膏血。地方税、国税及各种赋役愈压迫人民陷于穷困之底。因总督、收税吏及兵士的勒索威逼,竟使这种压迫到了难堪的地步。……社会状态也同样是绝望的。……帝国愈趋于衰微,租税及赋役愈加增多,官吏的掠夺中饱愈加不堪。商业与工业从未成为支配的罗马人之注重点。……一般的穷乏,交通、手工业技术之退步,都市的灭亡,人口的减少,农业之复归于较低的阶段——都是罗马的世界支配之终局。……田庄及园圃耕作,为了所有者的穷乏及都市的灭亡已趋于衰微。以奴隶劳动为基础的 Latifundia 经济再也不能获利,然在当时,它是大农业惟一可能的形态。不过现在,小农生产复成为惟一有利的形态。田庄依次区分为小的地面,租给缴纳一定租金的佃农,或者借给每年能得劳动生产额六分之一或仅九分之一的与其称为佃农无宁称为管理人之帕替阿里(Partiarii)。但这些小农地,大概是分配给移民,他们是每年纳一定的款,且可与他们的农地一同出售的。这批移民虽不是奴隶,但仍非自由人。他们不能与自由人结婚,而且他们同类中的婚姻并不认为有效,仅同奴隶似的婚姻一样,当作偏房(Concubinage)看待。他们实是中世纪农奴之先驱者。古代的奴隶制业已失去它的活力。无论在行大农业的处所,无论在都市的工厂手工业,它都不曾生产任何更多的利益——因出售它的生产物的市场业已消灭。帝国繁荣时代之伟大生产如今虽已萎缩而成为小农业及小手工业,但它也没有可容收多数奴隶的任何余地。只有供富人家内及奢侈用的奴隶,尚为社会所保留。但这个正趋死灭的奴隶制尚尽有力量足以使人鄙视一切生产的劳动为奴隶的工作,且降低了自由的罗马人的威严,如今人人固皆是自由的罗马人了。这样,一方成为主人重荷的过剩的奴隶之数愈减,他方乞民及乞丐化的自由人(恰与在美洲各奴隶省的白人相似)就愈多。基督教对于古代奴隶制之徐徐消灭,完全不负责任。……奴隶制是死灭了,因为它已不复能有补偿。然它留下了它的有毒的刺,即污蔑了自由人的生产劳动为微贱下劣。它引导罗马世界走入狭弄(?)中——罗马人是不能由此逃避的。奴隶制在经济上为不可能,而自由人的劳动却受着道德上的侮蔑。其一已不复能存在,其他尚不能成为社会生产之基本的形态。这时候除出完全的革命以外,别无可走之路了。……移民……自由的农民……为对于官吏、审判官及高利贷之横暴以谋自己的安全起见,他们时常求助于一个有力者之保护。……保护者对他们提出这样的条件:他们把土地的所有权转让给他,而他则以保证他们的终身自由享用其土地为报。(同上,页二四〇——二四三)

法兰克王国的自由农民……他们被战争和掠夺以致零落,只好求保护于贵族及教会……但为获得保护计,他们必须付高的代价……须将土地所有权让给他们的保护人,转向他们用种种的形态,当作承租人收回土地,但往常总只是用劳役及纳税以取回的。一经陷于这样的隶属的形态,他们就逐渐丧失他们个人的自由。在数世纪之后,他们大都已变成农奴。(同上,页二四八)

这种较温和的服役形态(农奴制。——振兴),有如傅立叶所最先说明的,是给被压迫者以当作阶级而渐次解放的手段的(……),所以为比不经过渡阶段而个人得直接解放的奴隶制更优越的状态。古代并不知道反叛以废止奴隶制,但中世纪的农奴却逐渐实现当作阶级之他们的解放。(同上,页二五三)

以上是恩氏关于这个问题的记述与说明，为了不断章取义起见，我不嫌冗长的一齐把他抄出来。在这里，我先请读者回想一下这些话在他脑海里留下的印象。

奴隶社会当真没有出路吗？

误解恩氏原意而认为奴隶社会如不遇外族征服便只有归于死灭的人们，他们或者咬文嚼字的引用恩氏的话来答复我们说："这种生产方法"是"没有出路"的。其实，假如我们细读恩氏原文深深全以体味，便可以知道恩氏之原意，完全是另一个样子，绝不如这般人误解的那样。

在这里我们要特别指明说来虽极其平凡，但却十分主要的一点，便是：我们读书，固然不能"不求甚解"而必须逐字逐句的精细注意，但每一词有数个含意，随了他所在地位的不同便会变为甚至恰恰相反的意义，尤其在历史的名词，我们更必须注意每一名词之本质的含意，不为他的外表所蔽。如古代之所谓"乱婚"（Incest）乃指着一种"无规律的性交"，本是无一夫一妻制的近代婚姻作前提的婚姻形态，但有好多历史家不查事实，将"乱婚"一词理解为现代意义的"通奸"，即以一夫一妻制的近代婚姻作前提的夫或妻与他人的"通奸"，这无疑是要招致史实的大混乱的。同样，中国历史上尤其是秦汉时代之所谓"统一"，本只是名目上的"统一"，各州郡与侯王对中央实质上处于独立的地位，与历史上夷狄之奉正朔相同，本质是与近代民族国家的"统一"绝对不同的。可是有好多人却为名词所蔽，见了秦并六国一统天下的"统一"，便莫知所以，将之理解为近代意义的统一，于是便有许多"专制主义"与"绝对王权"的千奇百怪的新发明。（这种主张忽略社会基础之生产方法，为虚伪的政治形态所蔽，这类错误，此处姑置不论。）前人这种为文字所蔽的错误，我们必须不重蹈覆辙。

明乎此，则恩氏之真意便可求而得之。原来恩氏之所谓"没有出路"，只是说：奴隶社会只是历史发展的一阶段，因而他不能万世永存，而必然的要归于"死灭"，并没有一点意思说他是不能自发的向其他社会转化，没有外族的征服便只有死灭的。"一切停止在奴隶制上的生产，一切建立于这个基础上的社会都因这个矛盾而死灭。……不论是用暴力或是自愿地取消了奴隶制，这时旧的生产方法必然死灭。""古代的奴隶制业已失去它的活力。……小农业及小手工业……没有可容多数奴隶的任何余地。……古代奴隶制之徐徐消灭。……奴隶制是死灭了。"读了这些话,很显然的,恩氏之所谓"没有出路",只是说"奴隶社会不能万世永存",并没有一点别的意思。这犹如说:现代资本主义社会是没有出路的,因为他不能万世永存,必然的要归于"死灭"而为更高级的社会所代替,但我们这样说,是不是就是说资本主义社会不能向更高的社会转化呢?

不然,如咬文嚼字的这般人所理解,则恩氏这样的话便不可理解了:"这一制度(奴隶制。——振兴),不仅给新发生的社会阶级的分化以永久性,且也给所有阶级去榨取并统治无所有阶级之权利以永久性。"(上引书,页一七〇)奴隶制是有"永久性"的,他将万世永存而不灭,而社会之阶级分化也是有"永久性"的。如此,则未来的社会不也就不可想像了吗?

而细读恩氏原句,便可知恩氏不但不承认奴隶社会之无出路(不能向其他社会转化),反而说明奴隶社会向封建社会自发的转化之必然。"不论是用暴力或是自愿地取消了奴隶制……""小农复成为惟一有利的形态。……小农生产……他们实是中世纪农奴之先驱者。"恩氏再三的说明了奴隶社会末期封建生产之发展。细细体味,便可知恩氏的原意究竟是如何了。

主张奴隶社会没有出路的王宜昌先生,他认为奴隶社会中对奴隶自发的解放是不可能的(见所著《封建论》,页十八),这显然是误解了恩氏。恩氏指明了奴隶社会末期封建生产的发生不必说了,在说到奴隶社会向封建社会的推移时,他亦只说是"往往是由另一较强的民族对此将死的社会加以暴力的征服",并没有说"总是"由征服而得到解决。王宜昌先生认为奴隶社会不能自发的形成对奴隶的解放,但恩氏却说:"或是自愿地取消了奴隶制。"并且恩氏告诉我们以历史的证据:"例如在美国,客户的小农经济就代替了大规模的耕作。"如依王先生的理论,这种事实不又不可理解了吗?

"古代并不知道用反叛以废止奴隶制",王先生又根据恩氏这句话来否认奴隶社会向封建社会之自动推移的可能(见所著《封建论》,页十八)。其实只要我们细读恩氏上下文,便可知道这种断章取义的办法完全是一种误解或不忠实。恩氏原文只是在说明:完全无人格的奴隶之直接的向自由人之转化,在历史之自然发生程序上乃是不可能的;奴隶社会的发展必然要归结于农奴制,即"向较温和的服役形态"的转移,"给被压迫者以当作阶级而渐次解放的手段"。而这一点,却只证明着我们理论之合乎史实。

恩氏之所谓奴隶社会没有出路,只是说奴隶社会不能万世永存的意思,我们前面已经说过了。这,我们看了恩氏对奴隶社会末期那悲惨状况的描写,尤可证知。"自由市民的大众趋于贫困……破灭以尽","因兵役而致荒废的小农","社会状态也完全是绝望的"。这种衰微与不景气的现象,乃是每个革命时代到来(生产关系桎梏生产力)时必然要发生的现象,并不足据以证明奴隶社会之无外族征服便只有死灭。譬如当代资本主义社会,现在到了最后阶段的帝国主义时代,随着内在矛盾的展开,经济恐慌,工人失业纷至频来,社会上罪恶重重,亦显示着非常不景气的衰落状态。因而这种不能永存的生产的方法,便是"没有出路"的,但我们即据此而断定这种社会不能向其他种社会转化吗?

此外,还有一点容易使人生疑而为王先生据为论据的,便是自由民之轻视劳动:"以劳动为奴隶的行动,以为是自由人的羞辱。""奴隶制尚尽有力量足以使人鄙视一切生产的劳动为奴隶的工作,……乞民及乞丐化的自由人……愈多……污蔑了自由人的生产劳动为微贱下劣……自由人的劳动却受着道德上的侮蔑。"不错,在奴隶社会中劳动是被一般人轻视的,有好多人受穷困也不肯去劳动,但这只可说是在奴隶生产制的形态下才如此,在奴隶转化为农奴时,这种意识形态是被否定了的。而且依人类意识即主观之好恶而断定社会之有无出路,正是陷于唯心论的泥潭。"物质生活的生产方法"是社会生活的基础,这句话的根据即是人类要物质的生活满足了之后才能谈到其他的一切(见 Capital, Eden Paul's, pp. 56 - 57),《管子》上所说的"仓廪实而后知礼仪,衣食足而后知荣辱",虽然并不是史的唯物论,但在此点上却恰能一语道破秘密。而考之事实,不管是如何"四体不勤,五谷不分",轻视劳动的风流名士,总是先"鼓腹"而后能"游",我们向来还没有见到一个宁肯饿死而不去劳动（在有可能的场合）的那样高节的人。奴隶社会中自由民之轻视劳动，正因为有奴隶在劳动，可以生产出他的生活资料，他才能够如此，奴隶劳动一旦停止了，他们不能得其"养"，那乞丐式的流浪生活立刻就会消灭的。并且考之历史事实，在奴隶社会末期对自由民加以招抚使之劳动的事也并不是不可能的，这种现象在山川均的《前资本主义经济史》里和恩氏前引书里都有记述，我们不必再多加引证以费笔墨了。

在失了生活基础（奴隶制没落）时，自由民之可以从事劳动，由中国的旗人的历史也可以得到证明。在清朝统治时，旗人生活费由皇室供给，他们可以终身游乐，不事生活，他们亦是把劳动视为是卑下的与不屑从事的。但清室倒后，他们终于亦不能再那样"高节"与"有毅力"，宁饿死也不去劳动，恰恰相反，他们却任何苦事都能够作，我们也没有听说过他们有何人活活的被饿死。

（此处原稿缺半页，排印急促，未及请作者补写，容后补登。——编者）

"以奴隶劳动为基础的拉的芬的经济再也不能获利……小农生产复成为惟一有利的形态……中世纪农奴之先驱者。""移民……自由的农民……时常求助于一个有力者之保护……把土地的所有权转让给他……""须将土地的所有权让给他们的保护人……当作收租人收回土地……用劳役及纳税……这样的隶属的形态……他们大都变成农奴。"（见前）知道了这些史实，尤可使我们相信奴隶社会自发的向封建社会的转移乃是可能的。所以在欧洲史上的日耳曼民族对罗马的征服，只不过是助产的提前了封建社会之由奴隶社会降生；而没有这种征服，奴隶社会仍是或迟或早的会转化为封建社会的。征服只是偶然的现象形态，并不是必然的内在法则。

奴隶社会之向封建社会的转化过程及法则，在明白了以上各点的现在，我们本已不需再加以说明的，不过我们不得不简单的提示一下：

> 在奴隶社会中，劳动工具必然是非常窳败的。奴隶是失去了理性的人性牺畜，不能细心操作以发展技巧。……器物的损坏是常事，所以进步的工作用具绝对不能使用（这只限于奴隶的劳作场。——振兴补）。……但社会却仍不断地向前进化，进步的生产

用具仍继续地被发明。这些进步的用具虽然不能被大奴隶主所引用,却为散在的自由小农生产所引用。这样,使"小农生产复成为唯一有利的形态",便启开了向农奴制社会转化的大门。(《史学周刊》一三二期拙稿)

我们觉得只有从社会生产力的发展上来理解才算正确,这样先"在纯经济的途径上"把社会转化的必然性"指示出来"(卡尔语),然后才易于谈到历史演化的混杂形态的理解。至于农奴之发生,则随着具体的历史条件而变异,各国皆不相同,不过我们却可概要的指示如下:(一)奴隶之解放。这是变化的主流,其动因与劳役地租之向物纳地租的转化相似。(二)小自由民在变乱中为求保护而对强大者加以投附。(三)国家对流民之招抚。这样,封建领主便由奴隶主、新兴地主、奴隶监工人、军事领袖诸种人所组成。

又,我在与王宜昌先生论争时(见《史学周刊》一三二期)所引卡尔的一段话:"农奴制之成立,没有征服及人种二元论中间之环,而能在纯经济的途径上指示出来。""没有"二字,王先生说原文乃是"得有",只因"'得'字的简写很像'没',以致手民误排"(傅安华先生按语,同期)。不过我却始终对这字发生怀疑:既云"能在纯经济的途径上指示出来",何以又说"得有征服及人种二元论中间之环"?而按上下文的语气,"而"字一转,也不能使人无疑。

此文初下笔时,只想仅仅指明一般人对于恩氏原意的误解那一点,但一下笔,不觉又写的多了。原拟不与任何人发生关系,但事实的必要,却终于又不免的牵涉到王先生,好在是冷静的真理追求,一得之愚,王先生或者也会有以教之吧?

一九三七,五,十四

(第140—142期,1937年6月10日—1937年6月24日,第7版)

禹帝系新解

王宜昌

一、一 种 神 话

自然神话是半开化人的科学,历史神话是半开化人的史记。这是近代研究神话与古社会史的人所共承认的。

历史神话的解说,有两条并行不悖,而且是互相帮助的方法。一是以神话的起源,由于半开化人譬喻语言的缺陷;一是以神话的起源,为半开化人的与现在不同的心理及不同的社会制度之表现。其实,半开化的社会制度与心理,与现在不同是事实,而此种心理与社会制度,又以有缺陷的譬喻语言来表现也是事实。关于夏初帝王的历史,我便由此种方法去解说。

有一种历史神话,在中国有,在西欧也有,在古代有,在现代也有。这个神话的本事大概是:女性产育伟大的人物,不从子宫和阴道把胎儿排出体外,而是由破胁、割腹或母体分裂诞生出来。其例如左:

《史记正义》引《玄妙内篇》云"李母怀胎八十一载,逍遥李树下,乃割左腋而生"老子。《史记》则谓:"老子百有六十余岁,或言二百余岁。"这个神话,是汉晋之间,从半开化民族神话中产生的关于老子的神话。

《大戴礼·帝系》篇云:"陆终氏娶于鬼方氏,鬼方氏之妹,谓之女隤氏,产六子。孕而不粥,三年,启其左胁,六人出焉。其一曰樊,是为昆吾;其二曰惠连,是为参胡;其三曰籛,是为彭祖;其四曰莱言,是为云郐人;其五曰安,是为曹姓;其六曰季连,是为芊姓。……昆吾者,卫氏也;参胡者,韩氏也;彭祖者,彭氏也;云郐人者,郑氏也;曹姓者,邾氏也;季连者,楚氏也。"《世本》上亦两载此神话,《氏姓》篇云:"陆终娶于鬼方氏之妹,谓之女嬇,生六子,孕而不育。三年,启其右胁,三人出焉;启其左胁,三人出焉。"《王侯大夫谱》篇云:"陆终娶于鬼方氏之妹,谓之女隤,是生六子。孕三年,启其左胁,三人出焉;破其右胁,三人出焉。其四曰求言,是谓之郐。郐人者,郑是也。"这个神话,至少应算是秦以前的半开化人的神话。

《楚辞·天问》云:"鸱龟曳衔,鲧何听焉?顺欲成功,帝何刑焉?永遏在羽山,夫何三年不施?伯禹腹鲧,夫何以变化?……化为黄熊,巫何活焉?咸播秬黍,莆雚是营。何由并投,而鲧疾修盈?"《山海经·海内经》记同一神话云:"帝令祝融杀鲧于羽郊。鲧腹生禹。"郭注引《开筮》云:"鲧死三年不腐,剖之以吴刀,化为黄龙也。"《初学记》引《归藏》云:"大副之吴刀,是用出禹。"《吕氏春秋·行论》篇云:"殛之于羽山,副之以吴刀。"《吴越春秋》则记:"鲧娶女嬉,剖胁而生高密。"(按《世本》云:"颛顼生鲧,鲧生高密,是为禹。")《帝王世纪》则谓:"鲧妻脩己,胸坼而生禹。"这是战国以前的半开化人的神话。

《创世纪》则记载了亚当及其子孙(至挪亚为止),是男又是女,都是具备男女两性的人。他们的年岁都很长,不超过一百岁都不生育,而且要活几百岁才死。其生育法,则和耶和华用亚当肋骨造出夏娃一样,具有男女两性的母体,照自己的形像而造成了子孙。耶和华、亚当、塞特、以挪士、玛勒列、雅列、以诺、玛土撒拉和拉麦,都是一系相传。自挪亚起,则有三个儿子闪、含与雅弗。和挪亚本身共计,由挪亚分裂成了四个部分。这是古希伯来半开化人的神话。

十九世纪的人类学家,则在美洲、澳洲落后的半开化人生活里,看见他们以氏族或部落为一单位的社会,及族内婚制或族外婚制,并由一氏族部落分裂为多数氏族部落的历史现象。虽然他们已有自然神话,但还没有产生历史神话。而据伟大的社会史家而且是马克思女婿的拉伐格底研究,《创世记》的神话,正是此种半开化人的族内婚的氏族制度的最大的历史记载。我们可以说,如果假以时日,则美洲、澳洲半开化人们的历史发展中,也会产生出《创世记》及《天问》《世本》等所记一样的神话的。

二、神话所表示的历史

上面几个神话，同中有异，异中有同。现在我们不一一精密地研究，而只就几个要点加以解说。

第一，是生育问题。老子是从母"腋"生出；鬼方之六子，是从左右"胁"生出；禹是由鲧"腹"剖出，或由鲧妻女嬉剖"胁"生出，或由鲧妻脩己裂"胸"生出；夏娃则由耶和华用亚当"肋骨"造出。这种生育法，是和妇女底生理机能不同的。这种语言的表现，应只是半开化人对于一种社会制度的变化所使用的"近取诸身"的譬喻法的表现。在妇女生理上的生育是一个"近身"的事实。一种社会制度的变化，由旧的社会团体变为新的社会团体，也正好像妇女生育儿子，半开化人便以"近身"的事实底生育来表现他。但妇女生育，是经由子宫与阴道排出胎儿的。社会团体的变化则不同，是由母体分裂或破坏而出。对于此点，半开化人便把旧社会作为母体，其分裂或破坏，则表现为破胁、破胸或破腹了。

第二，是母体的性别问题。耶和华和亚当们，是男又是女，母体是兼具男女两性的。老子只有母亲，没有父亲，则其母体亦应是兼具男女两性的。《天问》里的鲧，破腹生禹，亦应是兼具男女两性的。《吴越春秋》和《帝王世纪》才把鲧分为男性，而另配上女性的女嬉或脩己。至于《世本》和《大戴礼》里的陆终与女嬇，则本来是两夫妻。兼具男女两性的母体，其所表示的并不是一个人，而是一个氏族或部落。在此社会团体之内，男子的一群与女子的一群行族内婚制度。人数发展到一定程度时，则分裂而为新的社会团体。已有夫妇之分的母体，如陆终氏之男，与鬼方氏之女，或鲧与女嬉或脩己，那则是此一社会团体的男子与彼一社会团体的女子，行族外婚制度了。半开化人对于男女的性关系，是"近身"的事物。而两个人群在社会内或社会外的婚姻结合，用男女的性关系来表示他时，便把族内婚的团体，称为具有男女两性的母体，而行族外婚的团体，则男性与女性便被分开。

第三，是儿子的数目问题。耶和华以至于挪亚，母体产生的都是一个儿子。鲧也只有一个儿子禹（或高密，或黄熊，或黄龙）。李母亦只有一个儿子老子,连母体各分为二。而挪亚则有三子,连母体共分为四。陆终与女嬇则有六子,连父母体共分为八。这是说,在族内婚时代的社会团体,经过分裂,只分为母体及子体二个团体。但在族外婚时代,则分化得较复杂,但均是二的倍数,为四或为八了。

第四,是年岁问题及其他时间问题。亚当们是长寿的,而且是百岁以后才生子的。老子的母亲和老子也是长寿的。鲧和禹则历仕尧舜两代,尧在位百年,舜在位五十年,则鲧、禹也是长寿的。此种长寿,应不是人的生理上的长寿,而是氏族部落维持独立完整历史的时代的长久。(而且,此年岁的标准如何,亦未可以今日年岁概论的,兹且不置论。)至于孕育胎儿的时期,一般是很长。如鲧三年不施或不腐,女嬇孕而不粥者三年,李母孕老子八十一年。这不应是人的生理的孕,而是氏族部落分化时期酝酿的长久。

于此,我们可顺便说及,老子的神话,是所谓儋耳国半开化人的神话。大抵老子是半开化人之被役于文明人者,其氏族部落内的神话由是而传来。女嬇与陆终为春秋以前北狄西戎们的神话,而夏商周所存诸氏族部落与文明人,多有为其后裔者。《创世纪》所记,则是古希伯来人的历史。

以下我们专论鲧、禹与启。

三、夏初社会史的一斑

鲧以前的帝系问题,已在他处论及(南京《新民报》七周年增刊拙作《古帝系的神话》),兹惟就鲧、禹与启一详述之。

就前一神话而论,半开化人以妇女孕育胎儿的譬喻,记述了的鲧禹时代的社会史是:鲧、禹各是一氏族或部落之名,而非个人之名。鲧氏族部落分裂而生出禹部落。

由下述神话看来,禹之与启,亦是如此。《楚辞·天问》云:"启棘宾商,《九辩》《九歌》。何勤子屠母,而死分竟地?"所谓"屠母"的问题,即是鲧生禹时的剖腹、破胁、坼胸等譬喻法表现的一种。启实也是一个氏族部落,由禹部落分裂而生。

如前所引神话中,或谓鲧有妻,或谓鲧无妻,此二者所表示之时代,当有族内婚与族外婚之异。到底鲧是在族内婚时代或在族外婚时代？虽不可必定，但禹与启的神话中，却显示出禹时已为族外婚时代。因为凡关于禹的神话，大抵是说禹有妻的。

《楚辞·天问》云：禹"焉得彼涂山女，而通之于台桑？闵妃匹合，厥身是继，胡为嗜不同味，而快鼌饱？"《大戴礼·帝系》篇云："禹娶于涂山氏，涂山氏之子谓之女蟜氏，产启。"此神话是指出禹氏族部落的男子群，与涂山氏的女子群结婚。如前引"屠母"之说，启是由涂山氏女分裂而生的。

禹除了与涂山氏结合产启之外，其本身仍继续存在，而生产另外的儿子，《山海经·大荒北经》云："有毛民之国，依姓，食黍。禹生均国，均国生役采，役采生修鞈，修鞈杀绰人。帝念之，潜为之国，是此毛民。"由此看来，禹子除了启的一系由涂山氏屠死而化之外，禹本身又传了均国的一系。鲧也是如此，《山海经·大荒南经》云："鲧妻士敬，士敬生子曰炎融，生驩头。"即是禹以外的一系。

把鲧、禹与启等古代帝王，不解说成一个人，而解说成一个氏族部落，或一个"国"，中国古人已知道了。《史记索隐》解"黄帝者，少典之子"句有云："少典者，诸侯国号，非人名也。《国语》云：'少典娶有蟜氏而生炎帝。'然则炎帝亦少典之子。炎黄二帝虽则相承，《帝王代纪》中间凡隔八帝五百余年。若以少典是其父名，岂黄帝经五百余年而后始代炎帝后为天子乎？何其年之长也？又按《秦本纪》云：'颛顼氏之裔孙曰女脩，吞玄鸟之卵而生大业，大业娶少典氏而生柏翳。'明少典是国号，非人名也。"以年岁之长久，及少典为"氏"而证明古帝王为"国"，这和我们以神话解说来证明鲧、禹与启为氏族部落，是同样合理的。

由其他方面看来，鲧至禹及禹至启之间，夏初历史是有二个大转变的：一是由鱼类图腾变到蛇类图腾，一是发展农业与使用奴隶。

由氏族部落的名号上看来，鲧字从鱼，和后来的鲁敫，以及𫚈鱼等部落名号之从鱼一样，应表示此部落为近河海与鱼类最有关系的一事。而禹字与禺字音近形似。《说文》虽释禺为"母猴属，头似鬼"，而释禹为"虫也。从厹，象形"。但禺与禹均从内，实与万字等等从内同，应非母猴之义。《说文》又释万字云："虫也。从厹，象形。"释卨字云："虫也。从厹，象形。读与偰同。"而《汉书·古今人表》即以卨为契。合而观之，禹、禹、万均为半开化时代的虫蛇之名。当时部落，如周之祖契，则以离为号；商之祖先子姓，则以万为号；而夏则以禹或禹为号。由前引神话，知鲧死为黄熊，或黄龙，或禹，则更可知禹即是熊，即是龙。是禹时的夏代，其生活与鱼的关系较疏，而与虫蛇的关系较密。故鲧以鱼为图腾，而禹以虫蛇为图腾。

禹之后为启，《山海经》则或称为开。《大荒西经》云："西南海之外，赤水之南，流沙之西，有人珥两青蛇，乘两龙，名曰夏后开。开上嫔于天，得《九辩》与《九歌》以下。此大穆之野，高二千仞，开焉得始歌《九招》。"《海外西经》则云："大乐之野，夏后启于此舞《九代》，乘两龙，云盖三层。左手操翳，右手操环，佩玉璜。在大运山北。一曰大遗之野。"这个神话，表示出启时的龙蛇，已不是启部落的图腾，而夷为被役使的奴隶了。《创世纪》所记伊甸园里的蛇，表示希伯来半开化人的奴隶，是由蛇为图腾的部落变成的。启所珥的蛇，所乘的龙，也正是以蛇龙为图腾的奴隶。此奴隶从何而来呢？则是征服相柳或相繇的结果。《山海经·海外北经》云："共工之臣曰相柳氏，九首，以食于九山。相柳之所抵，厥为泽溪。禹杀相柳，其血腥，不可以树五谷种。禹厥之三仞三沮，乃以为众帝之台。在昆仑之北，柔利之东。相柳者，九首人面，蛇身而青。"《大荒北经》亦云："禹湮洪水，杀相繇。其血腥臭，不可生谷；其地多水，不可居。禹湮之三仞三沮，乃以为池，群帝是因以为台。"《孟子·滕文公》篇亦有禹"驱龙蛇而放之菹"的记载。由此神话看来，相柳或相繇，是一个以蛇为图腾的利于水的部落。她由九个氏族合成，和禹这一已有农耕的族外婚的部落不相容而开战。禹把他征服了，启所有的蛇族奴隶，应是由此而来的。启既有农耕，既有奴隶，文化大进。一方，他有了《九辩》《九歌》《九招》《九代》等艺术的进步；他方，他把农耕石器如环与璜等神秘化起来，作为装饰品。他再不用虫蛇为图腾，而以"开"或"启"等象征文明进步的名号来称呼了。

关于鲧禹治水的神话，是值得研究一回的。前述相柳的神话中，告诉我们一个重要的事件，即因防止相柳的水患而使夏人知道筑堤以至筑城的一回事。共工和相柳是古代的一个利于水中生活的民族，而颛顼一系的鲧、禹则利于陆处。在他们中间曾因水陆之利不同而起战争。许多记载里均记载，共工以洪水为害，鲧作堤以障水卫陆，尧舜禹治水则伐共工的事。《国语·周语》云:"昔共工……淫失其身,欲壅防百川,坠高〔堙〕卑,以害天下。"《淮南子·本经训》云:"舜之时,共工振滔洪水,以薄空桑。""共工振滔洪水……四海溟涬,民皆上丘陵,赴树木。"《淮南子·天文训》云:"共工与颛顼争为帝。"《韩非子·外储》篇云:"尧举兵而诛共工于幽州之都。"《孟子·万章》篇云:"舜流共工于幽州。"《荀子·议兵》篇云:"禹伐共工。"这是关于共工与颛顼一系争战的神话。而由"壅防百川"一语,足见共工部落是利于蓄水的。

鲧治水,是和共工的振滔洪水用同一方法,即是以堤障水。《国语·周语》所谓:"有崇伯鲧,播其淫心,称遂共工之过。"《山海经·海内经》所谓:"洪水滔天,鲧窃帝之息壤以堙洪水。"《尚书·洪范》所谓"鲧湮洪水,汩陈其五行"便是指此。

用堤障治水,未把水治好,但却萌芽了城市的建筑。禹改变了治水的方法,不用堤障而用疏导,把共工及相柳征服了以后,众帝所建立的"台",应算是中国最古的城市。而《淮南子·原道训》所谓"夏鲧作三仞之城",与《山海经》所谓"禹湮之三仞""厥之三仞"便是最古的城垣建筑之萌芽了。

附记:笔者于两年前便抄了一些夏史材料,写过一篇《古帝系的神话》作为拟作的神话中之夏代社会史的开篇。中途停顿下来,便迁延至于今日。偶从傅安华先生处假读童书业先生的《夏史三论》,又从《禹贡》上得读唐兰先生的《"阻穷西征"新解》,便又提起兴趣。于是杂掇旧文及诸家新说,成此一篇。"驳杂不纯",笔者对拙文常作如此自我批判。但在神话研究上,笔者既不满意于他人意见,则自己也只好"荜路褴褛,以启山林",发表此文之意,也无非如此而已。倘因抛砖而能引玉,能拜读诸家更高明的意见,此笔者之所深望。至于文中有许多解说太略,则为限于篇幅。拉伐格《亚当与夏娃的神话》一文(译见《时事类编》三卷十九期),及他人之近代文化人类学著作,其中对于神话有较详解说。笔者受益不浅,特此声明,并为有志深求者介绍也。

(第 141 期,1937 年 6 月 17 日,第 7 版)

农 民 暴 动

农民暴动的发生

杨效曾

我们翻开史籍,常常看到关于农民暴动的记载。如果将中国史上农民暴动的史实列成年表的话,平均起来,隔不上十年就有一次农民暴动的发生。每次暴动,都有成千成万的农民被杀戮;然而,这由成千成万的农民的血所染成的斗争,不但被所谓史家们轻轻地几句污蔑的话抹杀了,而且有些斗争连个痕迹也没有留传下来!中国史上屡起屡败的农民斗争,几次规模较大的农民暴动,虽有歪曲的记载,但斗争的始末与原委,多已不可详考了。

但是,农民斗争在二千年来的历史上占着重要地位,已为人所共认的事实,我们必须爬梳出它的真面目来。现在,我们不能再去作那"资治"的历史,应当客观的加以探究,使农民斗争现出真像:他们并非天性好乱,乃是为他们的生存,不得不起来的奋斗!

农民为什么不能够生存下去而必须趋于暴动?暴动的规模为什么有大有小?这是我们研究农民斗争史应该首先注意的地方,在我们考查农民暴动的史实之前,应该了解的。现在,我们且考查一下农民暴动的发生。

农民暴动所以发生,简单的说,就是因为他们不能够生活下去。他们贫穷得无衣无食,为维持他们的生命计,"死逼上梁山",不得不挺而走险,起来暴动。

农民为什么贫不聊生呢?要解答这个问题,必须先略提一提封建社会的社会关系。

我们知道:在封建社会内,领主——大地主占有生产手段,将农民束缚在土地上，使之为自己尽服纳租役的义务。这种封建的剥削关系，在商品经济还未发展的时候，领主的榨取还不甚重。"领主的消费量，形成对农民榨取的限度"，这时商业既未发展，领主除了生理的消费之外，榨取多了也没有什么用处的。可是，到了交换经济发展之后，情形就不同了。领主收到的租税，除供自己消费之外，还可以交换其他商品。而商业的发展，使奇异的商品出现于市场，这使领主的生活豪华奢侈起来。领主为满足他们的享乐生活，便不得不向农民加重剥削，借以交换奇技淫巧的难当之货。这样，农民的负担便一天一天的加重起来。而且，农民不但受领主的加重剥削，还受商人及高利贷资本的剥削。在这两层盘剥之下的农民，就日趋于破产而无以为生。

但是，这种剥削虽已造成了农民暴动的客观环境，而暴动还不能够马上发生的。因为：一来农民的分散性，使一致的团结发生极大的困难；其次，由于领主人格之不同，榨取程度之大小亦异；而且，由他们祖先遗传下来的容忍性以及在许多地方断绝了使用武器的习惯，也使他们没有暴动的勇气。这些养成了农民的忍耐性，使他们还伏首贴耳的过着牛马不如的生活。自然，在这种情形下，也有"落草为寇"去作强盗的，但不能起大的暴动罢了。

大规模的农民暴动，还必须有两个条件：政治的腐败和宗教的信仰。（这里所说的宗教，是指着秘密结社，所谓邪教。）

如果政治清明些的话，形势之家尚不能公然侵渔农民，农民富于忍耐性，也就忍耐下去。可是政治一腐败，形势之家每与贪官污吏勾结起来，滥用威刑，把农民敲刮得沦于悲惨的境地，使一些中小农也陷于农奴的地位而无以为生。这些中小农的奴性尚未养成，感到的痛苦特别大，最易趋于暴动。在中国史上，历次大规模农民暴动的领导者，差不多都是这些落魄份子。因为他们对于社会情形，能有一些认识，知道农民痛苦的所在，能把握着农民的要求，有利用时机发动农民暴动的智慧并指挥组织的能力。

商业发展造成了农民暴动的客观环境，政治的腐败则促使暴动形势更为尖锐化。但只是这两个条件，还不能组织起强大的农民暴动来。强大的农民暴动的发生，还须一个重要的条件：宗教的信仰。

现在提到革命，我们就想到须有党和主义。宗教的信仰，就是组织农民暴动的党和主义。散漫的农民，只有由宗教的信仰才能组织起来。我们看历次大规模的农民暴动，都以所谓邪教作号召，如张角的太平道，就可以了然。库斯聂在《社会形式发展史》中也曾说：

> 在十五世纪的下半期，农民的秘密结社已开始在各处活动。
>
> 邻近各国的农民暴动，激动了德国的农民并促进了革命的秘密结社的发展。
>
> 农民的秘密结社是很发展的，他们的影响竟超过了区域的范围，"联合头"与"贫康拉得"是比较大的组织，他们在十七世纪的初期，曾组织过许多地方暴动。（高译本，页三八七）

宗教的信仰是组织农民暴动的一个重要条件。

总之，大规模农民暴动的发生，除了商业资本的发展及苛政酷刑的客观环境之外，还必须有宗教的信仰，才能组织强大起来。商业资本的发展是客观环境的所以造成，苛政酷刑是农民暴动的催生婆，宗教的信仰则是组织农民暴动的主义。如果三者缺一，那末，农民暴动的力量一定减少，而且马上会发生破裂，很迅速的失败下来。

这样说来，农民暴动的规模的大小，是由上述三个条件来决定。就是说：商业资本发展的程度高，苛政酷刑的实施得厉害，宗教传播的地域广而且信仰坚定，则农民暴动的规模必定广大而支持的时间长久；反之，则只是一个区域的而且势力也很弱小了。不过，这并非说除此三个条件之外，没有其他条件，只是说这是决定的条件罢了。其他如天灾——风、旱、水、雹等的流行，寇盗的扰乱，也有相当的作用，不过不如这三个条件的重要，有决定意义而已。

（第 7 期，1934 年 10 月 25 日，第 7 版）

方腊的暴动

杨效曾

（一）方腊暴动的前夕
（二）事魔教
（三）方腊的起事
（四）方腊暴动的经过
（五）尾语

（一）方腊暴动的前夕

自唐开元天宝以降，商业资本已很发达。在北方因为藩镇五季之乱，一时颇受打击，但在南方则因兵争较少，却一直发展下来。宋受周禅，海内无事者近百年，南方商业资本的势力遂扩展于北方，将国内组成了密密交换经济的网。伴随着交换经济的发展，社会遂趋于"华靡相胜"，《燕翼诒谋录》卷二云：

> 咸平、景德（真宗年号，西元九九八——一〇〇七）以后，粉饰太平，服用浸奢，不惟士大夫之家崇尚不已，市井间里亦华靡相胜。

这"华靡相胜"把社会拖到腐化的深渊：官吏惟知聚敛，士兵不习战阵，豪商地主则拼命的积蓄财货，从而将一般贫苦之民盘剥得：

> 公私之债，交争互夺。谷未离场，帛未下机，已非己有。（《宋史·食货志》）

这些无衣无食的贫民，"死逼上梁山"，为求全活，便不得不挺而走险,各地盗贼纷纷出现了。这些情势,在仁宗时已很显著。(如王伦横行江淮,张海、郭邈山等攻劫商邓、南阳等处,即其著者。)庆历改革,就是企图挽救这一危机的运动。此运动至神宗时虽曾轰轰烈烈地展开过(熙宁变法),但因受官僚地主的反对,在施行上遇到许多阻碍。而且,变新的本身,也只是改良性质,不是彻底的改造,未能得到广大群众的拥护,以致新法时行时废。因之改良运动反成了新旧党争的幌子,不惟未能挽救社会的厄运,且将北宋政权送终路寝了。

在仁英之世,由商业资本发达而引起的社会秩序不安定的情势,至宣和中益趋严重。再加以政治的贪污,遂使农民纷纷起而骚动!《续资治通鉴》:

> 宣和元年……京东路盗贼窃发,令东西路提刑督捕之。
>
> 二年……诏江西、广东两界,群盗啸聚,添置武臣提刑、〔路〕分都监各一员。

我们知道,江南的商业资本较北方尤为发达,而与海外通商的杭、明、广又在南方,南方成为中国的财富之薮。徽宗是个喜欢豪华的皇帝,豪华离不开金银珠宝,为满足他的欲望,不能不用聚敛之臣。因之,用童贯设苏杭应奉局,而姑苏市井人朱勔也以"进奉花石"而得幸了。

> (朱)勔乃姑苏市井人,始以高赀,交结近习,进奉花石,造御前什物。……于是勔之田产跨连郡邑,岁收课租十余万石,甲第名园几半吴,皆夺士庶而有之者。(王明清《玉照新志》)

不用说朱勔豪富逾制,就是他的家奴,也是非常阔绰的。《老学庵笔记》卷一:

> 方腊破钱唐时,朔日,太守客邸有服金带者数十人,皆朱勔家奴也。时谚曰:"金腰带,银腰带,赵家世界朱家坏。"

朱勔的进奉花石,所谓花石纲,把东南扰害苦了,《三朝北盟会编》:

> (童)贯又引朱勔取江浙花石,皆隶贯主之。凡士庶之家,有一花一木之美,悉以黄帕覆之,曰御前之物,不问坟墓之间,尽皆发掘,所载动逾百舟,号花石纲。所过州县,莫敢谁何。

《宋史·朱勔传》也说：

> 勔擢至防御使，东南部刺史、郡守多出其门。徐铸、应安道、王仲闳等济其恶，竭县官经常以为奉。所贡物豪夺渔取于民，毛发不少偿。士民家一石一木稍堪玩，即领健卒直入其家，用黄封表识，未即取，使护视之，微不谨，即被以大不恭罪。及发行，必彻屋抉墙以出。

《青溪寇轨》中说得更好：

> 迨徽庙继统，蔡京父子欲固其位，乃倡丰亨豫大之说，以资蛊惑。童贯遂开造作局于苏杭，以制御器。又引吴人朱勔进花石媚上，上心既侈，岁加增焉。舳舻相衔于淮汴，号花石纲。至截诸道粮饷纲，旁罗商舟，揭所贡暴其上。篙师舵工，依势贪横，凌轹州县，道路以目。其尤重者，漕河弗能运。则取道于海，每遇风涛，则人船皆没，枉死无算。江南数十郡，深山幽谷，搜剔殆遍。或有奇石在江湖不测之渊，百计取之，必得乃止，程限惨刻，无间寒暑。士庶之家，一石一木稍堪玩者，即领健卒直入其家，用黄帕覆之，指为御物。又不即出，因使护视，微不谨，则重谴随之。及启行，则发屋彻墙以出。由是人有一物小异，共指为不祥。

在这种豪夺渔取、搜剔贪横的暴政之下，方腊遂"因民不忍"，以"诛朱勔为名"而起事了。

（二）事 魔 教

比较大规模的农民暴动，几乎离不开秘密宗教。秘密宗教的信仰，是散漫的农民能够组织起来的主要因素。那末，方腊暴动与秘密宗教的关系怎样呢？方勺《青溪寇轨》：

> 方腊生而数有妖异，一日临溪顾影，自见其冠服如王者，由此自负，遂托左道以惑众。

方勺又在《泊宅编》中说：

> 方腊托左道以惑众……无甲胄，惟以鬼神诡密事相煽摇。

方腊的"左道"是什么呢？据《青溪寇轨》：

> 方腊之乱，其徒处处相煽而起。闻其法，断荤酒，不事神物、祖先，不会宾客，死则裎葬。

这断荤酒的秘密宗教，叫做"事魔"。庄季裕的《鸡肋编》中有一段记载，说：

> 事魔食菜，法禁甚严。有犯者，家人虽不知情，亦流于远方，以财产半给告人，余皆没官。而近时事者益众。云：自福建流至温州，遂及二浙。睦州方腊之乱，其徒处处相煽而起。闻其法：断荤酒，不事神佛、祖先，不会宾客，死则裸葬。方殓，〔尽饰衣冠〕，其徒二人坐于尸傍，其一问曰："来时有冠否？"则答曰"无"，遂去其冠。逐一去之，以至于尽，乃曰："来时何有？"曰"有胞衣"，则以布囊盛尸焉。
>
> 始投其党，有甚贫者，众率财以助，积微以至于小康矣。凡出入经过，虽不识党人，皆馆谷焉。人物用之无问，谓为一家，故有无碍被之说，以是惑其众。
>
> 其魁谓之魔王，为之佐者谓之魔翁魔母，各诱化人。旦望人出四十九钱于魔翁处烧香，翁母则聚所得缗钱，以时纳于魔王……俗误以魔为麻，谓其魁为麻黄，或云易魔王之称也。
>
> 亦诵《金刚经》，取"以色见我为邪道"，故不事神佛，但拜日月，以为真佛。其说经，如"是法平等无有高下"，则以"无"字连上句，大抵如此解释。
>
> 初授法，设誓甚重，然以张角为祖，虽死于汤镬，不敢言"角"字。传云：何执中守官台州，州获事魔之人，勘鞫久不能得。……何以杂物数件问之，能识其名则非是。而置一羊角其中，他皆名之，至角则不言，遂决其狱。
>
> 又谓人生为苦，若杀之是救其苦也，谓之度人。度多者则可以成佛。故结集既众，乘乱而起，甘嗜杀人，最为大患，尤憎恶释氏，盖以戒杀与之为戾耳。

由上引一段记载，可见事魔教的教义、组织及宣传法的一斑。可是，事魔是否创自方腊？抑在方腊以前已有？那末，又创于何时呢？这些问题，现在尚不能完全解答，不，恐永不能解答了罢？因为这种材料太缺乏，它的本身又是秘密的，其发生的真实经过，我们虽未遍览群籍，但不会有详确的记载，则是在意料之中罢。不过，就现在所见的材料，可以有这样的推定：在方腊以前已早有了此种秘密宗教，它并没有伴随着方腊的失败而消灭，在南宋初叶，分布的区域很广，直至末叶，还存在于民间的。

在方腊以前就有事魔教，《老学庵笔记》：

> 闽中有习左道者，谓之明教。亦有明教经，甚多印板摹印，妄取道藏中校定官衔名赘其后。烧必乳香，食必红蕈，〔故〕二物皆腾贵。……"男女无别者为魔，男女不亲授者为明教"……偶读徐常侍《稽神录》云："有善魔法者，名明教。"则明教亦久矣。

案《稽神录》为南唐徐铉作，共十卷。铉后入宋为左常侍，故云徐常侍。那末，事魔在五代时应已存在于民间了。又《系年要录》绍兴四年陆游《条对状》有云：

> 淮南谓之二桧子，两浙谓之牟尼教，江东谓之四果，江西谓之金刚禅，福建谓之明教、揭谛斋。

所谓"二桧子""牟尼教""四果""金刚禅"等密教，虽未必即是如前所述的事魔教，而其差别甚微，则可断言。《萤雪丛谈》(《说郛》本)：

> 吃菜事魔，……贪财恋色，男女混置，修二会子，说金刚禅，皆幻术也。

这可证"二会子""金刚禅"与事魔教的关系。那末，在南宋初年，事魔的势力遍于大江南北，无怪庄季裕说什么"近时事者益众"了。又，朱熹在《劝谕榜》中曾提出：

> 不得传习魔教。(《朱子文集》)

更可见在南宋末期，事魔在民间仍潜伏着很大的势力。其实，现在尚遗留在民间的秘密结社，仍有事魔的成分，这由事魔教的内容和现在的秘密结社一比较，就可以看出来的。

（三）方腊的起事

方腊是睦州青溪县堨村人。青溪为江浙交通大路，出产漆楮林木，是个繁庶之区：

> 青溪为睦大邑，梓桐、帮源等号山谷幽僻处，东北趋睦，西近歙。民物繁庶，有漆楮林木之饶，富商巨贾，多往来江浙。（《青溪寇轨》）

方腊是这个繁庶之区的漆园主，因为屡受造作局的侵夺，就怀怨在心，利用事魔的迷信和花石纲扰害的机会而起事了：

> 腊有漆园，造作局屡酷取之，腊怨而未敢发。会花石纲之扰，遂因民不忍，阴取贫乏游手之徒，赈恤结纳之。众心既归，乃椎牛酾酒，召恶少之尤者百余人会饮，酒数行，腊起曰：……皆曰善，遂部署其众千余人，以诛朱勔为名。（《青溪寇轨》）

> 方腊托左道以惑众，知县事、承议郎陈光不即锄治。腊自号圣公……无甲胄，惟以鬼神诡密事相煽摇，数日聚恶少千余，焚民居。（《泊宅编》）

漆园主方腊的暴动，就这样的利用事魔教和花石纲乱害的机会而暴发了。方腊是一个有政治头脑的人，他不仅知道利用时机，而且很能把握着当时的情势，我们看他起事时的演说，就可以知道。我觉得他的演说，很有见地，当时一般执政者绝无那种眼光。因此，把它录在下面，给那些以方腊为盗贼的人们看看，到底他是一个什么样的贼，那些非"贼"有否此练头脑？

> 酒数行，腊起曰："天下国家，本同一理。今有子弟耕织，终岁劳苦，少有谷帛，父兄取而靡荡之。稍不如意，则鞭笞酷虐，至死弗恤。于汝甘乎？"皆曰："不能！"

> 腊曰："靡荡之余，又悉举而奉之仇雠；仇雠赖我之资，益以富贵，反见欺侮。则使子弟应之，子弟力弗能支，则谴责无所不至。然岁奉仇雠之物，初不以侵侮废也。于汝甘乎？"皆曰："安有

此理?!"

腊涕泣曰:"今赋役繁重,官吏侵渔,农桑不足以供应。吾侪所赖以为命者,漆楮竹木耳,又悉苛取,无锱铢遗。夫天生蒸民,树之司牧,本以养民也,乃暴虐如是。天人之心,能无愠乎?!且声色、狗马、土木、祷祠、甲兵、花石糜费之外,岁赂西北二虏银绢以百万计,皆吾东南赤子膏血也!二虏得此,益轻中国,岁岁侵扰不已,朝廷奉之不敢废,宰相以为安边之长策也!独吾民终岁勤动,妻子冻馁,求一日温饱不可得,诸君以为何如?"皆愤然曰:"惟命!"

腊曰:"东南之民,苦于剥削久矣!近岁花石之扰,尤所弗堪。诸君若能仗义而起,四方必闻风响应,旬日之间,万众可集。……况西北二虏,岁币百万,朝廷军国经费千万,多出东南。我既据有江表,必将酷取中原,中原不堪,必生内变。……不然,徒死于贪吏耳!诸君其筹之!"(《青溪寇轨》)

由方腊的这段演辞中,可见方腊是怎样的一个人物。从这里,我们不仅可以看到北宋积弱和终灭于金的暗示,更使我们发生"肉食者鄙"的感想!惟惜方腊虽见及此,乃局促闽浙,未能急速"据有江表",终至覆亡,为可叹耳。

(四) 方腊暴动之经过

方腊起事在宣和二年(公元一一二〇年)十月,"数日有众十万,遂连陷郡县数十,众殆百万,四方大震"。朝廷讨之,"用兵十五万,斩贼百余万,自出师至凯旋,凡四百五十日,收杭、睦、歙、处、衢、婺六州与五十二县。〔贼〕所杀平民不下二百万","江南由是凋瘵,不复昔日之十一矣"(以见《青溪寇轨》)。这次大规模的暴动,如能将其经过详述,自是很有意义的事,惟史料太少,且偏颇不全,我们无法知其详细。现在只好依照《宋史》《续资治通鉴》及《泊宅编》等书,按年月略表其事迹的梗概,以见一斑:

宣和二年(一一二〇)十月:

睦州青溪民方腊……因民不忍,阴聚贫乏游手之徒,以诛朱勔

为名,遂作乱。(《续通鉴》)

建德军妖贼方腊反,命谭稹讨之。(《宋史·徽宗纪》)

十一月:

戊戌朔,方腊自号圣公,改元永乐,以其月为正月。置官吏、将帅,以巾饰为别,自红巾而上,凡六等。……焚室庐,掠金帛、子女,诱胁良民为兵,不旬聚众至数万,陷青溪县。(《续通鉴》)

两浙都监蔡遵、颜坦击方腊,死之。(《徽宗纪》)

(案:青溪县之陷,《青溪弄兵录》谓为二十一日,《泊宅编》则云:"十一月二十九,将领蔡遵与战于息坑,死之,遂陷青溪县。"二说未悉孰是,姑并存之。)

十二月:

戊辰,方腊陷睦州,杀官兵千,于是寿昌、分水、桐庐、遂安等县,皆为贼据。(《续通鉴》)

(案:《青溪弄兵录》以"陷睦州"在一日,《泊宅编》则为四日,以十一月朔为戊戌推之,戊辰为一日,则是一日陷睦州为是。)

甲申(十七日),方腊陷休宁县。

丙戌(十九日),方腊陷歙州,东南将郭师中战死……于是婺源、绩溪、祁门、黟县官吏皆逃去。寻又陷富阳、新城,遂逼杭州。凡贼兵所至,得官,必断脔支体,探其肺肠,或熬以膏油,丛镝乱射,备极楚毒,以偿积怨。(《续通鉴》)

(案:《泊宅编》:"十三日,又陷歙州,乘势取桐庐、新城、富阳等县。")

丁亥(二十日),以谭稹为两浙制置使,童贯为江、淮、荆、浙宣抚使,率禁旅及秦晋蕃汉兵十五万讨之。(《续通鉴》)

(案:《青溪弄兵录》:"二十一日诏童贯为江、淮、荆、浙等路宣抚使,谭稹为制置使,王禀为统制,将兵讨之。同日,令枢密院起东南两将、京畿一将,前去捉杀。……辛兴宗、杨惟忠统熙河兵,刘镇统泾原兵,杨可世、赵明统环庆兵,黄迪统鄜延兵,马公直统秦凤兵,冀景统河东兵,刘延庆都统制诸路军马。")

二十九日,进逼杭州,知州事赵霆弃城走,州即陷。节制直龙图阁陈建、廉访使者赵约被害。贼纵火六日,官吏居民,死者十三。(《泊宅编》)

宣和三年(一一二一)正月:

(童)贯至吴,见民困花石之扰,众言贼不亟平,坐此耳。贯即命其僚董耘作手诏罪己,罢苏杭〔造〕作局及御前纲运并木石彩色等物,而帝亦黜朱勔父子弟侄之在职者。……是月,方腊陷婺州,又陷衢州,守臣彭汝方死之。(《续通鉴》)

二十四日,贼将七佛引众六万攻秀州,统军王子武聚兵与州民登城固守,属大兵至,开门表里合击,斩首九千,筑京观五,贼退据杭。(《泊宅编》)

二月:

甲戌,降诏招抚方腊。方腊陷旌德县及处州。步兵都虞候王禀复杭州。(《续通鉴》)

三月:

是月,方腊再犯杭州,步军都虞候王禀等战于城外,斩首五百级。官军与贼战于桐庐,败之,遂复睦州。(《续通鉴》)

少保刘延庆由江东入,至宣州泾县,遇贼伪八大王,斩五千级,复歙州,出贼背。统制王禀、王涣、杨惟忠、辛兴宗自杭趋睦,取睦州。(《泊宅编》)

四月:

童贯、谭稹前锋至清河堰,水陆并进。方腊焚官舍、府库、民居,宵遁,还清溪帮源洞。贯等合兵击之,腊众尚二十万,与官军力战而败,深据岩屋,诸将莫名其所入。王渊裨将韩世忠潜行溪谷间,问野妇得其径,即挺身仗戈,直前捣其穴,格杀数十人。庚寅,擒腊以出。……忠州防御使辛兴宗领兵截洞,掠为己功。诸将并取腊妻子及伪相方肥等五十二人于洞石穴中,杀贼七万余人,其党皆溃。(《续通鉴》)

（案：《泊宅编》："生擒方腊及伪相方肥等、妻邵、子亳二太子凡五十二人，于梓桐石穴中，杀贼七万，招来老幼四十余万，复使归业，四月二十六日也。余党走衢、婺，而兰溪县灵山贼朱言、吴邦起应之，据处州。而越州剡县魔贼仇道人、台州仙居人吕师囊、方岩山贼陈十四公等起兵略温、台诸县。四年三月，讨平之。"据此，则方腊于是年四月被擒，其余党犹支持将及一年之久，其势力实不可侮。使方腊于下杭州之后，不分兵南向，即北取苏州而据有江表，决不会失败若此之速的。）

（五）尾　　语

方腊暴动是失败了！暴动之起，为的造作局及花石纲之扰。这，童贯到吴后虽予罢除，徽宗亦黜朱勔父子弟侄之在职者，在表面上看，好像方腊号召的目标已达，实则不然。统治者在他的政权发生危机时，当然不惜区区的糖果以取好于民，可是至政权稍一稳固，便会加重的压榨起来。宋于平方腊后的措施正是如此。

在方腊的势力澎涨的时候，将造作局及花石纲罢除，暨方腊被擒，又诏"被贼州县，给复三年"，以期变乱的早日结束。但失于此必取于彼，东南七省却加了经制钱的负担。《鹤林玉露》卷七：

> 宣和中，大盗方腊扰浙中，王师讨之。命陈亨伯以发运使经制东南七省财赋。因建议如卖酒、鬻糟、商税、牙税与夫头子钱、楼店钱，皆少增其数，别历收系，谓之经制钱。其后卢宗原颇附益之。至翁彦国为总制使，仿其法，又收赢焉，谓之总制钱。……以迄于今，为州县大患。

这可见统治者给民众的糖果，都是一种欺骗的手段，为谋自身的利益，民众非自己起来不可，历史的教训是明明白白的！

最后，我要附带着说一说的，为此文之作，实由于研究农民战争的人，几全把这次暴动无视了。我觉得方腊暴动在中国农民战争史上应占一重要地位，但是，研究中国农民战争的书中竟不提一字——例如薛农山的《中国农民战争之史的研究》及蔡雪村的《中国历史上的农民战争》,真是一件奇事!我们虽不能说薛、蔡二君对于此次暴动一无所知,但至少是一点不能逃脱的疏漏的。区区此文,便想稍补此种疏漏,以就正于研究中国农民战争史的人们。

(第39—40期,1935年6月13日—1935年6月20日,第7版)

元季民族革命

耕 斋

（一）

中国史上，汉族对于游牧民族的关系，都是如此：如果汉族的经济基础安定，采取强硬态度，连年战争，结果两败俱伤，汉武帝之于匈奴，唐太宗之于突厥是；如果中国社会矛盾尖锐化，采取柔软手段，和亲纳币，以致民穷财尽，游牧族反借以养兵畜马，结果华夏沦亡！北宋之于辽金，南宋之于蒙古是。但是生产落后的民族与生产发达的民族接触，很容易被同化，游牧族之于汉族，岂能例外，不久汉化。更进一步，他们没有接受汉族的文物制度，而只是要求满足其消费的欲望，安逸享乐，代替了原来的战斗本能。尤其在蒙古一朝，国际贸易高度发展，商业资本与高利贷资本结合，促成土地的兼并，造成流亡的众多。（此为社会革命的动因，这里讨论民族间的仇恨，故不能详述。）加以民族歧视的严厉，异教高度的压迫，中国史上，揭起第一次民族大革命。蒙古人的骑射本能既消失，汉族的反抗联合阵线已成立，于是四百年来（自宋始）抑郁不得志的黄胄，重见天日！

（二）

（1）政治上不平等

限制汉人官吏：《二十二史札记》卷三十，有一段综合的解说：

> 元世祖定制，总政务者曰中书省，秉兵柄者曰枢密院，司黜陟

者曰御史台。其次,在内者有寺,有监,有卫,有府;在外者有行省、行台、宣慰使、廉访使。其牧民者曰路,曰府,曰州,曰县。官有常职,位有常员,其长者皆以蒙古人为之,而汉人、南人贰焉!故一代之制,未有汉人、南人为正官者!……《顺帝纪》,至正十三年,始诏南人有才学者,依世祖旧制,中书省、枢密院、御史台皆用之。是时江淮民(兵)起,故以是收拾人心,然亦可见久不用南人,至是始特下诏也。(《韩元善传》,顺帝时丞相托克托奏事内庭,以事关兵机,而元善及参知政事韩镛皆汉人,使退避勿与俱。则虽参用汉人,而机密仍不得与也。)……《文宗本纪》,诏御史台,凡各道廉访司官,用蒙古二人,畏兀、河西、回回、汉人、南人各一人。是汉人、南人厕于廉访司者,仅五之一也。其各路达噜噶齐,亦以蒙古人为之。

稍微有点历史常识的人,无不知元政府,有计划的把人民分成四个阶层:蒙古人、色目人在上;汉人、南人在下。官吏的限制,不过是其易见者。当"天下治平之时,台省要官皆北人为之,汉人、南人万中无一二!其得为者,不过州县卑秩,盖亦仅有而绝无者也!"①

禁汉人有兵器、马匹:自至元三年广州变起之后,禁汉人、南人,不得执军器。② 官兵器须由蒙古、畏兀儿、回回在职者掌管,汉官不许干与。③ "括诸路马,凡色目人有马者三取其二,汉民悉入官,敢匿与互市者罪之!"④

(2) 经济上不平等

因有政治上的庇荫,故有经济上的不平。但观其以汉民田地货财,赐予其王公藩臣的事实,足够惊人!《元史》九六《食货志》"岁赐"条序:

> 自昔帝王于其宗族姻戚,必致其厚者,所以明亲亲之义也。元之为制,其又厚之至者欤。凡诸王及后妃公主,皆有食采分地。其路府州县,得荐其私人以为监,秩禄受命如王官……调其赋,则五

---

① 明叶子奇《草木子》卷三上《克谨篇》。
② 《元史》本纪中多见此令。
③ 《元史》二九,泰定三年。
④ 《元史·世祖本纪》。

户出丝一斤……其岁赐,则银币有差……及世祖平江南,又各益以民户。……至于勋臣亦然,又所以大报功也。

政府的赐与,不是以此为限,反而是提倡移民占土,监视汉人。《二十二史札记》三十有《元代以江南〔田〕赐臣下》一文,列记郑温受常州田三十顷诸例;并江南户钞,分给诸王公,非常众多。果然,那些生活在"天苍苍,野茫茫"大沙漠里的莽汉子,来到"上有天堂,下有苏杭"的江南,岂非真的升了天国。于是纷纷南来,郑所南说:"(蒙古人视)江南,如在天上,宜乎谋居江南之人,贸贸然来江南!"①定居之后,占民田,招民户,搜括聚敛,不一而足;欲望愈高,诛求愈烈。韩山童起义时,檄文里有两句:"贫极江南,富称塞北。"②数十年间,天堂变成地狱了!

(3) 法律上不平等

蒲寿庚秉政的时候,政府竟公布:"蒙古、色目殴汉人、南人不得回手!"③此其小焉者。蛮性终未退的游牧人,对待汉人、南人,用大杀戮手段,恫吓恐怖。顺帝至元六年河南范孟阴谋案,诖误连系千百人,在朝汉官果然不敢申辩一句,蒙古人脱脱反对株连,反受权臣伯颜的责备,认为"专佑汉人"。④ 元末各地暴动初起,伯颜建议"请杀张、王、刘、李、赵五姓",⑤何等毒棘! 不,比近代的野蛮程度,不可同日而语。此刻的中国国民,谁敢保证自己的生命?

(4) 宗教上不平等

在元世祖二十八年(一二九一)僧寺四万二千三百十八区,僧众二十一万三千一百四十八人。⑥

寺产的数,最多为大普宁寺,田八万亩,邸舍四百间。又如大承天护圣寺一次受田十六万二千九十顷,又一次受田十六万二千顷。佃户之数,一二九九(成宗大德三年)江南诸寺有五十余万户。又如承徽寺

---

① 《铁函心史·大义略叙》。
② 《草木子》三《克谨篇》。
③ 明权衡《庚申外史》。
④ 《元史》一三八。
⑤ 《元史》三九,顺帝至元三年十二月。
⑥ 陶希圣《中国政治思想史》第四册二四六页,引《元史》十六。

一次受户四万。大昭孝寺一次受户二万四千余。①

大量民田被占据了,数十万教徒,自成吉思汗以后诸帝,对于他们的赋役都豁免了。②

而另一方面,汉人、南人供其牺牲。《新元史·释老传》:

> 延祐四年,宣徽院会计,岁供,其费以斤计者,用面四十三万九千五百,油七万九千,酥二万一千八百七十,蜜二万七千三百。

史称:"今国家财赋,半入西番红帽禅衣者!"③

汉民稍表不满,政府即下令天下:"殴西番僧者截其手,詈者断其舌!"④

更令农民起反感者,为侮辱妇女。泰定二年西台御史李昌言奏道:

> 尝经平凉府、静、会、定西等县,见西番僧佩金字圆符,络绎道途,驰骑众百,传舍至不能容。则假馆民舍,因追逐男子,奸污女妇。⑤

至如杨琏真那总教,奸淫掳掠,迹近大寇!这里不能备述。读者如果一翻《元史》,或者《佛祖统纪》《释门正统》诸书,必要发生这样疑问:为什么差不多每年每月,都在大量的赐田赐钞?对于番僧的宠护与对于汉人的压迫,相差何只天渊?此点不难明白,只要注意到现在的相似事实:欧美人的传教士,遍布中国,无论偏乡大都。最近《大公报》记者长江氏《祁连山北的旅行(十四)》,⑥有这样一段插话:

> 此等教士有种种方法吸引民众,交接官厅,人多精干老练,对于中国情形洞悉无余。关于军事消息,中国边地官厅,往往须借助于他们,始有办法。记者对于宗教,认为各有其真义,各人尽可自由信仰。但外国传教士自由在中国设立教堂,设置产业,收纳教徒,有组织有计划的分布全国,是否会有其他的危险,颇值得研究。记者且举一段八国联军时的历史,读者可以参考。八国联军总司

---

① 陶希圣《中国政治思想史》第四册二四六页,引《食货》半月刊一卷三期《元代佛寺田园及商店》。
② 《元典章》三三。
③ 《新元史·郑介夫传》。
④ 《武宗本纪》有革除此令之文。
⑤ 《元史·释老传》。
⑥ 《大公报》二十五·七·三,第三版。

令是德皇威廉的侍从武官长瓦德西伯爵，他进了北京，再发兵攻张家口之后，给德皇有一个详细的报告，节录其中一段："关于侦探一事，极难着手组织，所有内地消息之探知，余（瓦德西自称）多赖天主教神父之助，而且此等帮助，系出自彼等情愿。惟其中极为老练聪明之主教，不幸已于数日前，前往罗马，离开中国。彼临行之时，曾训令彼之代表Jarlin主教，务须尽力助余。因此，上校Yorck伯爵进兵张家口之时，曾有许多神父随营效力相助。"（见王译中华版《瓦德西拳乱笔记》）

宗教与政治的联系，不能否认，不过因时代而质量有较异：二十世纪的今日，资本主义社会最后阶段的宗教，对于殖民地，尽了较"随营效力相助"更有意义的职责；十四世纪的游牧部族之宗教，当然不配亦不必负有这样深大的意义，但仍不过是质量上的差别。蒙古的重用番僧，压制汉人，史实昭然，谓为带有政治意味的宗教，并非过当。

近人薛农山氏说："喇嘛在社会上之所以成为一种压迫农民势力的原因，一方面，固然系由于统治阶级——蒙古人之迷信宗教；而另一方面，喇嘛们又授统治者以男女性交关系的秘密：如授顺帝以'延彻尔'（旧作"演揲儿"，华言"大快乐"，即房中运气之术。）法及所谓'善秘密法'，在喇嘛的指导之下，统治阶级不知强奸了多少青年妇女，由此喇嘛更得着统治阶级的宠昵。"[①]这样解释史实是对的，不过仅只指明"喇嘛更得着统治阶级的宠昵"，不宜作为一种政策推行的原动力。前者的力量表示在帝王之福寿永常的企望上，如秦皇汉武的信用方士；后者的力量表现在国家政治的发展趋势上，如尊教有所谓"神道设教"，抑教有魏武周武之灭佛，这是政治与宗教关联的消长原则。蒙古统治汉人，百年之间，无日不在利用喇嘛压迫汉人。而喇嘛们又恰似今日某种"浪人"，任意骚扰！一九〇〇（庚子）年，教徒暴横的结果，农民有组成义和团，大杀洋人的事，恐怕现在老年人还记得。元末老百姓，同样的因喇嘛的压迫，起而组成"红军"，举起革命的大旗，宣言道：

> 纵遇圣明始尧舜，毕竟不是真父母。

[①] 《中国农民战争之史的研究》上册，页一八一。

千言万语只一语,还我大宋旧疆土!①

丞相托克托见事已急,入言曰:"方今(至正十一年六月)河南汉人反,宜榜示天下,令一概剿捕。蒙古、色目因迁谪在外者,皆召还京师,勿令诖误。"②这样一来,"于是榜出,河北之民,亦有变而从红军者矣!"③

(三)

元代百年间,异族统治者,日在用着高压手段,被异族统治者,时在作着拼命的抗争。故民族革命运动,不自元末开始,现在自元顺帝即位以后说起。兹列一简表:④

年　代	西　历	地　区	首　领
顺帝至元三年	一三三七	广州	朱光卿
		信阳州	棒胡
四年	一三三八	袁州	周子旺
五年	一三三九	开封	范孟
至正元年	一三四一	道州	蒋仁五
二年	一三四二	庆远路	莫八
三年	一三四三	道州	蒋丙
四年	一三四四	益都	郭〔火〕你赤
六年	一三四六	靖州	吴天保
八年	一三四八	台州	方国珍

累积的流血和牺牲,走到这个阶段,已是量的增加,成为质的转变:渐变达到突变的程度!再有一弹发端,收拾不足了!

果尔,三年不到(一三五一),民族革命军,正式成立!刘福通起于

---

① 《中国农民战争之史的研究》上册,页一八〇。
② 《明(续)通鉴》《庚申外史》。
③ 《明(续)通鉴》《庚申外史》。
④ 蔡雪村《中国历史上的农民战争》,页 457—460 有详表。

颍州,芝麻李起于徐州,徐寿辉起于蕲州,次年(一三五二)郭子兴起于濠州。他们都以红巾为号,故称"红军",和义和团相似,以教抗教,福通抬出白莲教徒韩山童的儿子林儿来。

> 韩林儿,其先世以白莲会烧香惑众,谪徙永年。林儿父山童鼓妖言,谓"天下当大乱,弥勒佛下生",河南、江、淮间愚民多信之。颍州人刘福通与其党复言"山童,宋徽宗八世孙,当主中国"。乃杀白马黑牛,誓告天地,谋起兵。①

> (事泄,山童处死。)刘福通等自砀山夹河迎韩林儿至,立为皇帝,又号小明王,建都亳州,国号宋,改元龙凤。以其母杨氏为皇太后,杜遵道、盛文郁为丞相,罗文素、刘福通为平章,刘六知枢密院事。②

"复宋"的大炮响了,义旗高举了,规模摆在这儿了!实际上,名城大都,屡被光复着了!盐徒张士诚反叛了!穷僧朱元璋从戎了!呀,百年蛰伏在万重地狱之下的汉民啊,睡狮猛醒,饿虎决斗!万民团结起,不约而同;力量汇合来,排山倒海。蒙古政府,在悲痛今昔异感吧。

(四)

不过,这次民族革命,发生在十四世纪,其内容是若干无产者农民集团。一方面,"没有全国的联络与整一的策动"。换言之,即每个集团的领袖,都是一些英雄式的领导者,因此内部的分化是不可避免的事情,张士诚吞并韩林儿,陈友谅劫掠徐寿辉是。

在另一方面,豪商地主照例和后汉、东晋一样,聚家保营:

> 康茂才,通经史大义,元末寇乱陷蕲,结义兵保乡里。
> 吴复,元末,聚众保乡里。
> 王弼,初结乡里,依三台山树栅自保。
> 曹良臣,颍寇起,聚乡里,筑堡自固。
> 胡深,通经史百家之学,元末兵乱,乃集里中子弟自保。③

---

① 《明史》一二二。
② 《元史》四四《顺帝纪》。
③ 陶希圣《革命论之基础知识》页一三六——一三七,引《明史》各本传。

何真,真益练兵据险,保障一方。①

"这些豪族地主,自然与后汉之初一样,要找一个'长者'来归附,以图再建地主豪商阶级政权。他们找不着真'长者',却找着一个变质的游民。"②他们纷纷来投附朱元璋:

> 汪睿,婺源人。元末与弟同集众保乡邑,助复饶州……胡大海克休宁,睿兄弟来附。③
>
> 单安仁,凤阳人。招集义兵,保乡里……后率所部渡江来附。④
>
> 韩政,睢人。尝为义兵元帅,以众归太祖。⑤

"朱元璋为什么能够招抚他们呢? 他改变游民无产者的性质,保护私有制度,所以能够招抚这种聚众保营的豪族。他一方面不掳掠女子玉帛,他方面又搜求士人阶级以自辅。"⑥

变质游民朱元璋,与地主豪商联成一条极坚固的战线,有财有势,倒转头来,打平无产者民族革命军,取得天下。"由此可见,无产者农民所造成的军事集团,不以无产者农民而成功,乃以对无产者农民的支配剥削者而成功。"⑦换句话说,此次民族革命,一方面说是成功了,因为"驱除鞑虏""还我大宋旧疆土"的目的达到;另一方面说是失败了,因为革命的变质,政权仍与地主豪商结合,无产者农民,没有得到一点儿益处。前者是推翻蒙古异族统治,后者是重建士大夫政权,二而一,只落得"朝代改变"罢了。

暑假,于北平

(第 96 期,1936 年 7 月 30 日,第 7 版)

---

① 洪武二十一年三月《明太祖实录》。
② 陶希圣《革命论之基础知识》,页一三七。
③ 《明史》一三七。
④ 洪武二十年十二月《实录》。
⑤ 《明史》一三〇。
⑥ 陶希圣《革命论之基础知识》,页一三七——一三八。
⑦ 陶希圣《革命论之基础知识》,页一三八——一三九。

清季长期内乱的原因

汪伯岩

（一）社会经济分配不均

从清代到现在，因为政体的变革，一般人对于清代末年的长期内乱有两种不同的观察。清廷站在以皇族利益为中心的观点上，认为掀动这个变乱的主体是"发逆"，是"捻匪"；孙中山先生提倡革命以来，在反清空气浓厚，"排满兴汉"的口号高唱入云的时候，又认为这所谓"发逆""捻匪"是谋种族革命的革命军。设若我们撇开一切政治上的私见，本着历史的眼光看来，这个长期变乱，是和历代所发生的，具有同一性质和客观环境的农民骚动，是一样的运动。不过这次骚乱，另外加上些种族革命的色彩罢了。

"五百年必有王者兴"，造成中国历史上一治一乱的政局，做这鼎革事业的王者，大半都是利用这农民骚乱，来换取皇帝的服冕。稍有常识的人都知道的，汉高祖刘邦、光武帝刘秀以及明太祖朱元璋都是来自田间。反过来看，那些"夺取江山"未成功，被人谥为流寇的张角、黄巢、李自成、张献忠等所领导的军队，亦无一不是为"饥寒所迫，挺而走险"的农民。太平天国及捻、回之乱所以兴起，也和历代农民骚乱的原因一样：社会经济分配不平均，社会上"富者田连阡陌，贫者无立锥之地"；终日劳作，衣食不足的农民，在封建领主——大地主——的租税，与商人的高利贷款的两种剥削之下，日趋破产，驯致不得不挺而走险，群起暴动，以延长他们将要"流为饿莩"的生命。

康雍乾三朝是清代的鼎盛时期。那时，不特内部削平了汉人的叛乱，外部扩张了许多领土，而且社会经济也走上了殷富繁荣的地步。清朝初年，恰当大乱以后，各地闾阎凋敝，城邑荒凉。经过康雍乾三代的经营，社会经济贫匮的情态已去，日趋繁荣。其时，政府一方切实整顿农田，一方屡颁恩诏，蠲免租税。农民于此时，除去干戈扰攘的地带外，也确能安静平和地从事田亩。但是社会的经济情况虽然业已好转，而得到席丰履厚生活的，还是一般占有广大农田的大地主和资本雄伟的商人。地主方面，既有明代遗留清初凭借政治势力或经营商业暴发的庄园领主，同时复有政府明令圈地的皇族；商人方面，也利用他们的钱庄和贩卖事业，形成操纵金融、垄断市场的巨商大贾。农民们所仰为生产手段的农田，既多为大地主占去，又复受到商人的重利盘剥，自仍免不掉乐岁终身苦，凶岁不免死亡的生活。贫富阶级悬殊太甚，相激相荡，农民们自然步武他们先人的办法，走上暴动的路子。

经过一百年的休养生息，满清社会风气已经入于奢华的状态。乾隆皇帝要想针砭末俗，曾屡颁上谕，他说：

厚生之道，在于务本而节用。……朕闻晋、豫民俗，多从俭朴，而户有盖藏。惟江苏、两浙之地，俗尚侈靡，往往家无斗储，而被服必极华鲜，饭食靡甘淡泊。兼之井里之间，茶房酒肆，星列棋置，少年无知，游荡失业。彼处地狭民稠，方以衣食难充为虑，何堪习俗如此，民生安得不愈艰难！朕轸念黎元，期其富庶，已将历年各项积欠，尽数蠲除。小民乘此手足宽然之时，正当各勤职业，以防匮乏；岂可习于侈靡，转相仿效，日甚一日，积为风俗之忧耶？

商业资本发展的结果，整个社会陷于侈靡的习俗里，固足使一般人民日趋贫乏。而当时宫廷的奢华淫糜，豪富的侵渔剥削，官府的贪墨搜括，胥吏的勒索横行，……实是良民穷匮，衣食不赡的主因。国际资本主义的势力已于其时侵入中国，外货利润的榨取，以及原于抵抗外人的军费，与大宗的赔款，直接间接都取诸终岁勤劳的农民。在科学不发达的中国，农民除去忍受无法抵抗的水旱天灾，复增加了这些经济负担，破产流亡，倍极困苦。为了他们生命的延长，自然要走入暴动一途，来反抗面目狰狞的统治阶级了。这便是清季长期内乱的第一种原因。

（二）种族观念之未化除

　　文化低落，僻处边荒，向为汉人詈为杂胡的满族入主中国，保有"中国居内以制夷狄，未闻以夷狄居中国而治"（语见明太祖讨元之檄文）思想的汉人，自然看不起她。他们目睹国亡家破之惨，感到异常的愤懑，于言论上和行动上俱明显地流露出"排满复明"的思想。满清初年，反清的民军风起云涌。有志的文人，于清代统治力量渐次稳固，天下大事已不可为的时候，也发为论著，痛诋满族，王船山《读通鉴论》、阎古古《帝统乐章》……便是这类著作的代表。王船山云：

　　　　即使桓温辈功成而篡，犹贤于戴异族以为中国主！

古古诗云：

　　　　扫除胡种落，光复汉威仪。
　　　　偶被渥温尘帝位，还归华夏启神宫。长城远扈敦煌右，大海环收肃慎东。

　　满人以异族入主中原，以少数统治多数人，自然也感到异常不安。清初诸帝应付汉人的政策，虽因政治情势的不同，有时故示优遇，有时虚为牢笼，但其压迫汉人与钳制汉人的反清思想和行动则无二致。清初士兵于平定反清的军队后，对于其他汉人，无不大肆屠杀，扬州、嘉定与江阴等处的诛屠便是显例。当时"士女死者，池井皆满"，其对于妇女的奸淫，财产的抢掠，则更书不胜书了。

　　顺治于南京陷落，杭州迎降，大江南北底定以后，乃下剃发易服之令，略谓：

　　　　京城内外，限旬日；直隶各省地方，自部文所到之日，亦限旬日；尽使剃发，遵依者为我国之民，迟疑者同逆命之寇，必置重罪！

令下之后，执行得非常严厉，剃发匠负担游行于市，强迫剃发，稍一抵抗，即当地杀死，将头悬于担之竿上示众。这种强暴的举动，引起许多士民的反抗，但这些反抗的民兵，除去遭到满兵的屠杀外，依然屈服于满清的淫威之下，遵旨剃发留辫。

当时骚扰人民最甚的,是满人对于汉人房地之任意圈占。这种强占田房的圈地制度,虽是异常的强暴无理,但却得到清廷的明令承认。顺治元年谕户部云:

> 我朝定都燕京,期于久远。凡近京各州县无主荒田,及前明皇亲、驸马、公、侯、伯、内监殁于寇乱者,无主庄田甚多。尔部清厘,如本主尚存,及其子弟存者,量口给与,其余尽分给东来诸王、勋臣、兵丁人等。盖非利其土地,良以东来诸王、勋臣、兵丁人等,无处安置,故不得已而取之。可令各府州县乡村,满汉分居,各理疆界,以杜异日争端。今年从东来诸王、各官、兵丁等,及见来在京各部院官,着先拨给田园,其后至者,再酌量拨给。

朝旨虽以无主荒田及前明庄田为应拨之地,实际上满人对于汉人的宅房田地,随意圈占。这种圈地制度,直到圣祖亲政以后方才停止。他谕户部说:

> 比年以来,复将民间田地,圈给旗下,以致民生失业,衣食无资,流离困苦,深为可悯!自后圈占民间房地,永行停止。

这时,虽得明令停止圈地,但汉人之失掉田宅,流离失所,转死沟壑者,已为数非少了。

满清初入关时,对于汉人异常苛待。除上述情形外,常以俘获之汉人,充为家奴;汉人在朝充任官吏者,亦"常被骂詈辱打,至伤心堕泪",后来虽以政治上的策略,稍示优遇,但汉人在政治上绝得不到与满人平等的地位:各部院司主官尽为满人,汉人不过为其副贰;各省抚司以下始用汉人,若总督一职,则汉人做梦也想不到了。

满人不但在政治上压抑汉人,即是头脑中也不能让汉人存一毫反清的思想。康雍乾三朝,口头上唱着"满汉一体"的高调,实际在这短短的百余年中,连兴文字之狱不下十余次,最有名的是:戴名世的《南山集》狱,庄廷鑨的《明史》狱,查嗣庭的试题狱,吕留良的文评狱,谢济世的经注狱,胡中藻的《诗钞》狱,王锡侯的字书狱……文网之密,汉人都失掉了言论自由权。除去含垢忍羞地屈事清朝,立刻便有身亡族灭的危险。

满人既施严重的压迫,当然引起汉人莫大的反感,所以洪、杨一声"奉天讨胡"的口号喊出后,各地汉人,大都闻风响应。他那篇传诵远近的檄文,充分流露出种族思想。文云:

> 慨自满洲肆毒,混乱中国,以六合之大,九州之众,一任其胡行,恬不为怪,中国尚为有人乎!……罄南山之竹简,写不尽满地之淫污;决东海之波涛,洗不净弥天之罪恶。予谨略言其彰著者:夫中国有中国之形像,今满洲削发为禽兽;中国有中国之衣冠,今满洲顶戴猴冠,而坏我先代之服冕。是使中国之人忘其本也。……前伪妖康熙暗使鞑子一人管理十家,淫乱中国之女子:是使中国之人尽为胡种也。中国有中国之配偶,今满洲妖魔悉收中国之美姬为奴为妾,三千粉黛皆为羯狗所污,百万红颜竟与骚狐同寝,言之痛心,谈之污舌:是尽中国之女子而污辱之也。中国有中国之制度,今满洲造为妖魔之条律,使我中国之人不能脱其网罗,手足无所措:是尽中国之男儿而胁制之也。中国有中国之语言,今满洲造为京腔,更中国之音:是以胡言胡语惑中国也。凡有水旱,毫不怜恤,坐视饿莩流离,暴露如草芥:是欲使我中国之人稀少也。满洲又纵贪官污吏布满天下,剥民脂膏,士女皆哭泣于道路:是欲中国之人贫穷也。官以贿得,刑以钱免,富儿当权,豪杰绝望:是使中国之英俊抑郁而死也。凡有英雄代天报仇,动辄诬以谋反大逆,夷其九族:是欲绝我中国英雄之志也。满洲之所以愚弄中国,欺侮中国者,无所不用其极,巧哉!

满清褊狭的种族观念,终于激成汉人的反抗,暴发而为几覆清朝的太平天国运动。至于清季回民的叛乱,也是由于官吏遇着满、汉、回人交涉案件,不能持平处理,激发而成。所以种族观念之未化,实是清季长期内乱的第二种原因。

(三) 秘密结社与宗教团体

中国农民的乡土观念很重。平时,僻处乡曲,虽不致"邻村"相望,"鸡犬之声相闻,民至老死不相往来",但设非遇着荒年饥岁,"死徙无出乡"这句话，倒是他们逼真的写照。他们的习性既是这样散漫，所以很难寻出一个正当的方法，把他们组织起来，做一个有力的政治运动。中国历代想将皇帝位"取而代之"的有志之士，都是利用秘密结社或宗教团体，来组织下层民众。入清以来，这种团体益加流行。

　　明室覆亡以后，一般以排满复明为职志的义士遗民，既以清室地位渐次巩固，革命运动及文字鼓吹俱遇着惨痛的打击。遂将他绍光故国的意志，寄托于含有宗教性的秘密结社。当时这种会社的数目一定很多，不过因为年湮代远，难以考究。现在且将两种可以考校的会社，略述如下：

　　（1）三合会　三合会亦称三点会，又称天地会。他最初活动的区域，是在南洋及珠江流域。后来，如钵子会、告化会、小红旗会、小刀会、剑仔会……都是她的支流。关于这会的起源，有种种传说，有的说她创始于康熙十年。会中的头领称"大元帅"或"总理"，第二头目称"香主"或"二哥"，第三者称"白扇"、"先生"或"三哥"，第四者称"先锋"，第五者称"红棍"，这五级为会中的干部，普通会员则泛称为"草鞋"。他们的会规有三十六誓、二十一则、十禁、十刑等，认为罪恶最大，犯之必遭雷击的是诈骗、背盟等项。此外，又有秘密票据和种种暗语，做为会中人彼此来往交通的信据。

　　他们的宗旨，自然是"排满复明"，这于他们誓文内可以看出来的。其誓文略云：

　　　　天地万有，回复大明，胡虏绝灭。……吾人同生同死……仿昔桃园之义，结为兄弟……姓洪名金兰，结为一家。……以天为父，以地为母，以日为兄弟，以月为姊妹。……吾人生于甲寅年，七月二十五日丑刻。昔日之两京十三省，同心一体。……今日王侯非王侯，将相非将相……吾人讨灭仇敌，恢复明朝。……啜血盟誓，神其鉴之！

　　（2）哥老会　哥老会的起原，有谓在乾隆年间，有谓在明末清初，盖迫于满清的压迫，故组织此会，密谋反抗，以"复仇除暴"为宗旨。也有人说此会起源甚古，以化除阶级，诛锄强暴，保卫妇女，厘清血胤为宗旨，所以血统不绝的男子不能入会。相传此会为粤中某姓兄弟五人所组织,长曰大爷,次曰二爷、三爷以至五爷。大爷是会中的首领,五爷则督理庶务。后来相沿为例,故大爷特尊,发号施令,五爷则打理会中的琐务。会中分仁、义、礼、智、信五门,仁字辈最高,信字辈最低。初入会的人,须自分辈最低者起,依次递升。分辈低的人对上有服劳的义务,分辈高则对下予以噓植的权利。会中的人员,有文人,有官吏,有富室,有军人……品类至不齐一。太平天国灭亡后,流亡退卒,相率入会,势力大增,清代末年,她所活动的区域几遍全国。

利用宗教迷信,密结团体者,在清代的时候,亦为数很多。此种团体含有浓厚的反清思想,如天理教经典中"专等北水(意指满清)归汉帝,大地乾坤只一传"等语,便是显例。这种宗教团体曾经举兵抗清,声势较大者亦有两种:

(1) 白莲教　白莲教系佛教之支流下乘,创于元末栾城韩山童,山童就擒后,其徒刘福通遂拥山童子林儿称兵起事,明太祖统一华夏,韩氏遂亡。熹(神)宗时,白莲教徒王森,得妖狐异香,自称闻香教主,密谋起事,被捕死狱中。其弟子徐鸿儒等遂于天启二年举兵作乱,连陷邹、滕、峄三县,后卒为明军所灭。清乾隆末,因为征服苗乱,调兵转饷,牵动七省(两湖、四川、云、贵、两广);又因清廷令捉匪首刘之协,豫鄂官吏辗转追究,按户搜缉,贪婪胥吏,又复乘势行奸。白莲教遂以"官逼民反"为名,发难于荆襄一带,不久蔓延于西部各省。是时清室的军队,业已腐败,劳师糜饷,捕剿不力,直至嘉庆九年,才由额勒登保和德楞泰等,把这乱事戡平。

(2) 天理教　天理教是白莲教的一个支派,传习于华北一带者,有八卦、荣华、红阳、白易……诸目。教中的首领为滑县李文成和大兴林清。李文成专门收集党徒,骗取财物;林清却又结交宫禁,贿通内侍。一时声势极大,教徒不下数万。嘉庆十六年秋,慧星出现于西北,钦天监以为主有刀兵,奏请将十八年的闰八月,改为次年二月。天理教遂以清廷不立闰八月,又以其经典内有"二八中秋,黄花落地"之语,因谋于十八年九月十五日午刻起事。事泄,滑县知县强克捷捕文成,断其足胫。其徒见事已急,于九月初七日攻破滑县,救文成出狱;直隶长垣,山东曹、定陶、金乡等处教徒闻风响应。仁宗方从避暑山庄晋谒东陵,闻变,令直隶总督温承惠驰剿。不料于十五日又变生禁门,林清的党徒,于是日由太监领导,自东西华门入宫,后被禁军发觉,完全捕灭,林清亦于黄村被捕。仁宗回銮,下诏罪己;又严饬军队捕剿,天理教才渐次平定。

中国历代的宗教团体,大都借佛道二教做标榜。自清中叶,海道大开以来,基督教传入中国,又给中国野心家辟了一条组织宗教团体的新路。中国的南部,与西洋交通最早,所以洪秀全等能利用基督教为组织农民的工具,做出轰轰烈烈的太平天国运动。

秘密结社和宗教团体是组织中国下层民众的唯一工具,所以她便构成了清季长期内乱的第三种原因。

(四)清廷统治力的薄弱

历代变乱的兴起,都是在中央政府统治力量薄弱的时候,清季的长期内乱,自然也不是例外。

康雍乾三朝是清代的极盛时期,但到乾隆末年,奸臣弄权,政治紊乱,已露出衰落的朕兆来了。其时,和珅用事,植党营私;清季政治界宦习阘冗,贿赂公行的局面,实由那时养成。原来清代官吏的来源,不外科甲、皇族、捐纳……诸途。出身于皇亲贵族的官吏,生于富贵,长于安乐,足迹不出都门,对于庶务自然不能明了;由科甲出身的,虽然有些来自田间,但他们所能者也不过是章句小楷,至于真有经济之才的,实十不一觏;由捐班出身的,不是富而多资的纨绔子弟,便是想借此发财的官迷,再有,便是意图借官撞骗,鱼肉乡里的土劣……官以钱得,其不能治世理民不问可知了。官吏的出身如此,他们自然不善理事,通常衙门的主官,都是"好官我自为之",所有应办的一切事务,大半都由毫无学识品格的吏胥佐杂包办。因此所谓由学幕出身的刑名、钱谷、稿案等师爷应时而起,他们有的是逢迎阿谀,诈骗敲剥的手段。近代政治界的黑暗,多半完成于他们的手中。

清代的政治,自乾隆末年以来,一代不如一代地日趋腐败。这种现象,到嘉庆时已很显著。仁宗初即位的时候,曾下一道上谕说:

> 太上皇之在位,英明仁慈,对于群臣,恩德并施。……讵内外文武,不能体上皇之怀柔,反通同为弊。出征之师,以负言胜,略一挫敌,则历陈功绩,冀膺上赏,其心已不可问;而况丧师辱国,罪岂尚可逭乎?久之内外蒙蔽,上下欺隐,匪乱屡作,殃及良民。武政之废,将士骄惰。赖有上皇近臣,为之缓颊。日复一日,几目朝廷法律,犹同儿戏;长此以往,国体何存?威信奚在?且查历年兵部军糈一项,动辄巨万,究之事实,则皆执权者从而吞没,辗转盘剥,迨及士卒,只十分之一二。则国家坐耗巨饷,非养兵也,乃为权臣谋耳。

当时,军队也异常腐败,所有疆臣边吏,"惟思玩兵养寇,营私肥橐",拓边建藩,固不可能;即内地较大的贼匪之乱,动辄劳师数年,不能平定。仁宗告诫疆吏的上谕说:

> 我皇考临御六十年,天威震远,武功十全。凡出师征讨,即荒徼部落,无不立奏荡平。……从未有经历数年之久,糜饷至数千万两之多而尚未蒇功者。总由带兵大臣及将领等,全不以军务为事,惟思玩兵养寇,借以冒功升赏,寡廉鲜耻,营私肥橐。……试思肥橐之资,皆娶索地方所得,而地方官吏,又必取之百姓。小民脂膏有几,岂能供无厌之求?此等教匪滋事,皆由地方官激成。则屡次奏报所擒戮者,皆朕之赤子,出于无奈,为贼所胁者。若再加之胶削,势必去而从贼。是原有之贼未平,转驱民以益其党。无怪乎贼匪日多,辗转追捕,迄无蒇事之期也。……伊等每次奏报打仗情形,小有斩获,即铺叙战功;纵有挫衄,亦皆粉饰其词,并不据实陈奏。……军营积弊,已非一日。

到了道光时代,政治益加败坏,朝中大臣专横;鸦片战争期中,林则徐的罢免,《南京条约》的批准……,相传都不是宣宗的本意。一般骄蹇疆吏,也往往不遵照朝廷意旨执行,如琦善到广东查办雅片纠纷,朝廷命他剿抚兼施,他到广东以后,却撤去守备,只求献媚英人;而且未得朝廷允许,擅自订定赔偿巨款,开放广州,割让香港……的条约。疆吏孤意横行,竟到这般地步,朝廷的威信,已不在他们意念中了。

清代旗兵及绿营腐败,经过川楚教乱,业已大白于天下。鸦片战争后,所有弱点,俱都暴露——为饥寒所迫,衣食不足的农民看到清廷统治力业已过了"如日中天"的时期,自然蠢蠢思动,以图定鼎中原,解决他们的衣食问题了。清廷统治力的薄弱,实是这个长期内乱的第四种原因。

(第 24—27 期,1935 年 2 月 28 日—1935 年 3 月 21 日,第 7 版)

书刊评论

介绍《中国现代经济史》①

中 一

年来研究中国经济的思潮，虽有蓬勃的气象，但关于中国经济史的著作，却是缺乏得很。不论书的内容如何，在书摊上很难找到一部《中国经济史》！

施先生这部《中国现代经济史》，虽只是中国经济史的一部分，在这种著书缺乏的今日，实是很值得一读的。这部书不像现在一般著作家那样的粗制滥造，而是有相当研究的著作。

这书共分九章。第一章说明中国经济与帝国主义结成一种有机的关系。第二章述说中国近代企业的发展过程。在这两章里，给我们中国近代经济的变动及其发展的一个明确概念。第三、四、五、六、七各章，将中国近代的交通、矿业、工业、银行及对外贸易的发展，很简括的分别说明了。第八章为农村经济的变化，稍嫌简略，但并不空泛。这六章是用证据来证明前二章的总论，将我们得到的概念充实起来。第九章为施先生研究的结论——论中国经济的性质及其前途，也是很值得我们注意的一种见解。

施先生的这部书，不唯结构紧严，系统清晰，取材正确，而且叙述得非常明白，使人一目了然。这书本属专门的性质，但因述说的得法，即便一个不大有这种知识的人看了之后，也能得到明确的印象的。这，因为篇幅的关系，不能引证，好在原书并非孤本，容易买到，（唯定价太高，书贾居奇可恨。）翻一翻原书就可知道了。

不过，我们也不能完全满意，认为这是一部完善的著作。这书，我

---

① 良友图书公司出版，定价四元。

们觉得还有缺点——没有说明中国近代经济发展的内在条件。

中国经济的发展，帝国主义的侵入虽是一个重要的要素，但中国社会的内在预备条件，也不能够忽视。如果将内在的条件忽视了，那就陷于"外铄"论的错误。施先生的这书，就有偏重帝国主义的作用，忽视中国社会内在条件的缺憾。我们知道，中国商业早已发展，不是自足自给的经济了。这不用远说，就由施先生的书中，也可以看出来。如该书二五九页所列历年输出入贸易表，一八六四年总输出额为四八六五四五一二关平两，一八七四年总输出额为六六七一二八六八关平两。这时为施先生所定之中日战前（一八九五）近代企业萌芽时期，输出俱为土货。如果商业不发展，自足自给的社会能有这样多的输出品吗？而且，中国不但已生产大量商品，商业资本的蓄积也达到某种程度了。钱庄的发达就是显明的事实。施先生把这些都忽视了，说中国是自足自给的经济，不能说不是美中不足了。

其次，有些地方也太嫌以意为说，如：

> 中国底出口贸易，并非因为中国的产业过于发达，非向外输出不可，乃是……中国非设法输出相当的土货以抵偿外货输入的损失及满足帝国主义者采集原料的要求不可。（页二八九）

如果产业没有相当的发展，中国能设法抵偿输入的损失及满足帝国主义者的要求，岂非意识支配了经济？这种地方，实在是施先生的脑子作了中国经济的主人翁了。

这些虽不免为施先生的大著之疵，但总观全书，则仍为一部有价值的著作，我们不能以此而埋没了它的价值的。

（第 8 期，1934 年 11 月 1 日，第 7 版）

介绍《古史辨》第五册[1]

顾颉刚先生编著的《古史辨》在史学上的价值,无庸我们称誉,是尽人皆知的。现在第五册又出版了,这是研究史学的人所乐闻的罢。

这册《古史辨》的内容是讨论两个问题:一、经今古文学,二、阴阳五行说。

关于今古文问题,在前曾有过激烈的争论,近来虽不大有人提及,但其与古史及古代学术思想的关系,却非常重要。顾先生在比较今古文的异同以后说:

> 这可见两党都有充实的内容和明确的主张。他们讲的都是三代的典章制度,然而任何事项都不同。我们讲到三代的历史时,看它好呢,不看它好呢?要我们无条件的采取罢,这未免太无别择力。要作无条件的摈斥罢,又嫌太卤莽。所以我们研究古史,实不得不以汉代的今古文问题作为先决问题,先打破了这一重关,然后再往上去打战国和春秋的关。(《自序》,页二〇)

这段话将经今古文学和古史的关系,确切的指出来。其次,阴阳五行说对于中国史的研究尤为重要,因为它不仅是今古文之争的中心问题,中国二千年来的民间风俗迷信,又多受其支配的。如著名的黄巾之乱,主张"苍天已死,黄天当立",就是受五行说的影响的。因此,我们觉得阴阳五行说的研究,比今古文问题重要得多的。

总之,顾先生在这册书内提供的两个问题——经今古文学和阴阳五行说,都是研究中国史的人所必须研究的问题。也就是说,这是本研

---

[1] 顾颉刚编著,北平景山东街朴社出版,定价甲种四元三角,乙种三元五角,丙种二元七角。

究中国史必备的重要参考书。我们所以说是参考书,因为这书的内容,恰如顾先生自己所说的,是"史料汇编"的性质,如果抱着寻求结论的心来读它,那便会感到失望。顾先生编辑的动机,乃是"使人读了这部汇编,可以有几个清楚的问题梗在心头",有了问题,继续来研求的。

(第 23 期,1935 年 2 月 21 日,第 7 版)

《史学通论》

中 一

周容先生编的《史学通论》,早就在书摊上见到了,随手翻阅一下,未敢购买。但因为书名的关系,总觉得备置一本才好。近趁开明书局大减价之便,总算偿宿愿。可是仔细一翻,不免失悔,虽然减价,却并不便宜的。

就这书内容所涉及的范围上说,关于史学的各方面都曾论到过,允称"通论",但对于各方面的论列,却是浅浮得很,多"论"而不"通"。兹略述于下。

(一)历史的定义 周君"沟通历史的本身的抽象的概念与历史的实在的记述"下的历史定义,是:

> 历史是人类的已经过去了文化生活的事迹及其记述。(本书,页六)

在这定义中,不但在历史是"已经过去了"这点上与周君自己说的:

> 我们不能武断的说只有过去的事迹是历史,现在的事迹也是历史,未来的事迹也是历史。(本书,页二)

相冲突,自己打自己的嘴;而所谓"文化生活的事迹及其记述",尤使人难于理解。我们且不必追求"文化生活的事迹及其记述"和由这里透露出来的不"文化生活的事迹及其记述"系何所指,单就"文化生活的"这形容词来说,也就不大"通"罢?

周君是看过《史学要论》的,那书中的历史定义是:

> 历史就是人类的生活并为其产物的文化。因为人类的生活并

为其产物的文化,是进步的、发展的,常常变动的;所以换一句话,亦可以说历史就是社会的变革。(本书曾引过,见页五)

我们把李守常先生下的定义和周君的一比,真有白金与臭铁之感!而周却说李氏的定义,"仍旧不能包括历史的实在的记叙",宁不滑稽?周君是否理解了李氏的定义,虽不敢妄言,但由那"文化生活的"一词来推测,却不能不令人生疑。因为"文化生活"如果是"人类的生活并为其产物的文化"的缩语的话,那便是没有理解生活与文化的范畴!文化是人类生活的产物,不是生活之文化或不文化的!

(二)**史观** 史观是"历史的解释",周君是知道的,但因为时代及阶级的不同,史观亦随之而有差异,周君则无论及,似未理会。不唯此也,即周君虽知史观是"历史的解释",有时却把它作为一个主体,说什么:

于是史观和社会主义结了新的同盟。(页一二六)

什么史观和社会主义结了新的同盟呢?词意飘忽,使人如在五里雾中,莫名其土地堂!

这类例子还有些,限于篇幅,不克多举,但本句如此,内容亦可概见了。兹另举他例,作个结束:

中国史学发达最早,但是并不曾产生有系统的解释历史的哲学,到了近代才有人注意到历史的解释,例如陈公博……(页一二七)

"史学发达最早"的中国,真的"到了最近才有人注意到历史的解释"吗?这不是周君"不曾产生"四字所能抹杀,有历史的记载作证。不用说唐宋以降即秦汉以前就有的,例如驺衍:

称引天地剖判以来,五德转移,治各有宜,而符应若兹。……作主运。(《史记·驺衍传》)

远在战国,就产生过解释历史的五德终始说。但周君却轻轻地用"不曾产生"几个字把它取消了!

(第28期,1935年3月28日,第7版)

介绍《民族问题》

中 一

《民族问题》是一本八十页的小册子,李达先生编,定价三角,已于六年前在南强书局出版了。

我所以要介绍这本小册子,有下述两种原因:

(一) **民族一词的滥用** 氏族、种族及民族这三个名词的含义及其代表的人类社会的形态是不同的。这,李达先生区别得很清楚,他说:

> 植物的收集,渔猎,某种植物的耕作,及动物的牧畜,是氏族经济的基础。
>
> 封锁的自然的牲畜经济、农业经济,或两者的混合经济,是种族经济的基础。
>
> 在商品经济的基础上发达的交换及其以后的资本主义经济,是民族经济的基础。(本书,页三—四)

但是,我们翻开研究中国古代史的书籍,却常遇到什么夏民族、殷民族、周民族,以及楚民族、秦民族等名词,例如胡适博士在《说儒》(中央研究院《历史语言研究所集刊》第四本第三分)一文中的"周民族""殷民族"的使用简直连篇累牍,甚至说"宋襄公的野心正是一个复兴民族的运动"!(关于这,江绍原先生曾有文辩论,我们即不论宋襄公是否有此野心,只这"民族复兴的运动"一词的本身就不妥当的。)在胡博士看来,凡是一个部落,就可称做民族:

> 夏殷两个故国的文化虽然都还有部分的保存——例如《士丧礼》的夏祝、商祝——然而民族杂居太长久了,后起的统治势力的

> 文化渐渐湮没了亡国民族的老文化。（《集刊》，页二六六）

这儿所称做民族的，究竟是不是民族呢？绝对不是，只是名词的滥用。不过，这样名词的滥用，不仅是胡博士，即一般研究社会史的人们也不知不觉的因袭了这种错误。《史前期中国社会研究》的著者吕振羽君在该书第九章的标题就是《中国古代各民族系别的探讨》，在书中也曾说过：

> 形成伐纣以前之周民族的两大氏姓，就是"姬""姜"两姓。（页三〇七）
>
> 是商周显然为不同族系的异民族。（页三一七）

郭沫若在《中国古代社会研究》中也说：

> 古代民族的发展多是随着河流而下。（页二四五）
>
> 由是渔猎民族与牧畜民族间发生第一次交易行为以互相满足。（页二五一）

这种名词的滥用，实是一般学者——尤其研究社会史的人，所不应有的现象。这是我介绍这本小册子的一个原因。

（二）民族问题的意义　　在现今民族复兴的声浪高喊入云的时候，对于民族问题的意义有考察一下的必要。这本小书，将民族问题的发展、意义，及民族自决等各方面都有正确的扼要述叙。在这书里，可以得到怎样才能走上民族解放的道路的指示来的。这是我介绍这本小册子的另一原因。

总之，李达先生编的这本《民族问题》，在名词滥用与高唱民族复兴的现在，实有一读的价值与必要。虽然这书的叙述很简单，不能够给我们一个详细的解说，但指示一条大路，解放中华民族应走的大道，则是清清楚楚的。

（第 31 期，1935 年 4 月 18 日，第 7 版）

介绍《中国古代社会》(上册)[①]

忆　恬

近数十年来,中国史学界,以古代史的研究为极盛。但我们详细检讨各学者所研究的成绩,大都偏重在史料的整理和考定方面。真正从社会学方面系统的来研究中国古代社会者,为数尚少。史料的整理和考定,固然是研究古史的前提工作,但这并不是研究古史的中心工作。近年来中国史学界研究古史的缺点,即在于太偏重前提工作而忽视了中心工作,结果竟弄出"以为考证史料真伪便是研究古史"的笑话。

利用考古学的发现,考据家所整理的史料,以及科学的史学方法来系统的研究古史,是最近数年新萌芽的工作。郭沫若先生的《中国古代社会研究》便是这种工作的第一部成绩。其次,便要算曾先生的《中国古代社会》了。

曾先生的《中国古代社会》,原来预计分为三部分,一是古代经济研究,二是古代社会组织研究,三是古代社会意识研究。后来,又决定将第一部分提出,独立成为《中国古代经济史》,仅将第二、第三部分归入本书,分为上下二册。

本书上册是专研究商周至战国时代各民族的家族组织和婚姻制度的。第一章是《绪论》。在这一章里,说到殷民族与夏民族的文化关系。第二章是《殷周民族家族组织的比较研究》。在这儿,说到殷民族的族内婚制,和周民族的族外婚制、宗法组织等。这是本书最主要的一章。第三章是《秦民族和楚民族的承继制》。在这儿,说到秦民族的兄终弟及制与其转变,和楚民族的幼子承继制。第四章是《齐燕吴民族的婚姻

[①] 曾謇著,新生命书局出版。

与家族》。第五章是《青铜器铭文中所见古代民族婚媾制度和家族组织之一班》。在这里，他证明春秋时代各民族除殷的后裔宋人以外，大都是族外婚制，并且有少数民族已经有宗法。第六章是《普遍通行于贵族与富人阶级的一夫多妻制及形成一夫多妻的两个主要来源》。在这儿，他曾以明确的史实，证明恩格斯的见解，并且补正莫尔甘氏的疏漏。第七章是《春秋时血缘婚与群婚之孑遗》。第八章是《家族共同体的分解》。在这里，著者曾明白的表露出对中国社会史阶段划分的意见。

本书的主旨，即在于从家族组织方面证明春秋战国时代已不是健全的财产公有的氏族社会，而已经是父权家族制度的奴隶社会。因此，在经济组织上他便根本否认井田制度的存在，只承认有藉田，因为只有在籍田的经济基础上，才能建树起父权家族制度。曾先生从这种见解推演下去，以为西汉以后便是封建社会。这种分法，与陶希圣先生的主张大不相同。陶先生以为春秋仍然是氏族社会，秦两汉才是奴隶社会。另外，与王宜昌先生的说法亦不相同。在"中国社会有奴隶社会"的系统中，不失为一种特出独立的见解。

本书的下册是专讲社会意识的，在最近期间即要写成。曾先生并且允许在出版前，先将全部底稿由本刊陆续发表。这是本刊读者的一个好消息。

（第 43 期，1935 年 7 月 11 日，第 7 版）

介绍《支那社会经济史》(附批评)①

忆恬

在研究中国社会经济史的过程中,有两种事项是最重要的:一是正确理论的指导,一是详细材料的搜集。二者相辅并行,缺一不可。理论指导的方式,一方面是研究者要精通社会经济的理论,他方面是要应用理论先树立起一个社会发展史的规模。依照这种规模去搜集材料,并且时时以史料勘正这种规模。如此研究下去,理论与材料始能尽相辅之效。陶希圣先生将史料搜集譬如开木厂,研究者譬如木匠,并且说:"本刊(指《食货》半月刊)是想做一爿小木厂的,除了想供给任何理论家以些微的根据外,并没想妨害任何理论家的理论。"(《食货》一卷五期)但我们觉得木匠与木厂的关系,并不仅在木匠依据木厂的材料,更重要的是,木厂方面也要知道木匠所需要的是哪种材料。譬如供给一个做桌子的木匠的材料,至少木厂的人要明白桌子的规模。再好就是木匠预先给木厂一个样子,按样子预备材料。如此,木匠用材料才能应手。不然,木厂所供给的材料,仍要木匠一一择选,木厂的效用便失去了。研究中国社会史也是这样,必须要先建立一个社会形式发展的大概规模,给搜集材料的人以及初学的人作样子。

这种社会形式发展史规模的树立,一方面要有正确的理论,他方面也要有相当丰富的材料。只有理论而无材料,那仅是图案而不是做实体的桌子。图案人人可以随便画,桌子却有时不能随便做。过去的中国社会史论战,大家都是在争论图案的是非,无一人能做出一个实体的东西让人家参看批评。所以,一部中国社会发展史实为当前史学界所

---

① 日本森谷克己著,东京章华社出版,定价日金一圆八十钱,尚无中译本。

最需要的。

森谷克己先生是京城帝国大学的助教授,对于社会经济的理论有很好的修养,在白扬社出版的《历史科学》上常有论文发表。他这部《支那社会经济史》是去年十二月出版,章华社"各国社会经济史丛书"中的一种。

本书共分六篇。第一篇是《原始时代》,此篇从传说时代叙述到殷商。根据莫尔甘的社会分段法,主张殷商尚未脱野蛮时代。但此时一方有氏族组织存在,他方已有国家的萌芽。并且主张殷民族为父权氏族,对于郭沫若等的母权氏族说有所批判。

第二篇是《未成熟封建社会成立时代》,在此篇中最可注意的是田制、税法的研究。先将《诗经》《孟子》及《周礼》中关于田制、税法的纪载,很精密的客观的一一加以分析,然后解决了这些史料中的矛盾而成立自己的说法。在他的见解中,主要的是承认井田制及贡、助、彻税法的存在,以为西周的田制是农业共同体式的井田(并不是机械的如"井"形),税法即是徭役地租的助法。春秋战国以来,公田废除,税法也由徭役地租的"助",改为实物地租的"彻"。根据这种生产关系,便主张西周是未成熟的封建国家,春秋战国是过渡时代。

第三篇是《官僚主义封建制的成立时代》,此篇以后直至第六篇都是以官僚主义的封建制为主体,分述其成立、停滞、发展及其完成与崩溃。在此篇中,先叙述秦朝中央集权国家的成立,其次述及两汉农业社会生产力之发展和工商业的情形。本章第五节中曾提到奴隶社会的问题。他承认汉代奴隶的数目很多,但不主张汉代是奴隶社会。其理由是:"在社会的生产过程中,容纳奴隶最多的是制造业——煮盐冶铁等 Manufactory 式的事业——及商业。而在中国社会中占决定地位的生产部门,即农业上其容纳粗笨奴隶劳动的余地,反日益减少。因为农业,如上面所述,是渐次集约化,尤其是随种稻的普遍而来的园耕栽培之发达,实与纯粹的奴隶劳动不相容。"(一八五页)主张所有的奴隶都是家内奴隶及奢侈奴隶。不过,据我们看来,原书作者尚未能根据史料充实他这种理论。这不能不说是一个弱点。从这种勉强的态度上,森谷克己先生总免不掉有"因为承认了周朝是封建社会而势不得不反对汉代是奴隶社会"的嫌疑。

第四篇是《均田成立时代》，此篇以均田制度的发生为着重点。以为均田制度的形成有两个经济条件：一是社会生产诸力的破坏（如劳动人口的消减等）；一是劳动生产力的向上，社会上具备了前进的条件。同时在这种经济条件下，又形成自然经济的回转与豪族的发达。其影响到政治组织上便成为"分散的封建制"，过去"中央集权的、官僚主义的封建制"至此分解。

第五篇是《官僚主义封建制发展时代》，此篇自隋朝统一直说到明朝灭亡。中唐以前是以均田制度的完成及其废弛为主干，叙述当时土地分配的情形、税法以及村落组织。中唐以后直至明末，是以庄园为主干叙述当时地主与农民生活的情形。本篇之末一章则专论中世的都市与商业。但其中只谈到"市制""行会"及"外国贸易"三者。

第六篇是《官僚主义封建的完成及其崩溃时代》，此篇由清初叙至民国初年。以工业生产为主干，叙述中国工业的历史发展、基本形态，以及西欧重商主义破坏中国工商业，致使旧社会崩溃的过程。

森谷克己先生的原书概如上述。最后，我们综合批评他的全书，觉得他能于理论及史料上兼顾并重，以洗中国社会史学家只画图案的弊病，这是他的优点，也正是值得我们介绍的一点。不过，我们对此书也有几处不甚满意。第一，本书作者对中国社会形式发展史的见解，是：殷以前为原始社会，西周为未成熟的封建社会，秦汉以后为官僚主义的封建社会。这种分法是否得当，因为问题过大，本文暂置之不论，只是对于他分析封建社会的方法及名词的运用稍有异议。作者在分析封建社会上过于受字义的束缚，所以对封建社会的着眼点，往往由经济关系上移到政治组织上，更进而视政治组织之变换而更改封建社会的名词。如"官僚主义的封建制""专制主义、官僚主义的封建制""分散封建制"等，这些都可以表示作者着眼点之错误。社会形态的判断，无疑义的是由生产方法及生产关系来决定。封建社会的生产方法的特征是农业与手工业结合的自然经济，生产关系的特征是实物地租、徭役地租或货币地租（占少量）的剥削关系。因为自然经济占优势，所以封建制度的特点常是非中央集权化及土地占有者与土地使用者间的特殊关系，并形成所谓梯形的政治组织。但这些都是次要的标识，这些标识往往因为自然条件、种族关系、外来的历史影响等而发生变化。如马克思所谓："同一经济基础，因为有许多无数量的差异的后天环境——如自然的条件，种族的关系，外来的历史影响等——在它的表现中可以发现出无穷尽的变化和浓淡。"(《资本论》第三卷下册)杜博洛夫斯基也说："无论大小土地私有者，不管私有者是直接管辖农民，或经过国家的官吏及警察；不管他是土地私有者，或者只是大领地制度上的土地使用者；不管他是实现他意志的中央集权化的国家系统，或者他自己直接设立法庭去惩治农民。如果农民经营的是自然经济和家庭工业的联合，并在实物地租的形式上，拿出一部分他自己的生产物交给坐在他上面的土地私有者——剥削者，此种关系就是封建关系。"(《"亚细亚"生产方式、封建制度〔、农奴制度〕及商业资本之本质问题》第四章，吴清友译文)因此，我们对于封建社会，只把握住它的经济基础便够了，大可不必拿政治制度的形态来混乱封建社会的意义。况且，事实上，中国的中央集权及官僚制度并不曾移动中国封建社会的本质。在中国社会史中，官僚并不是特殊的阶级，他们自身大都是封建领主，是构成统治阶级的一部分，仅仅是为了管理国家起见，他们又独自形成一种较严密的组织罢了。在各方面，他们都不曾越过封建的关系，所以没有特别提出来加诸"封建社会"之上的必要。

第二，在论中古封建制度的部分中，作者忽略了大族与官僚的封建领主的地位。他所谓"中古的分散封建制"，只是就魏晋的王侯封君而论。事实上，中古封建社会的本质，不在王侯封君，而在大族官僚等大土地所有者。王侯封君为数甚少，并且他们的收入是国税而不是地租。有时他们竟不得直接与农民发生封建关系。而大族官僚的大地主不但所在多有，并且直接向所属的农奴征收地租或力役。土地所有者与土地使用者中间，很显明的保有封建关系。所以，论中世纪的封建社会应以大族官僚的大地主为主体。而森谷克己先生竟对此不提一字。

第三，中唐以后，因农业生产力之发展，促使商业、货币资本发达。在此，又形成社会发展的新矛盾，即都市与农村之对立。其表现于社会上的，即如中唐以来的铸币问题，尤可注意的是北宋王安石变法时的诸问题,这些大都是来自都市与农村对立之发展。所以,在中唐以后社会经济史的研究中,必须要把握住都市与农村分离及其发展的过程。但森谷克己先生却忽略了这个要点,甚至于连北宋的王安石变法都不加以考察。

以上三点系读森谷克己先生的原书以后,随手写下来的一些意见。此外,如本书对社会意识形态的发展毫不言及,也不能不说是一种缺陷。

至于本书所主张的中国社会形式发展的阶段,正确与否,暂置不论,我们只承认它是已树立起来的中国社会发展史规模之一。理论家可以尽量批评、参考,采长补短,务使中国社会发展史的规模日趋正确。搜集史料者也可借此得到一些中国社会发展史的梗概,并且也可以随时用正确材料勘校这种规模的错误。

最后更希望时间精力有余暇的同志,将本书早早翻译出来,以供全部的史学同志来阅读。

廿四,九,十二,北平

(第 56 期,1935 年 10 月 10 日,第 7 版)

介绍《史学概论》①

忆恬

在中国,史学脱离经学、文学的藩篱而变成独立部门的科学,是最近十数年的事。但研究者都把大部分的精力花在整理史料上,对于整个的"史学"反忽略过去。因而史学研究的方法以及史学理论,亦很少有人讨论。即使偶而有人注意到,讨论到,也只是限于技术方面——史料的考证与批判。结果,学史学同学文学几乎是同样的。只讲究领会,不讲究方法。初学者只需要读书,读过许多书以后,才会体验出研究的方法来。因为史学的老前辈是走这样的路子的,所以他们教后学也照样走这条路子,从来不讲究什么研究工具和方法。在这上面,不知有多少青年花费了冤枉时间,更不知有多少青年因此知难而退。

其后,因为欧洲史学界的影响以及实际的需要,乃逐渐有人注意到"历史研究法"。近几年来,国内也很有几本《历史研究法》以及《史学概论》等书出版。但因为都是拾人唾余,没有很大的价值。并且都是代表资产阶级的东西,在时代的大轮下,早已成为陈迹了。

唯物史观派的史学研究,是世界史学界的一个新潮流。因为它阶级背景的伟大,遂有席卷整个史学界的趋势。这种情势,在中国也是同样。但在中国的唯物史观派史学研究者,有一个大的缺点,即是只有方法论而忽略了技术。所以,研究的结果,大都是空空洞洞的架子。这种情形,在目前的史学研究者已经有了觉悟,最明显者,即是本刊第六十三期靖五君所发动的新史学建设运动。

新史学建设运动所主张的有两个要件:正确的方法论,与客观的

---

① 俄国朴易科夫斯基著,日本西雅雄译,东京白扬社出版,定价日金一元二十钱。

技术。这在中国尚是史学研究的一个新方向。所以依此为根据而建设的历史研究法，还没有。但我们在苏俄的史坛上却发现这样的一本书，即是朴易科夫斯基的《史学概论》。

是书俄文本出版于一九三一年，日文译本初版出于一九三四年，增补版出版于一九三五年九月。它在苏俄史学界占很重要的地位，对于新兴史学的发展给予了很大的贡献。它的编撰，与靖五君所发动的新史学见解，大抵相同：溶合马克思主义的方法论与传统史学家所积累的研究技术。全书共分三部分：

第一部分是序论，专讲史学的方法论。对于正确方法论的把握，以及史学阶级性的分析，都有极透辟的见解。

第二部分是历史研究的技术。对于史料的区分，史料的搜集，以及研究的步骤和计划都有详细的说明。对于新进的史学研究者有很大的帮助。

第三部分是历史的批评，即是对于史料的考证与鉴别。其中包含：《史料之形式的分析批判》《记念物之技术的分析批判》《记念物之豫备的综合批判》《记念物之最终的综合批判》。这些都是过去史学研究者经验的积累，对于史学研究者是极好的工具。

是书因为并不是专为中国人作的，所以有的地方好像对中国人没有用处，譬如《历史的批判》一部分，便是根据外国文字和书籍古物来立论的。不过，我们认为此书的优点，并不在此，而在于它能指示给我们研究史学的一个正确道路。在这上面我们可以看出未来新史学应有的各方面——它不是专有技术而无方法论，或专有方法论而无技术的东西。它必须以方法论作绳墨，以技术作斧凿。所以，此书虽然有许多不适于中国研究者的地方，但仍然值得我们详细读一读呢！

一九三五，十二

（第 74 期，1936 年 2 月 20 日，第 7 版）

评吕君振羽著《史前期中国社会研究》

童丕绳

"继郭沫若而起新的中国社会史专家"吕振羽君所著的名作《史前期中国社会研究》，在最近一年中，我因为消遣，拜读了两次。细细钻研的结果，只落得空叹了两口气！

吕君在序文里很客气的说道："我的能力和时间都是十分有限，因而错误或者是难免的。不过我不敢有丝毫成见，我愿意诚恳的去领取学术界前辈和读者的批评——不论是善意的或恶意的——使我知道去改正。"因此，我现在敬以读者的资格向吕君进一番忠告。

严格地说，吕君这部大著在史料考证和应用方面，是无一评的价值的！例如他连少典氏与有蟜氏女婚等传说的出处都不知道，(这话最早见于《国语·晋语》："昔少典娶于有蟜氏。")而去转引向乃祺的《土地政策讲义》(见原书，页一〇〇)。又不知"圣人皆无父，感天而生"两句话的出处，而去转引李泰棻的《西周史征》。(页一三六。据吕君说，这是《公羊传》里的话，难道吕君连《公羊传》都备不起吗？我手头也没有书，但这两句话记得似乎是《礼记正义》[?]引许慎《五经异义》所引的公羊家说。)更不知"虞有三苗"是《左传》里的话，却去转引《五经正义》。(页一六八。我很疑心吕君不知道《五经正义》是五部书，而当作一部书的名字。)又如吕君引《夏书》"少康邑于纶"(页二六八)，惭愧我们学问浅陋，不知吕君是根据的什么本子的《尚书》，或许是秦火未焚前的孤本罢？最奇怪的，如吕君不认识"鄟"字和"邹"字的区别，却把陆终之后妘姓的邹国和夏禹之后的鄟国合并成一个，因之产生出"楚亦应为夏族的一个支派"的结论(页三一〇—三一一)。

像以上这类的错误,细细勘校起来,总可以写成一部与原书卷帙相埒的批评巨著。可惜我们没有这么多的闲功夫来替吕君当差,而且倘若这样做了,人家或许还要笑话我们是与吕君差不多的识见哩!

批评"史料考证"的话终止于此。现在再来检讨吕君这部大著所使用的史学方法——这是这部大著的生命线!

吕君在《序幕》一章里很得意地说:

> 史的唯物辩证法,不啻是我们解剖人类社会的唯一武器;史的唯物论,是唯一的历史学方法论。
>
> 我们握住这副工具来解剖中国社会发展的全过程,一切问题都不难迎刃而解。而且对于史料问题,不惟搀杂在真史中的伪的成份能够分别出去,即伪史中的真的成份,也不难分别出来,供正确的引用。(页七)

关于"史的唯物辩证法"是不是唯一的史学方法,这因为牵涉历史哲学的范围,是一辈子打不清的官司,我们姑且可以不谈,免得惹人们多骂我们几句"布尔乔亚的哲学者"。但是说这副工具可以解决一切问题,可以当作考证史料的唯一方法,这使我们不能不怀疑。譬如历史上一个人物的存在与否的问题,一件事迹的真伪问题,就决不是唯物辩证法所能整部包办的,也似乎不需要劳动"唯物辩证法"的大驾才能解决的!举个例子来说:如吕君引《夏书》经注里所载羿距太康和立其弟仲康的事,说这是罢免酋长之神话的传说,是酋长的男系世袭权之确立的一种传说。他全不知道这些只是魏晋以后人的文字,魏晋以后人那里知道什么"由男系代替母系社会的一大变革期"?他们头脑里有的只是曹丕、司马炎等的故事,这类传说只是曹丕、司马炎的故事的反映。吕君毫无古书常识,竟把这种决不可信的想像当做了至珍至贵的古代史料。这类问题的解决,所需要的仅仅是史学常识,不是唯物史观,也无待于唯物史观的。

吕君又说:

> 那些散见于各种记载中的神话传说的来源,我们虽不敢完全确定,但它们能代表历史上一个时代的真际意义,是我们敢于确定的。

这段话是吕君这部大著的中心观念，不把这个中心观念整个打破，一般人还是会依赖他，迷信他的。我们且对它下一番根本批判的功夫。以下略举吕君用这个观念求出来的几条奇妙不可思议的中国古代社会的说明，请大家看看他荒谬到了什么程度！

吕君举"蚩尤兄弟八十一人，并兽身人语"等记载，说这完全是"刚从兽类脱离出来只是知道言语的人类的形状"（页八七）。我们倒要请教吕君，在那一时代，会有"蛇身人面""牛首虎鼻""龙身牛首"的人类？这简直连最普通的生物学常识都没有了，虽是一个小学生也不会说出这样可笑的话来，但是我们的吕君却是一位大学教授！（在页一〇七里，吕君又说："究竟人类是怎样从兽类脱化出来的？从那一部分开始变化？那一部分在最后才脱化的？其确切的情形，我们都不知道。这些怪物般的人对这些问题，他们却给了我们不少的确切的暗示。""人类怎样从兽类脱化［应当说进化，不能说"脱化"］出来"，吕君若不知道，便该读读达尔文的《物种由来记》。要靠这些怪物来确切的暗示，那是使一切生物学家、人类学家都要大惊失色的。）

吕君又举《山海经》里的小人国，说这是一个小人阶级——幼年人阶级。女子国是新石器时代母系社会的写真（页一〇八——一〇九）。乖乖！照这样说起来，鬼国（亦见《山海经》）定是鬼阶级——鸦片鬼阶级，犬封国（并见《山海经》）定是狗阶级——走狗阶级，而丈夫国定是铜器时代或铁器时代父系社会的写真了。像这样的妙论，亏吕君说得出，也亏得一班读者会信他，崇拜他。又如《海内北经》说："西王母……其南有三青鸟，为西王母取食。"这是说三青鸟替西王母当差取食物。所以司马相如的《大人赋》便说："吾乃今日睹西王母，皓然白首戴胜而穴处兮，亦幸有三足乌（注：张揖曰："三足乌，三足青鸟也。"）为之使。"可证三足乌并不曾为西王母所食。吕君却说"那一位神化的王母全靠三青鸟充任食物之主要来源"（页一〇七），"食三青鸟的部落，便被呼为三青鸟图腾"（页一二一）。连这样浅近的古书还读不懂的人，就有资格来研究什么"史前期中国社会"吗？就有资格来胡骂他人吗？

吕君又举"太昊庖牺之母履巨人迹而生太昊"等话，说这是母系时代的传说。虽然牵强附会，倒也罢了。但他太不该又说："这种传说，如果加到男系氏族社会成立后的人们身上去，便属完全附会。……因而所谓'扶都感黑帝而生汤'……这无疑都是汉代阴阳五行之谶纬家们有意的附会。"（页一三六——一三九）喔！不合于吕君的公式的，便无疑地是有意的附会；合于他的公式的，那便是千真万确的史料。如果唯物辩证法真是这样的，我想大家还是不研究它，还可以保存脑子的清楚。

吕君又举《楚辞·天问》等记载，说娥皇、女英姊妹和舜、象兄弟实行共夫和共妻的性交关系。舜是娥皇（或女英）的主要之夫，娥皇（或女英）是舜的主要之妻，这本是真正以唯物辩证法来治中国史的开创大师郭鼎堂先生（沫若）一时失检的误说，在郭先生本人早已弃之如遗的，不料吕君拾了余唾当作宝贝，用以证明对偶婚在中国史上的存在。他全不想想叔子与嫂子通奸（假定这是事实）是后世常有的事情，我们还能在民国时代找出对偶婚存在的证据哩！何况舜、象等究竟实有其人否，"二嫂使治朕栖"，"眩弟并淫"，究竟实有其事否，还大是问题，吕君之不学和头脑不清于此得到证明！（关于舜、象的故事，闻一多先生将有详细的考证，在未得闻先生同意之前，我们不能随便发表他的考证和结论。）

吕君又举《史记索隐》"尧娶散宜氏之女曰女皇，生丹朱；又有庶子九人"的话，说"尧有一个主要的妻，生出他的直系的一个孩子，叫作丹朱。此外他还有九个旁系的孩子，这九人是尧的庶子，尧当然也是这九人的庶父了。……自己的直系儿子是没有什么庶不庶之分的"（页一五〇——一五一）。吕君竟不知道古代有嫡庶制的存在！这一段极平常的话，给吕君异想天开的一附会，竟变做一段对偶婚时代的奇迹了。吕君之无常识和他的方法的不可靠，于此确然可见！

吕君又举《尚书》和《孟子》等书里所记的尧舜禹禅让说，以证明"部族联合的民主制度"（页一五三——一六六）。这也是拾的郭鼎堂先生已完全丢弃的余唾。关于吕君的这点错误，可参看郭先生的近著《先秦天道观之进展》和顾颉刚先生的《禅让传说起于墨家考》（北平研究院《史学集刊》第一期）。恕我对他不多加批评了。

吕君又举今本伪《竹书纪年》注"浞娶纯狐氏女，有子早死；其妇曰女歧，寡居。浇强圉往至其户，阳有所求，女歧为之缝裳，共舍而宿"一段文字,说浞"可以公开的去同有夫之妇的女歧行性交,似乎还视为当然的"(页二二三)。粗看吕君的话,我们简直一点摸不清头脑。因为《纪年》原文是说浞子浇和他的嫂嫂通奸,这也是一段后代常有的事情。《楚辞·天问》王逸注说:"女歧,浇嫂也。……言女歧与浇淫佚,为之缝裳,于是共舍而宿止也。"这段话就是《纪年》注所本。吕君却偏说是"浞去同有夫之妇的女歧行性交",空白地替浞加上了一个扒灰老的徽号,这是什么缘故呢?仔细一想,才恍然大悟,原来吕君看不懂这段文字,他以为纯狐氏女有一个儿子死了,他的妇孤单的寡居着,浞去与她通奸。吕君一时眼花,误把"浇"字认做"浞"字了。这决不是手民之误,因为吕君在页三五里又说,"浞与浇(?)的子媳共宿",这句话错误得更令人莫明其妙!

吕君又引《伪古文尚书》"汤诰"和"仲虺之诰""伊训"等得意洋洋地来证明"汤大圣人的本来面目"(页二三九—二四三),他全不知道这是什么时代的作品!吕君把"简贤附势,实繁有徒"两句话解成"伐桀的同志,大家无界限的在参加着"。他全不知道《伪古文尚书》与《伪孔安国传》是同时一人的作品,(这已是研究古代史的人,人人应具备的常识了。)"伪孔传"就说:"简,略也。贤而无势则略之,不贤有势则附之。若是者,繁多有徒众,无道之世所常。"所以"简贤附势"两语翻成现代的话便是"怠慢贤者而趋奉有势力者,这样的人是很多的"。这与参加伐桀的同志何干?附会的结果附会出大笑话来了!又如"臣下不匡,其刑墨",是说"臣不正君,服墨刑"("伪孔传"),吕君却说是"若是普通人和奴隶们也不守这种法章……我便要加等的刑罚"。真不知其何所见而云然?总先得懂得中国文字,看得懂古书才好!

据上面的批判,吕君的史学方法——用唯物辩证法(公式)从神话传说中寻取古代社会的真相(想像)——我们已经可以大致了然。最后,我们且举真正以唯物辩证法来研究中国社会的陶希圣先生的一段话:

> 史学不能创造历史。反之,历史的研究产生史学。这个道理太显明了,显明到一般人多瞧不见。他们要凭他们的史学创造历史。

于今的学者不独把欧洲的史学当做中国史的自身,并且把中国古代学者的史学当做古代史的自身。笑话太闹得悲惨了。我们因此发下一个小小的誓愿,愿把这悲惨的笑话转换为真实的工夫。(《中国社会史丛书刊行缘起》)

研究中国社会史,自有正当的道路可走。我们已有许多前辈和同辈做出可观的成绩,可供参考;又有考据家供给的许多材料,可以利用。我们应该知道,那一半错误的莫尔甘的《古代社会》,至多可当参考;至于全盘胡说的吕振羽的《史前期中国社会研究》,那就太丢唯物辩证法的脸了。

(第 137 期,1937 年 5 月 20 日,第 7 版)

评童君《评吕君振羽著〈史前期中国社会研究〉》

刘亚生

无意间从《史学周刊》编者安华兄处,见到了童丕绳君的《批判吕振羽所著〈史前期中国社会研究〉》的一篇大稿,笔者感到一些高兴。本来,在目前关于中国古代社会的著作,可以说非常贫乏,至多也不过有两三本而已;而在这两三本中间,不能不以吕振羽先生的《史前期中国社会研究》一书,为较满人意的著作。惟其如此,所以吕振羽先生的《史前期中国社会研究》年来为一般研究中国社会史的人所注意,这能说没有相当原因吗?实在说,目前整理出一部完备的原始社会史著作来,确乎不是一件轻而易举的事。这一方面固然需要有正确的科学的历史方法论——史的唯物论,另一方面还需要具有丰富的人类学、民俗学、语言学以及古生物学等等知识。在这种繁难的负担下,而中国原始社会的研究尤其要加倍困难,原因是:到今天,中国原始社会研究所依据的地下材料既非常缺乏,而神话传说又大都杂乱无章,散见于历代的真伪各书。这种艰巨的工作,完全等待着治中国原始社会史的人来勇敢的垦荒。因此,如果我们要站在学术的立场上,如果我们抛弃了个人的成见,恐怕任何人也不能不对吕振羽先生这一垦荒的收获——《史前期中国社会研究》,相当置重的吧!当然,我们不相信吕先生的这一著作便是万世不移的名著,其中没有丝毫的错误。这在吕先生个人恐怕也不敢这样承认,如他说:"我的能力和时间都是十分有限,因而错误或者是难免的。"(原书,三页)但是我们绝不能因在吕先生的著作中有一些不可免的错误,便根本否认了他的全部功绩。要知道人类对真理的认识,绝不是从天上落下来的，也不是人类从开始就完全把握住了的。人类对于真理的认识，是需要人类自身继续不断的从实践过程中努力获得来的。同样，在学术研究上，在中国原始社会史的研究上，也是需要研究中国社会史的人去继续不断的踏着前人的收获，借助于今人的成绩而向前推进，使之从点点滴滴的层层积垒中建立起一部整然而真实的中国原始社会史来。因此之故，对于一部书的客观的科学的批判，是十分必要的事。这不但对原著者有指导的作用，而且对学术的开发上还有着不小的推进哩！基于此，所以在我看到了童君所写的大作《评吕君振羽著〈史前期中国社会研究〉》这一标题之后，马上便涌起了浓厚的兴趣。

但在我没有看到半页之后，便使我感到了非常的失望，使我深深的感觉到童君并没有对吕先生的著作加以客观的严正的批判，而似乎完全是以一种游戏的手笔发泄个人情感（或系经济集团间的情感）的漫骂式的态度来处理着。如童君开宗明义第一段便说："吕振羽君所著的名作《史前期中国社会研究》，在最近一年中，我因为消遣，拜读了两次。细细钻研的结果，只落得空叹了两口气。"（点是我加的。——亚）在这里，童君自己说对吕先生的前揭一书，是为了消遣才看的，可见童君已经失去学术研究的态度，那末，还谈得上什么批判？但是，虽然童君一方面说是"因为消遣"，而同时，又说曾"拜读了两次"，我真想不到作为一般人认为干燥无味的中国古代社会史，竟对童君发生了比《红楼梦》《水浒传》这类的书还大的吸引力！纵然结果，使童君"只落得空叹了两口气"，而这终竟还是"细细钻研"而来的，而不是"消遣"而得的呀！

现在我们对童君的盛气凌人千万丈的态度以及其没有学术修养的风格暂且撇开不提，因为这似乎在我们所应注意的问题范围之外。于此，我们要对童君对吕氏所著《史前期中国社会研究》所批判的内容试加以简单的检讨。

童君对吕氏前揭一书的批评，分两方面：一方面是史料考证和应用，另一方面是该书所使用的史学方法论。现在我们也从这两方面来说。

诚如李达先生在该书序言中所云："在中国史研究的课题中，有两个重要问题：第一是历史方法论的问题，第二是史料的缺乏及其真伪考辨的问题。关于第一问题，如果能够生动的应用而不误入实验主义或机械论的歧途，困难还容易解决。关于第二问题，史料的缺乏阻碍我们研究的进行，而史料的真伪的鉴别如有错误，结果必会颠倒历史的真相。这两个问题是密切的联系着，我们必须连同去解决，才能着手研究。"确实的，方法论和史料的真伪的鉴别，是研究中国原始社会当前的两大问题。其中，史料真伪的鉴别尤为重要；但此困难问题的解决，还须借助于科学的历史方法论，才不致于被古人所欺骗，被古董所蒙蔽。虽然如此，但在目前史料缺乏的情形下，我们相信吕氏的这一著作——《史前期中国社会研究》——所引的史料，将仍然不能避免了一无错误。如果考据家们能够在中国原始社会研究这一课题下，提供出正确的批判来，这恐怕不仅对吕先生是难能可贵的事，亦将是中国学术界上的无限光明。

但可惜的很，可惜的是童君在批判吕氏该书一文中，并没有满足我们的这一要求。他在这方面——史料考证和应用方面——所提供出来的，只是一些书虫子的工夫。他——童君，只能举出吕先生不应该把"少典与有蟜氏女婚等传说"去转引向乃祺的《土地政策讲义》，而应当去从它的最早出处《国语·晋书》中去引用；并举出"圣人皆无父，感天而生"的两句话，不应从李泰棻的《西周史征》去转引，而应从其原书《公羊传》中去引用之类的几点而已。说真的，我们不能不钦佩童君把古书背了个烂熟，但不幸，这一切对于批判吕氏的著作并没有丝毫的用处，对我们研究中国原始社会问题没有一点儿帮助。这只不过表示童君是一个故纸堆中的书虫子而已，至多也不过是一个古董百科大辞典。（其实，童君恐怕还不配称为古董百科大辞典吧。）

雷哈德氏说得好："当经济学者探究原始共产主义问题时所遇到的最大困难，至少在于适应于必要而如何去利用民俗学、考古学及其他的资料。例如，年代记只有在和地质学的资料之对比上才能表示出来；生产力的发展，特别是技术的发展如不考察考古学的资料，便不能指示出来；而且对经济学者为基础问题的生产问题，要求着检讨民俗学的资料等等。从而，在这些问题上面，在需要利用和考察此外的科学资料上，直接引用该方面的专门家的著作,把它立于经济的见地上批判而私用之。此外,不用我们去吟味非常专门的得不到手似的资料和搜集新的事实资料了。"(所著《前资本主义社会经济史论》)

其次,我们要说到第二方面——史学方法论。

李达先生在该书序言中曾说:"著者对于方法论的应用,可说是很严谨。"真的,客观的说,我们不能不承认吕先生在该书中所使用的方法,是正确的科学的历史方法论——史的唯物论。这在批判吕先生的童君也是完全承认的。在这里成为问题的,只是童君根本否认"史的唯物论"这一科学的历史理论是唯一的历史学方法论,童君认为这"牵涉(到。——亚生加上的)历史哲学的范围,是一辈子打不清的官司"。在目前,此问题果真是"一辈子打不清的官司"吗？我想,凡是稍具有社会科学的理论或历史科学常识的人,自会耻笑童君之浅薄和无知的。我们诚恳的希望童君于钻研古董之暇抽出一点儿时间来,能够抛除了个人成见虚心的稍微涉猎一些历史科学的ABC。不然的话,纵然童君不愿谈历史哲学的问题,"免得惹人们多骂我们几句'布尔乔亚的哲学者'",但是,童君对于问题的处置上依然逃不出童君所不愿听的被人们骂的"布尔乔亚的"历史观啊！

童君怀疑"这副工具(史的唯物论。——亚)可以解决一切问题,可以当作考证史料的唯一方法",并且说:"历史上一个人物的存在与否的问题,一件事迹的真伪问题,就决不是唯物辩证法能整部包办的,也似乎不需要劳动'唯物辩证法'的大驾才能解决的。"(点是我加的。——亚。唯物辩证法之上加上"劳动"二字,真使我们莫名其土地堂了。)那么,在童君看来,什么是解决一切问题以及考证史料的唯一方法呢？干脆而坦白的说,童君所使用的唯一方法,是：是—是否—否的地道十足的形式逻辑。这,在童君虽怕人骂他是"布尔乔亚的哲学者",没有明白的说出来,但他对问题的处理上,是百分之百的形式逻辑的,我们又怎能冤屈了童君？

现在,我们仅就童君所提出的问题,来加以考察。

童君谓吕先生所引书经注中"羿废太康,而立其弟仲康为天子",不应解释为"是酋长的男系世袭权之确立的一种传说"。依童先生看来,这既是"魏晋以后人的文字"（究竟是不是魏晋以后人的文字，我们可以不管。——亚），因而依童君的是—是否—否的形式逻辑的推论，当然是产生此文字的"魏晋时代之曹丕、司马炎等故事的反映"了！事实果真如此的话，我们要问：所谓有巢氏、伏羲、神农等等这些传说，又应该是那一朝代和那一朝代的故事之反映呢？当然，童君可以凭其个人脑子里的想像随意的编排一下；但是，这对于问题解决本身，丝毫不发生关系。所谓童君的"史学常识"，恐怕只是空中楼阁的个人玩弄的常识而已。

其次，童君认吕先生下列一段话"有蚩尤兄弟八十一人，并兽身人语"不应解释为是"刚从兽类脱离出来的只是知道言语的人类的形状"，即原始人；而大骂吕先生"连最普通的生物学常识都没有"，"虽是一个小学生也不会说出这样可笑的话来"。的确，在小学生看来，这真是天大的笑话，普通初中生物学教科书也不会说明这种"普通生物学常识"；但是，如果童君真能把头脑冷静一下，翻一翻高等生物学，达尔文的《物种由来说》，以及恩格斯的《猿进化到人类的劳动之任务》或《自然辩证法》，和尼克里斯基的《人类的起源》等等名著的话，童君总不会说出这样无知的话吧？

恩格斯说："在几十万年以前，在地质学者称为第三纪的地质时代，不能很确定在这期的什么时候，大概是在末期，在热带的某一个地方——大概在印度的洋底，那时还是一个广大的大陆——居住着一种非常进步的类人猿。达尔文对我们的这些祖先，曾有一个近似的记述。他们体生丛毛，有须，有尖的耳朵，成群的居住在树上。""恐怕在最初，这些类人猿因为在攀援登树时，手足的功用完全不同，慢慢的在平地上移动时，也就无需乎手的帮助，逐渐养成了直立步行的习惯。这是猿之所以进化为人类的一个重要的步骤。""总之，由动物形成的人类，渐觉有相互通达语言的必要了。""最初是劳动，其后是语言，这是两个最基本的动力。在这两个动力的影响之下，猿的头脑在根本的构造方面，就慢慢的完全变为人类的头脑了。"（《自然辩证法》）

当然，我们绝不相信会有"蛇身人面""牛首虎鼻"等等奇怪的人类，但是这种神话传说，可以使我们晓得最初从动物分离出来的中国原始人的形迹来，这是无疑的。只钻古董未具有一点儿必要的社会科学常识的童君，当然要对这种神话传说莫名其妙了。

因此，同样的，童君不能从批判之中去理解《山海经》里的"小人国""女子国"，以及"西王母……其南有三青鸟，为西王母取食"等等神话传说，更是极其自然的事。童君不是运用其形式逻辑的方法论根本否认《山海经》里的"小人国"的这些传说，便是过信古人，完全确认西王母指使三足鸟为之当差的这种无稽的故事。他凭借着司马相如的《大人赋》："吾乃今日睹西王母，皓然白首戴胜而穴处兮，亦幸有三足鸟为之使。"便以为这是确有其事；但是如果童君稍有一些科学知识的话，他将不会如此的吧？童君过于迷信古人了，以致走到宗教迷信的泥坑！

此外，童君又指出"吕君又举《楚辞·天问》等记载，视娥皇、女英姊妹和舜、象兄弟实行共夫和共妻的性交关系"之错误。（在这里，我们姑不管吕先生是不是拾的郭沫若先生的余唾，即使是拾的郭先生的说法，这正是证明了如果能运用科学的历史方法论来整理中国古代社会史时，是一定要得出共同的结论来的。但可笑的是，童君谓主张这种说法的郭沫若先生是"真正以唯物辩证法来治中国史的开创大师"，而反认为主张这种说法的吕先生狗屁不值！我真想不到在今日中国的学术界，竟会发生了这种现象，我们不免为中国的学术界感到无限的耻辱。如果中国的学术界上能让这种现象存在的话，我敢断言中国新文化的前途，一定要在不久的将来而归于灭亡！）但是他的错误在那里呢？童君没有给我们一个解答，而且他也是不能解答的。童君只能又搬出他的形式逻辑的法宝来，否定了中国原始社会的特殊性，而把各种特定的不同的社会形式一般化起来，以现社会的情形推论已往的中国原始社会。他泰然的说："叔子与嫂子通奸是后世常有的事情，我们还能在民国时代找出对偶婚存在的证据哩！"不错，"叔子和嫂子通奸是后世常有的事情"，这并没有什么稀奇。但是，童君又那里知道这在几千年几万年之前，并不是常有的事呀！不光不常有，而且根本就没有这种事情存在呀！有的，只是男女间极其自然的性交关系，而根本无所谓"通奸"。

同样，童君关于吕先生对《史记索隐》"尧娶散宜氏之女曰女皇……"这一段的正确解释，以及尧舜禹禅让等等神话传说之说明，都以其是—是否—否的思考方法而加以否定。童君觉得几千万年以前的原始社会是和现社会一般无二的,那末,今日既有嫡庶制的存在,当然古代也有"嫡庶制的存在"喽!可怜的童君!像这样批判人的人,我们还有什么话可说?

总之,童君批评吕先生的《史前期中国社会研究》的这篇大文章,无一可取的地方!无论对史料的考证上,更无论在方法论上。本来,诚如李达先生所说,史料考证和方法论"是密切的连系着的,我们必须连同去解决,才能着手研究"。如果只以形式逻辑的方法论来处理问题,我敢断言,不但童君不能理解中国古代社会的一切问题,不能对他人的著作抓到一点痒处,即便在自己纯玩弄古董的工作上,亦将是莫知古董的所以然,而不得不被古董抬高到五里云雾中的。

我写这篇文章,绝不是有意的给吕先生来辩护,我是纯乎站在学术的立场上,客观的,为着拥护真理而发的。我并不是说,吕先生所著《史前期中国社会研究》无丝毫错误。相反的,该书中是包含着一些错误的——据笔者所能感到的,在全书的系统方面不十分好,在材料方面也有许多冗杂无用的。但是,像童君这样批判的文章,未免有点"那个"。本来,像童君的这样批判人的文章,老实不客气说,我是不想花费我的一丝儿工夫来批评的。不过,我想那想研究中国古代史而抱着童君这种观点的人,还不只童君一人,因而我觉得写这篇文章,总不至白费笔墨空耽误大好时光,愧对读者诸君吧?

最后,我们诚恳的希望那终日埋头于破纸堆中的考据者们,能够抛除了个人的成见,虚心的看一点历史科学的书。果能如此,我想这不但对他们研究古董有无限的帮助,而且他们将凭借着他们对史料的纯熟而对中国古代史的开发上,有无限的光明哩!

真理的探求,是不需要我们抱着抹杀一切的成见的。

一九三七年五月九日,于北平

(第138—139期,1937年5月27日—1937年6月3日,第7版)

论孔门的六艺并评冯友兰先生的《中国哲学史》

曾 謇

冯友兰先生的《中国哲学史》上卷的第四章里,在专门讲述孔子的学说思想及其在历史上的地位。但不幸得很,冯先生对于孔子学说的理解,几乎全部陷入错误,要详细的来批评,实在是太费力;因为必须要把当时的社会组织和生活以及当时的文化状态详加说明,然后才可以看到孔子学说的真相与冯先生对于孔子学说的不能了解。但这事体太大,非短篇所能及。在这儿我只举出他误以汉人所谓"六经的六艺"来讲孔子六艺之教的这一个问题来批判,就知道冯先生错误的程度了。

本来孔子的六艺,是礼乐射御书数,这完全是当时士人阶级向政治上进取的工具,而冯先生却把汉人的所谓六艺《诗》《书》《礼》《乐》《易》《春秋》作为孔子时代的六艺。这是完全因为冯先生没有历史的观念,不知道阶级是变动的,教育也是因社会的变化而变动的。冯先生看不清由礼乐射御书数的六艺变到汉人《诗》《书》《礼》《乐》《易》《春秋》的六艺的这个过程,所以他便把汉人的所谓六艺来讲孔子当时实际应用的六艺了。

我们要说明孔子的六艺是礼乐射御书数而非《诗》《书》《易》《礼》《乐》《春秋》,首先要说明孔子时代的士人阶级的状况和士人阶级的职业。

士人阶级在孔子时代的势力和地位并不很高,它只是介于贵族与奴隶之间的一种自由人的身分。他没有土地的私有权。他自己虽然不是奴隶,但他也不能作奴隶主。这种身分,我们可以征见于《论语》里面。《论语》云：

> 子疾病，子路使门人为臣。病间，曰："久矣夫！由之行诈也。无臣而为有臣，吾谁欺？欺天乎！"

当时有臣的是要有土地的。古代的奴隶主叫做君。《仪礼·丧服传》云："君，有地者也。"没有土地便不能有臣。孔子是一个士人，是不应有臣的。所以他说无臣而为有臣是欺天。后来的礼家根据这一点，便有士无土故无臣的说法。由是我们知道孔子时代的士，自己虽然不是奴隶的身分，但还没有得到经济的自由和土地的私有权。所以当时的士人大都要作干禄和求谷的活动。《论语》云：

> 子张学干禄。子曰："多闻阙疑，慎言其余，则寡尤；多见阙殆，慎行其余，则寡悔。言寡尤，行寡悔，禄在其中矣。"

又云：

> 三年学，不至于谷，不易得也。

又云：

> 宪问耻，〔子曰：〕"邦有道，谷；邦无道，谷，耻也。"

当时的士人，学了两三年的六艺之类，就只想去取得"谷""禄"，有时且不顾出处行谊的正当与否。孔子是知道这种情形的。所以他极力要提倡士人的安贫乐道，蔬食淡饮。而且主张在求谷干禄的时候，仍然要顾到自己的气节。但士人阶级是没有土地的，为着贫困所迫，有时不得不屈节求谷干禄。所以学了三年艺技，而仍不至于谷的，实在是不可多得。这是当时士人阶级的身分和经济状况的大概情形。

至于这时士人阶级的职业，大都是替贵族当差。替贵族管理家账，看守宗庙，办理外交，训练军队，这是高尚一点的任务。其次的就是替贵族仆御和看牧牛羊之类。

这种痕迹，大都可以从《论语》及其他古籍里面看出，如云：

> 原思为之宰，与之粟九百，辞。
>
> 季氏使闵子骞为费宰。
>
> 子路使子羔为费宰。

这都是替贵族管家账的。此外治赋（兵），办外交，相礼，也是一样的可以征见于《论语》，《论语》云：

> 孟武伯问："子路仁乎？"子曰："不知也。"又问，子曰："由也，千乘之国，可使治其赋也。……""求也何如？"〔子曰：〕"求也，千室之邑，百乘之家，可使为之宰也。……""赤也何如？"子曰："赤也，束带立于朝，可使与宾客言也。"
>
> "赤！尔何如？"对曰："非曰能之，愿学焉。宗庙之事，如会同，端章甫，愿为小相焉。"

这都是高尚一点的职业，是要士人阶级中的聪慧材达者，才可以担任。其次就是看牧牛羊做仆御之类。这一类的职务，孔子自己也曾作过。孔子幼时曾为贫而仕，"尝为乘田矣，牛羊茁壮长而已矣"就是他幼时职业的写真。此外仆御的职业也是很卑贱的。《论语》云：

> 富而可求，虽执鞭之士，吾亦为之。（执鞭就是仆御。）
>
> 达〔巷〕党人曰："大哉孔子，博学而无所成名。"子闻之，谓门弟子曰："吾何执？执射乎？执御乎？吾执御矣。"

孔子的弟子中间除了一班才智之士以外，其余的大抵都只能作这一类低微的事业。这在孔子自己也觉得是卑贱的。但孔子对于这许多贱业都学得很好，所以他说：

> 吾少也贱，故多能鄙事。

总括以上所述，我们可以知道孔子时代的士人阶级的地位是很卑微的，他们没有产业，只靠自己的本领去替贵族作事以维持生活。他们的职业大抵是帮贵族管理家账，相礼，治赋，办外交，作仆御之类。

我们知道士人阶级当时的职业，就知道孔子当时的设教，全是应于此种需要的。

因为要管理贵族的家账，便须要书数。因为要作相，管宗庙会同办理外交，便须要礼乐。因为要治赋，要替贵族仆御，便须要射御。

但冯先生却因仍汉人的错误，以六经为六艺来讲孔子的教育。所以他说：

> 孔子虽未曾制作六艺,而却曾以六艺教人。故后人以六艺为特别与孔子有密切关系,亦非毫无根据。以六艺教人,并不始于孔子,据《国语》士亹教楚太子之功课表中,即已有《诗》《礼》《乐》《春秋》《故志》等。《左传》《国语》中所载当时人物应答之辞,皆常引《诗》《书》,他们交接用《礼》,卜筮用《易》,可见当时至少一部之贵族人物,皆受过此等教育。不过孔子却是以六艺教一般人之第一人。

冯先生又引《庄子·天下》篇说明儒家的六种功课,他说:

> 《庄子·天下》篇讲及儒家,即说:《诗》以道志,《书》以道事,《礼》以道行,《乐》以道和,《易》以道阴阳,《春秋》以道名分。此六者正是儒家教人之六种功课。

这纯粹是汉人的所谓六艺,冯先生却误拿来讲孔子的教育,并且又特写一章《儒家之六艺论及儒家之独尊》(十六章)以作详细的论列。在这里,我们要批评他的错误,也须要作详细的论证,才可以明白。

第一,先秦时代《诗》《书》《礼》《乐》《易》《春秋》无六艺之名,而所谓六艺则包射御而言。

冯先生以汉人的所谓六艺《诗》《书》《礼》《乐》《易》《春秋》为孔子教人的六种功课。然在先秦六经无六艺之名。即孔门的嫡派如荀子、孟子亦均未以六经为六艺。《孟子》全书中曾无一言及《易》者,荀子虽于《非相》篇、《大略》篇引《易·坤》六四爻辞与《易·小畜》初九爻辞,但在《劝学》篇内论《礼》《乐》《诗》《书》《春秋》之功用时,无一言及《易》。《劝学》篇云:

> 故《书》者,政事之纪也。《诗》者,中声之所止也。《礼》者,法之大分,类之纲纪也。……《礼》之敬文也,《乐》之中和也,《诗》《书》之博也,《春秋》之微也,在天地之间者毕矣。

荀子以为这几种可以毕天地间之天道,而于《易》则无一字提及,是《易》并不算在一块,是先秦嫡派的儒家并没有六经的六艺。惟《庄子·天下》篇则以六经并举,《天下》篇云:

> 其在于《诗》《书》《礼》《乐》者,邹鲁之士、缙绅先生多能明之。

《诗》以道志,《书》以道事,《礼》以道行,《乐》以道和,《易》以道阴阳,《春秋》以道名分。

《庄子·天下》篇,是一篇很晚的作品,其时代在孟子、荀子之后,当系秦汉时人所作,去孔子已远,不足为据。

实际在先秦典籍里有六艺的明文的,仅见于《吕氏春秋》的《博志》篇,但却很显明的以射御归为六艺。《博志》篇云:

> 养由基、尹儒,皆六艺之人也。荆廷尝有神白猿,荆之善射者莫之能中,荆王请养由基射之。养由基矫弓操矢而往,未之射而括中之矣,发之则猿应矢而下,则养由基有先中之者矣。尹儒学御三年而不得焉,苦痛之,夜梦受秋驾于其师。明日往朝其师,望而谓之曰:"吾非爱道也,恐子之未可与也。今日将教子以秋驾。"尹儒反走,北面再拜曰:"今昔臣梦受之。"先为其师言所梦,所梦固秋驾已。上二士者,可谓能学矣。

这明明是把射御做六艺中的科目,明言射御也是当时士人阶级的学问。

所以在先秦时代,六经非六艺,所谓六艺,则系指礼乐射御书数而言。

第二,孔子时代尚无六经的确立。

孔子当时设教的时代,实在还没有六经的确立。如《诗》这一门,就并未脱离《乐》的范围。《乐》就可以包《诗》。古代的《诗》完全是可以唱的。在两君相见或宾主宴乐的时候,往往就唱起《诗》来,以《诗》相酬答;在奉命出使的时候,也须要能唱《诗》。因为见了他国的君主贵族往往要唱《诗》以宣达君命,而且还要唱得得体。至于宗庙的乐歌也都是把这些《诗》谱了进去。所以在孔子的时代《诗》并不能离《乐》而成为独立的科目。我们看《论语》孔子云:

> 吾自卫反鲁,然后《乐》正,《雅》《颂》各得其所。

《雅》《颂》得其所就是《乐》正,这不显然是以《乐》包《诗》吗?因为《乐》是包《诗》的,所以《诗》乱也就是《乐》乱,《论语》云:

> 子曰:"师挚之始,《关雎》之乱,洋洋乎盈耳哉!"

师挚是乐师，《关雎》是《风》，是乐歌，洋洋乎盈耳的就是乐声。《诗》那里会是离《乐》而独立的东西呢？

所以在孔子的时代《乐》是包括乐器（钟鼓笙竽琴瑟之类）、乐歌（《雅》《颂》《风》之类）的。在《论语》里虽然也单独的说《诗》，但实际离开《乐》，《诗》便无独立的作用。即如下面单独所说的《诗》的作用，实际也不是离《乐》：

> 诵《诗》三百，授之以政，不达；使于四方，不能专对。虽多，亦奚以为？

我们如果粗心的看，以为诵《诗》是学了讲话以使于四方的。其实与讲话虽然也有关系，而其重要的还在于唱。因为出使他国，与他国的君臣宴乐都得赋《诗》。别人赋一首《诗》称颂本国，使者也得回赋一首去颂扬他，赋得不得体，或是把本来颂天子的《诗》去颂诸侯大夫，这就是不能专对了。

所以在孔子的时代，六经中的《诗》就包括在《乐》里面，《乐》就是包含乐器乐歌的总名。《诗》离《乐》就失了作用，《乐》离《诗》就失了内容。那里有《诗》离《乐》独立，而另外有什么乐经呢？①

至于《易经》，孔子是否注意过它，是很成疑问的。《论语》全书中仅有两条讲《易》的，然而都可疑。《论语》云：

> "不恒其德，或承之羞。"子曰："不占而已矣。"

> 子曰："加我数年，五十以学《易》，可以无大过矣。"

"不恒其德，或承之羞"，是《易·恒》九三爻辞，但接着就说"不占而已矣"，这意义我们实在不大明白。至于"加我数年，五十以学《易》，可以无大过矣"这一条，很成问题。《经典释文》解"学易"二字谓"鲁读易为亦，今从古"。惠栋谓《外黄令高彪碑》云："'恬虚守约，五十以敩'，此从鲁论亦字连下读也。"阮元《论语校勘记》云："鲁论作亦，连下句读。"又刘文定公所见他论则"五十"二字合而作"卒"（见朱子《集注》）。总之，这一段文字是极成问题的，是易或亦既成问题，而其字连上为句，或连

---

① 诗乐合一的见解，发自清人魏源，其所著《诗古微·夫子正乐〔论〕上》云："古者乐以诗为体，孔子……正乐即正诗。"议论精到，可参看。

下为句亦不易定。

不过这综错得已经很早,在太史公之时就成为问题了。《史记·孔子世家》云:

> 孔子晚而喜《易》,序《彖》《系》《象》《说卦》《文言》。读《易》,韦编三绝。曰:"假我数年,若是,我于《易》则彬彬矣。"

所谓孔子晚而喜《易》,就是因"五十以学《易》"这一句话而来的。

这一件公案,是很难弄清楚的。但我们可以断言的是一部《论语》里面,全无《易》的阴阳思想。除上一条文义不清楚与这一条文字句读都成问题的以外,全不见有关于《易》的记载。且纵令"五十学《易》"与《史记》"晚而喜《易》"的话为可靠,最多也不过是表明孔子晚年思想的转变,而其在未学《易》、未喜《易》以前,固尚未曾以《易》教人也。

至于《春秋》,却确乎是孔子正名分的一部述作。但它成为儒家的重要经典,乃在孔子的《春秋》作成以后。孔子死于鲁哀公十六年,而《春秋》则起自隐公下至哀公十四年止,全部《春秋》的作成时代距其死才二年耳。所以《春秋》只是孔子晚年的述作,成为儒家教学的一门功课,也只是孔子晚年的事情。替他传《春秋》的也是晚年的门弟子,而这时他早年的门弟子早已死的死,走的走,做官的做官去了。《论语》孔子云:

> 从我于陈蔡者,皆不及门也。

可见他就是以《春秋》教人,也没有教他早期的弟子。而且有一件事情可证明的,就是当未成《春秋》以前,孔子也曾将正名主义对弟子宣传过,而他的弟子就根本不了解他。《论语》云:

> 子路曰:"卫君待子而为政,子将奚先?"子曰:"必也正名乎!"子路曰:"有是哉? 子之迂也,奚其正?"子曰:"野哉,由也。君子于其所不知,盖阙如也。名不正,则言不顺;言不顺,则事不成;事不成,则礼乐不兴;礼乐不兴,则刑罚不中;刑罚不中,则民无所措手足。故君子名之必可言也,言之必可行也。君子于其言,无所苟而已矣。"

据《史记·孔子世家》所记,这是孔子自楚返卫后的事情,这时孔子年已六十四五岁了。然而一讲到正名，他的弟子贤如子路还不懂得，这是曾经以"道名分的《春秋》"教人的现象吗？

孔子受了这许多的刺激，所以到后来自卫返鲁而不再求仕进。在这一个时期内才删《诗》，正《乐》，修《春秋》。所以就是孔子以《春秋》教人，也只是六十四五岁以后的事情，而替他传《春秋》的也只是晚年追随他的弟子。

总上所论，冯先生谓孔子以《诗》《书》《礼》《乐》《易》《春秋》教人，而在当时这几门功课的本身，就根本还没有各自成为独立的科目。

第三，《论语》中对于射御很注重。

射御是当时很需要的一种技艺，在《论语》里也时常说到。如云：

> 射不主皮，为力不同科，古之道也。
>
> 子曰："君子无所争，必也射乎！揖让而升，下而饮，其争也君子。"
>
> 达巷党人曰："大哉孔子，博学而无所成名。"子闻之，谓门弟子曰："吾何执？执射乎？执御乎？吾执御矣。"

孔子不但教门人以射御，有时还使门弟子实习。《论语》云：

> 樊迟御。
>
> 子适卫，冉有仆。

这都是射御是孔子教育中的科目的证明。

第四，从礼乐射御书数的六艺变成《诗》《书》《礼》《乐》《易》《春秋》的六艺的过程。

就上面的论证，六艺之为礼乐射御书数是毫无疑义的。但冯先生必定要问为什么后来不见礼乐射御书数的六艺，而变成了汉人的《诗》《书》《礼》《乐》《易》《春秋》的六艺呢？

这是需要说明的。现在让我分别来叙述。

（一）《乐》与《诗》的分离

我前面已经说过孔子时代的《诗》是绝对不能离《乐》而独立的。但时代是变化的，风俗礼乐也一时代有一时代的风气，从春秋转变到战国,许多风俗都改变了。在春秋时代,《诗》是要唱的。宗庙的乐歌是《诗》,宾主宴乐时赋的也是《诗》,这种情形,在《左传》里面记载得很详细。但到后来,《诗》不唱了,产生出新声来代替它。于是《诗》就失去它的音乐性,而变成只能读只能讲解的东西了。又在孔子以前或孔子的时代,虽然也注重《诗》意《诗》义,但主要的作用在于不致唱错,不致于唱得不得体。但后来《诗》的情形便不同了。

《诗》到与《乐》分离,它就独立成为一个科目,它因为有文字的存在还可以成为一个具体的东西。但《乐》的内容是《诗》,把《诗》抽出,它就变成了空名。所以汉人虽然把《乐》列成一经或一艺,实际上并无什么乐经,这正同后来的词一样。词最初也与音乐一体,但到后来词失掉了音乐性,专门成为词人、文人研究解说和仿制的东西而与乐完全脱离关系了。所以《诗》到了春秋以后,才渐成为一科而与《乐》并列。于是孔子时代的一艺,变成两艺。而《诗》就成为专门独立言志的东西了。

(二) 射御二艺的渐次废弃

射御二艺在六艺中本来是比较卑贱的两种技艺,就中尤以御为甚。所以孔子云:

> 富而可求,虽执鞭之士,吾亦为之。

又当达巷党人批评他的时候,他说:

> 执射乎？执御乎？吾执御矣。

这都是说富贵功名如可强求,虽执鞭执御也可以干。可见这种技艺在当时六艺中算是卑贱。然而当时的一班士人阶级大都是在贫困之中,除了特殊有才智的可以做高尚一点的职务以外,其余仍然不得不以射御做重要的职业以谋生活。

但到后来,士人阶级一天一天的在政治上、经济上获到了优越的地位,从前不能有土地的,现在可以私有土地了；从前只能在贵族家里当差的,现在可以自由贸易或从事其他的职业而得到了经济的解放了。因为他们地位的增高,于是先前的那种卑贱的技艺他们已不需要讲学。这种形势我们只须举一件事实来说明：在孔子的时代,士人非常的贫困，所以孔子周游列国或外出的时候，都是由自己的学生作仆御，如"樊迟御""冉有仆"就可为明证。但到了战国时代就不同了。孟子周游列国，是后车数十乘，从者数百人以传食于诸侯的威耀状况，连他自己的学生也以为"泰"，这是孔子时代所没有的。又如孔子对于人君是非常敬谨，"君命召，不俟驾而行"，其奉命惟谨的状况可以想见。但到了荀子、孟子则不然，他们简直还看不起人君，人君对他们失礼的时候，他们简直还要大发牢骚，这都是因为地位已经很高了的原故。政治的、经济的地位都已经很高，自然把射御的技艺不要了。首先不要的是御，其次的是射。所以我们在战国时代所产生的礼籍里，还可以看见有《乡射礼》《大射仪》及《射义》之类，而关于御礼却完全不见痕迹。到了汉代，连射礼也就没有人再讲了。

总上所述，我们可以知道士人阶级的发展及士人阶级教育的变化的大概了。

所以从《诗》的不能唱以至于失掉音乐性，于是《乐》与《诗》就分而为二。从射御之被遗弃，于是成为了显学的《春秋》就算做了儒家的重要功课。至于数这一艺，也因为士人阶级得了经济上的独立，与当时贵族家族的崩溃，替贵族管理账目的专业不存在了，于是也就不注重它。因而儒家所习的科目就成为《礼》《乐》《诗》《书》《春秋》五种，《荀子》的《劝学》篇即是具体的讲这五种功课的功用的。到了战国末年以至汉初的时代，阴阳之学极盛，于是《易》也算在一块，而成为整个的汉人的所谓六艺了。

冯先生如果把士人阶级的兴起发展看清楚，则决不致于把汉人的六艺来讲孔子的六艺，而陷于这种重大的错误的。

冯先生以为孔子在中国的地位，可以比希腊的苏格拉底；以为孔子对中国哲学的影响，正同苏格拉底之于西洋一样。这也许是有些地方相同。但冯先生把孔子的教育讲错，则所估定的孔子在中国历史上的价值，未必都是孔子实在的价值、真正的价值。

冯先生缺乏历史的观念，不知道社会是变的，阶级和教育也都是变的。所以他讲孔子的六艺，是拿后来的《淮南鸿烈·泰族〔训〕》篇、董仲舒《春秋繁露》、《史记·太史公自叙》、《汉书》"艺文志""儒林传"所说的六艺来立论,而不就历史是变的这一个观点下来考察,这实在是一件缺憾。其实以六艺为礼乐射御书数而非六经,许多人都已经见到。如朱子及近人章太炎先生等都没有上汉人的当。不知讲哲学的冯先生,却何以错到这个地步?

又,冯先生以为孔子"为使学说普遍化之第一人,为士之阶级之创立者,至少亦系其发扬光大者",这也是很错误的见解。不知阶级乃非可以一人创造而是一定的经济关系的产物,孔子不过是代表阶级而已,历史事实俱在,几曾见有一人而可以创造一个阶级的呢?他又谓孔子系使教育普遍化的第一人,也有未见到的地方。孔子虽然有一个有教无类的口号,但真能束脩而入其门者,大抵都是士人阶级,所以孔子的教育只是士人阶级的教育。如果说孔子是使教育普遍的第一人,则孔子曾说过"民可使由之,不可使知之"的话,难道他认为不可使知之的庶民阶级也把教育去普及他们吗?

以上是冯先生讲孔子一章的大错,其余小的地方则不能缕述于此。

(第59—60期,1935年10月31日—1935年11月7日,第7版)

介绍专中国社会史的刊物——《食货》半月刊

在过去的不久,中国社会史的论战曾热闹了一气。但因理论与史实不能够融通综合起来,"战"虽"论"得起劲,结果理论还仍是理论,于中国社会史的探讨却没有发生多大的关系。我们知道,要研究中国社会史非理解新的理论,应用新的方法,不能得到正确的认识。但理论和方法不能离开史实,离开史实的理论、方法,便离开了真理。因此,我们要研究中国社会史,不止需要理论的修养,尤必须搜集史料,理论和史料融合贯通起来,才能够认识和把握其来路和去迹的。

可是,提到中国社会史的史料,真可怜的很。传统的史家的任务在"资治",从来不注意社会生活的记述的,中国史籍虽说浩如烟海,关于社会史的史料则零散到极点。我们去搜集,常至竟日一无所得,简直等于沙里淘金。不过,要研究中国社会史,这步工作是必须作,但个人的能力太有限了,这样艰难的工作是需要通力合作的。

《食货》半月刊就担起了这种艰难的工作。

《食货》虽是注重在史料的搜集,但它的内容,据创刊号看来,决不像它的名字及封面那样有点古香古色,而是用新的方法将旧史料活用起来,并且运用得非常的好。例如陶希圣先生的《王安石以前田赋不均与田赋改革》,虽是一篇随笔,却将宋初土地兼并及田赋不均的情形清清楚楚告诉我们;何兹全君的《魏晋时期庄园经济的雏形》,很确切的把中国庄园制的起原叙述出来。其余如全汉昇君的《宋代都市的夜生活》,鞠清远君的《汉代的官府工业》,都是有研究的文章。总之,它的内容是非常的实在,虽只三万余字的一小册,但比起读一大本中国社会史的论战来,其有益于理解中国社会史,是不可同日而语的。因此,我们觉得这个刊物——《食货》半月刊,不仅是研究中国史的人应该看,关心中国问题而想要澈底把握它的人也必须看,它是用真凭实据来解剖中国社会发展史的唯一的刊物。

《食货》半月刊是上海新生命书局发行,陶希圣主编,零售每册一角,预定全年二元,现在预约按八折计算。其创刊号的目录为:

《汉代的官府工业》　　　　　　　　鞠清远
《魏晋时期庄园经济的雏形》　　　　何兹全
《魏晋南北朝时政治经济中心的转移》　李　旭
《天宝乱后农村崩溃之实况》　　　　黄谷仙
《王安石以前田赋不均与田赋改革》　陶希圣
《宋代都市的夜生活》　　　　　　　全汉昇
《编辑的话》　　　　　　　　　　　陶希圣

(第 14 期,1934 年 12 月 13 日,第 7 版)

介绍《史学》①

《史学》是北京大学史学系一九三六级同学出刊的刊物，本年一月一日出版。第一期中很有可读的文章，如钱穆先生的《唐虞禅让说释疑》，考证唐虞禅让为古代的王位选举制，是用中国固有的史料来释明的。在原始社会中的酋长是选举出来的这种意见，虽是读过社会进化史的人都知道，而且有些人已曾应用于中国的古代；但多是理论，像钱先生这样的考证，还是创见罢。其次，向达先生译的《柏朗嘉宾游记》，为研究元史必须参考的材料，其中记蒙古人的生活、习惯、法律、婚姻及迷信等，不惟"颇有足以补苴《元史》者"，而且可以帮助我们理解原始社会后期的生活情形。他如孟森先生的《清太祖告天七大恨之真本研究》，张公量先生的《读〈平淮西碑〉质疑》，考证博核紧严，皆为不可多得之文字。今将目录列下，用作介绍：

《清太祖告天七大恨之真本研究》	孟　森
《古刑法略说》	蒙文通
《清诰授奉直归州学正傅雨卿先生传》	熊十力
《唐虞禅让说释疑》	钱　穆
《柏朗嘉宾游记》	向　达 译
《读〈平淮西碑〉质疑》	张公量
《秦汉之户口与政治》	王崇武
《历史和其他科学的关系》	白宝瑾
《从卜辞中所见的殷民族》	李梦英
《古代罗马的经济情形和它给我们〔的〕教训》	李维乐 译

---

① 北京大学史学社出版，北平景山书社发行，定价二角五分。

《问学记》　　　　　　　　　　　　　　陈文馥
《四百六十凤皇斋读书记——读〈林居漫录〉》　张政烺
《跋〈持雅堂文集〉》　　　　　　　　　　张公量

（第 17 期，1935 年 1 月 10 日，第 7 版）

介绍《食货合订本》

謇

《食货合订本》——自第一卷一期至十二期——装订精美,内容丰富,篇首有将各期所载文字依朝代时期依次排列之索引,尤便检阅。关心于中国社会史与有志研究者,此当为重要之读物。

(第51期,1935年9月5日,第7版)

介绍《治史杂志》创刊号

夏　冰

《治史杂志》是北京大学史学系出版的史学刊物。北京大学的史学系在国内是相当负盛名的,教授多是海内的史学名家,同学们在研究上也都很努力。历年来,有许多北大史学系教授和同学们的文章分散的发表于国内各学术杂志上。现在他们把分散了的力量集中起来,创办了这个《治史杂志》。《治史》是季刊,一年四期,创刊号已于本年四月出版。本期的内容有：孟心史教授的《后明韩主》,姚从吾教授的《成吉思汗时代的沙曼教》,皮名举教授的《布雷斯德传》,王辑五先生的《宋禅宗(僧)与日本武士》,傅振伦先生的《论史料之种类》。此外尚有同学余文豪君的《〈楚辞·九歌〉中的巫》,王德昭君、李欣君合作的《汉匈关系史初稿》,傅安华君的《北朝兵制研究》,张锡纶君的《清代堂子与沙曼教》。都是很有价值的研究作品。

北大史学系创办这个刊物的目的,在本期《卷头语》中说的很清楚：

我们在大学里学习历史,就北大史学系现行的课程说,前两年注重基本知识的充实,两年以后方兼重专题的研究。我们应参考的史籍,应当研究的史料多极了,真有皓首难穷的样子。因为忙于翻阅,自不免怠于写作,有时即感到像章实斋所说的"只能食桑叶,而不能吐丝"的不满足。我们的课程中是没有练习写作"历史文"一课的。为补充这个缺陷,乃决议刊印这本刊物。希望在诸位教师指导下与同学互相期勉之下,多作些记事、述事,与翻译的练习。因此我们的标准,是：(1)注重史料考证与理论方法的溶合,而不愿有所偏重；(2)注重发表研究报告,而不涉及时事的批评。

（3）注重直接介绍世界史学的名人与名著，而不盲从旧有的成说与一隅的见解。此外还有两个附带的理由，就是：（1）北京大学史学系自民国六年成立，到现在已有二十年的历史了。卒业的同学，大多数不是在中等学校教历史，即是在与历史有关系的学术机关服务。理论与经验，是相辅相成的。希望这个刊物也能担负前后同学间在研究方面互相联络的任务。（2）两年来我们接到外界寄来交换的刊物，真是美不胜读。我们虽然尚是一队未出师的学徒，也愿意在诸教师指导之下，将我们正在训练中的小小成绩，转赠给各处的史学同志，希望得到友谊的批评与客观的指示。

这一篇《卷头语》除了说明了他们的目的以外，并可以表示出他们的虚怀若谷的治学精神。热心研究史学的同道，很可以人手一册。

（第 140 期，1937 年 6 月 10 日，第 7 版）

图书在版编目(CIP)数据

《华北日报·史学周刊》选辑 / 黄芬编校. —上海：上海古籍出版社，2021.3
（中国近代史学文献丛刊）
ISBN 978-7-5325-9854-0

Ⅰ.①华… Ⅱ.①黄… Ⅲ.①史学—期刊—汇编—中国—民国 Ⅳ.①K092.6

中国版本图书馆 CIP 数据核字（2021）第 023465 号

中国近代史学文献丛刊
《华北日报·史学周刊》选辑
黄芬　编校
上海古籍出版社出版发行
（上海瑞金二路 272 号　邮政编码 200020）
（1）网址：www.guji.com.cn
（2）E-mail：guji1@guji.com.cn
（3）易文网网址：www.ewen.co
浙江新华数码印务有限公司印刷
开本 635×965　1/16　印张 23.5　插页 5　字数 339,000
2021 年 3 月第 1 版　2021 年 3 月第 1 次印刷
ISBN 978-7-5325-9854-0
K·2947　定价：108.00 元
如有质量问题，请与承印公司联系